Pan y mantequilla

Tapes and Cassettes

NUMBER OF REELS: 21 (seven-inch, full-track)
SPEED: 3¾ IPS
RUNNING TIME: 8 hours (approximate)

ALSO AVAILABLE ON: 11 cassettes (dual-track)

TAPE AND CASSETTE CONTENTS

All dialogs, first at normal speed, then by phrases with pauses for student repetition.

All sections titled *Vocabulario, Modelos de lenguaje, Pronunciación*, and *Dichos y refranes*.

PAN Y MANTEQUILLA

A Practical Course in Spanish

NICHOLAS F. SALLESE
St. John's University

LAURA B. FERNÁNDEZ

D. VAN NOSTRAND COMPANY

New York Cincinnati Toronto London Melbourne

A los profesores Fernández, Oscar y Xavier, catedráticos ilustres en la enseñanza de la lengua de Cervantes.

Drawings by Rocco Alberico

Cover photograph by courtesy of Eastern Airlines

Love Is . . . drawings copyrighted by the Los Angeles Times
and reprinted with permission of the Los Angeles Times Syndicate

D. Van Nostrand Company Regional Offices:
New York   Cincinnati

D. Van Nostrand Company International Offices:
London   Toronto   Melbourne

Copyright © 1974 by Litton Educational Publishing, Inc.

Library of Congress Catalog Card Number: 73-10951

ISBN: 0-442-25076-2

Published by D. Van Nostrand Company
135 West 50th Street, New York, N.Y. 10020

10 9 8 7 6 5

Preface

PAN Y MANTEQUILLA: A PRACTICAL COURSE IN SPANISH is a program for beginning students. The text takes the language out of the classroom and places it in everyday situations, so that students can learn the basic ingredients of Spanish conversation. "How do you say . . . ?" is the motivating question leading to the words and ideas that make up the world around us. Using the practical, "bread-and-butter" vocabulary of PAN Y MANTEQUILLA, the student can travel with ease in a Spanish-speaking country, give directions to a taxi driver, speak to the room clerk of a hotel, make a date, order a meal, and haggle over the price of a *sarape*.

PAN Y MANTEQUILLA is composed of forty units, each presenting a different *ambiente* ranging from stores and shops to a lumberyard and courthouse. Each unit contains the following materials:

1. *Vocabulario* Twenty useful words concerning the unit's main theme.
2. *Verbos* Ten common verb phrases connected with the main theme.
3. *Modelos de lenguaje* Five conversational patterns related to the main theme.
4. *Diálogo* A short dialog with marginal notes for unfamiliar vocabulary.
5. *Comprensión* Several questions about the dialog and one question asking for personal information about the student.
6. *Descripción del dibujo* A drawing illustrating the main theme opens the unit. An exercise in describing the drawing is included.
7. *Estudio de palabras* An example of word formation in Spanish, compared with English cognates when possible, followed by an exercise.
8. *Expresiones útiles* One or two sets of useful expressions centered on a specific topic, followed by an exercise.
9. *Gramática esencial* One or more points of grammar plus several exercises.
10. *Conjugación del verbo . . .* The conjugation of one or two irregular verbs in the present tense, with an exercise.
11. *Pronunciación* An exercise drilling the pronunciation of a particular sound.
12. *Dichos y refranes* A Spanish proverb or saying.
13. *Caricatura* A *Love Is . . .* cartoon with English/Spanish caption.
14. *El menú para hoy* The dinner menu of the day.

The essential elements of grammar must always be incorporated into any program of language instruction for lasting quality, effectiveness of instruction, and appreciation of the foreign tongue. To make the language course a functional experience, however, and not simply a long grammar lesson, PAN Y MANTEQUILLA de-emphasizes the traditional stress on grammar and verbs with a two-fold procedure:

First, steps 1 through 4 of each unit follow a building-block formula which presents (1) nouns, (2) verb phrases using the nouns, (3) conversational patterns using the verbs and nouns, and (4) a dialog using the verbs, nouns, and patterns in a comprehensive whole. This logical progression facilitates learning by unscrambling what might otherwise appear to be complex and forbidding material. Only after the student journeys through these steps and sees the language in use is the grammatical structure of the language presented in the unit.

Second, four preliminary units present the sounds and mechanics of the Spanish language; subject pronouns; the present tense of regular *-ar*, *-er*, and *-ir* verbs; the present tense of *ser* and *estar*; and formal commands. This material represents the minimum of grammatical knowledge that is necessary to make oneself understood and to handle effectively the vocabulary of any of the units. Approximately two weeks of class time should be spent on these units before beginning unit 1. Once the student firmly grasps the basic preliminary grammar, the instructor can emphasize vocabulary and patterns of subsequent units.

To instill confidence in the beginning student, cognates have been used wherever possible in the preliminary units. Units 1 through 5 deal principally with first-conjugation verbs in an effort to avoid difficult verb constructions which might inhibit a student's first attempt at speaking Spanish.

The organization of PAN Y MANTEQUILLA

also facilitates self-study and individualized instruction. Students can easily proceed by themselves, because everything they need is built into the book. Meetings with the instructor for grammar explanation and sessions in the language laboratory for pronunciation practice can be arranged according to the students' pace of learning.

A thank you to our many colleagues who have concurred with us in the judgment that the time is now here for a practical approach to the teaching of foreign languages. A special acknowledgment to Dr. Leo Benardo, Director of Foreign Languages of the Public Schools of the City of New York, Dr. Carlton Boxhill of St. John's University, and Professor Nicholas Marino of Suffolk Community College, who recognized the need for a PAN Y MANTEQUILLA presentation on the college and junior-college levels and motivated the authors to prepare this text. *Muchísimas gracias* also to the many instructors and graduate assistants of the schools and colleges in the New York area, who tested portions of our book and suggested valuable changes.

Information about the Tapes and Cassettes for PAN Y MANTEQUILLA appears opposite the title of this book.

N.F.S.
L.B.F.

Hints to the Instructor

- Select any of the forty units which satisfy the time limitations of your course and the interests of your students. We suggest, however, that you include the sections of *gramática esencial*, so that all essentials are treated in class. Involving students in the selection of the units will greatly enhance their motivation and interest.
- *Vocabulario* Build a stockpile of picture stimuli to portray graphically the objects listed. Flash the pictures in class, asking for the Spanish words. Give the English word and ask for the Spanish. Play the tape of this section.
- *Verbos* Ask students to repeat after you. Play the tape of this section.
- *Modelos de lenguaje* Call for individual and group responses. Play the tape of this section.
- *Diálogo* Ask for volunteers to act out roles. Play the tape of this section.
- *Comprensión* Question students. Students question you. Use questions as an oral quiz or written test. Correct the test using an overhead projector.
- *Descripción del dibujo* Ask questions. Assign individual oral reports in Spanish.
- *Estudio de palabras* Assign as homework and correct orally in class. Use a game approach to create additional words following the examples.
- *Expresiones útiles* Assign the exercise as homework and correct in class. Ask students to repeat expresions after you.

- *Gramática esencial* Explain grammar. Ask for a student volunteer to repeat the explanation for review and reinforcement. Assign the exercises as homework or classwork. Exercises can also be done on ditto sheets to be handed in or corrected in class by another student.
- *Conjugación del verbo* Call for individual and choral responses. Substitute other subjects and predicates with the verb.
- *Pronunciación* Play the tape of this exercise. Conduct a practice session.
- *Dichos y refranes* Print on poster paper and display a new proverb each week.
- *Caricatura* Create new captions. Students draw additional cartoons. Students cut out frames of their favorite cartoons and insert a Spanish conversation.
- *El menú para hoy* Students can play the roles of waiter and customer, creating an impromptu conversation. Substitute other foods for those on the menu.
- Always emphasize that learning a foreign language is fun and a rewarding experience.

  An *Instructor's Manual* providing additional suggestions and supplementary materials for each unit is available from the publisher.

Love Is . . . learning Spanish from PAN Y MANTEQUILLA.

Contenido

Pan y mantequilla

PRELIMINARY UNIT 1

Sounds of the Spanish Language

[1-1] SPANISH VOWELS

Vowel	English Sound	Spanish Sound
a	*father, ah*!	samba, cha-cha-chá
e	*they, made*	elegante, San José
e	*let, met*	enchilada, insecto
i	*machine, eat*	Cantinflas, Brasil
o	*oh, no*	Colorado, chocolate
o	*for, cost*	conga, español
u	*rule, moon*	rumba, Cuba
y	*bee*	y, Paraguay

All Spanish vowels are pronounced very clearly and without the glide, drawl, or slur characteristic of the pronunciation of English vowels. Spanish vowels have only those sounds outlined above, unlike the English, where one vowel may have many different sounds.

The vowels e and o each have two distinct sounds, one when the vowel ends a syllable (**elegante, Colorado**), the other when the vowel is followed by a consonant in the same syllable (**inspector, helicóptero**). The **o** sounds have a more marked variation between them than the **e** sounds.

Repita:

a alfalfa, Alí Babá, alpaca, Bárbara, canal, Caracas, caramba, Clara, gala, Granada, mamá, maracas

e amén, ángel, café, Carmen, central, Cervantes, Elena, federal, metal, mesa, Pepe, Teresa, verbal

i Catalina, Inca, Madrid, principal, simple, taxi, virgen, vista

o favor, motor, negro, opinión, original, polo, probable, San Francisco, solo, televisión

u Acapulco, cultural, Guadalupe, gusto, natural, Perú, plural, popular, tutor, Unamuno, Vera Cruz

y Uruguay, ¡huy!

[1-2] SPANISH ALPHABET

There are thirty letters in the Spanish alphabet. The letters **k** and **w** appear mainly in foreign words. **Ch**, **ll**, and **rr** are treated as single consonants. In dictionaries, **ch**, **ll**, and **ñ** at the beginning of a word or in a word follow **c**, **l**, and **n** respectively.

corporal	**Lima**	**ninfa**
chola	**llama**	**niña**

Rr is listed in dictionaries as in English.

horrible
Hortensia

a	(a)	**albino, álbum, Anaconda, ángel, animal, arena, aroma, Atlas, Panamá**
b	(be)	B is pronounced like the *b* in the English word *boy*, but with slightly less explosion of the lips.
		balance, bamba, banana, bar, barón, basílica, Benito, bolero, Bolivia, bravo, brutal
c	(ce)	C has two sounds in Spanish:
		1. Before **e** and **i**, **c** is pronounced like the English *s* of *silly* in Spanish America, and like the English *th* of *think* in Spain.
		2. Before **a**, **o**, **u**, and consonants, **c** is pronounced like the English *c* in *copper*.
		cable, California, capital, cardinal, clamor, club, color, confusión, cornucopia cáncer, Cecilia, censor, cine, circular, Cirilo, Concepción
ch	(che)	Ch is pronounced like the *ch* in the English word *cherry*.
		chalet, Chapala, Chapultepec, Chichicastenango, Chimbote, China, chirimoya, chola, Cholula, Pacheco
d	(de)	D is pronounced like the hard, dentalized **d** in the English word *dog* when it is the first letter of a word. In all other instances, it assumes a less dentalized and softer pronunciation approximating the English *th* sound in *thin*.
		debate, decisión, diabetes, diagnosis, digestión, dimensión, diploma, director, doctor, dogma, Dolores, Madrid
e	(e)	**enchilada, enigma, epidermis, errata, Eritrea, escape, etcétera, Eva, exclusión, explosión**
f	(efe)	F is pronounced the same as in English.
		fandango, fatal, federal, festival, Fiat, fiesta, fiscal, floral, Florida, fraternal, fundamental, funeral, furor, África

g   (ge)   G has two sounds in Spanish:
1. Before **e** and **i**, **g** is soft and is pronounced like the English *h* in *ha, ha!*, but with a more guttural sound.
2. Before **a, o, u,** and consonants, **g** is hard and is pronounced like the English *g* in *go*.

Argentina, general, génesis, genial, religión
Galileo, gastritis, gaucho, gazpacho, glacial, Gloria, gradual, granular, grave, Guadalupe, guardián, gusto

h   (hache)   H is silent in Spanish.

alcohol, Alhambra, Habana, Honolulú, héroe, hombre, Homero, Honduras, honor, horrible, hospital, hotel, Hugo, humor

i   (i)   **Haití, idea, impenetrable, impostor, inaugural, incisión, inclusión, indecisión, India, individual**

j   (jota)   J is a guttural sound formed deep in the throat. It approximates a rasping English *h* sound, but there is no exact English equivalent.

Don Juan, La Jolla, jai alai, Jalisco, Jamaica, Japón, Jerez, jipijapa, Juanita, judicial, Júpiter

k   (ka)   K is not a Spanish letter and appears only in words of foreign origin. It is pronounced like the English *k*.

Alaska, Kansas, Kenya, kilociclo, kilograma, kilómetro, kimono, kindergarten, kiosko, Kremlín

l   (ele)   L is pronounced like the English *l* in *lip*, with the tip of the tongue in the front part of the mouth.

labor, latín, Las Vegas, laurel, lava, legal, legión, León, liberal, limbo, lintel, local, loco

ll (elle)   Ll in Spain is pronounced like the *lli* in the English word *million*; in Spanish America, like the *y* in *yes*.

caballero, Callao, collar, llama, llano, Mallorca, Pancho Villa, Sevilla, Villalobos

m   (eme)   M is pronounced like the English *m*.

machete, maestro, mango, María, marimba, Martín, material, matrimonial, máximum, melodrama, memorial, mestizo

n   (ene)   N is pronounced like the English *n*.

Napoleón, natural, negro, neutral, Niágara, Nicaragua, noble, nocturnal, nominal, normal, notable, Nueva York, numeral

ñ (eñe)   Ñ is pronounced like the *ny* in the English word *canyon*.

Cataluña, doña, mañana, piñata, señor, señorita, vicuña

o (o)   **oasis, octagonal, Olga, ópera, opinión, oral, orégano**

p (pe)   P is pronounced like the English *p* in *patio*, but is more explosive and less breathy. P before s is not pronounced (**psicología, pseudónimo**).

pampa, particular, pastor, penal, Pepe, personal, Perú, piano, Pilar, plan, plasma, polo, Puerto Rico, tapioca

q (cu)   Q is pronounced like the English *k* in *king*. It occurs only in the combinations **que** and **qui**.

Don Quijote, Paquito, Quebec, Querétaro, Quesada, Quevedo, Quijana, quinta, Quintana, Quito

r (ere)   R is a trilled sound made by flipping the tongue once on the roof of the mouth. When r is the first letter of a word, the tongue is flipped more than once.

grave, motor, María, Teresa, virgen
radial, rector, regular, rumba, rumor, rural

rr (erre)   Rr is a trilled sound made by flipping the tongue two or more times on the roof of the mouth.

Barranquilla, burro, corrida de toros, corrosión, error, horror, irregular, irreparable, Zorro

s (ese)   S is generally pronounced like the English *s* in *sent*.

Cortés, sable, saliva, salmón, salón, San Juan, San Salvador, sector, siesta, Simón, sonata

t (te)   T is pronounced almost like the English *t* in *tea*, but with the tongue closer to the teeth and with less breath than in English.

taco, talismán, Tampa, tarántula, tango, tenor, Titicaca, Tobías, toga, Toledo, total, tractor

u (u)   **Perú, ulterior, umbilical, unilateral, unión, unisexual, unisón, universal, Uruguay, utopía**

v (ve)   V is similar to the sound of the Spanish b.
Avoid the hard English *v* sound.

caviar, Valdivia, vapor, vector, Venezuela, Veracruz, veranda, versión, Victoria, vicuña, vigor, Virginia

w (double ve W is not a Spanish letter and ocurrs only in foreign words. It is pronounced like the
double u) English *w*.

Wágner, Walt Whitman, Wamba, Wanda, Wáshington, Wéstminster, Winston, Wisconsin

x (equis) X is pronounced like the English *x* in *examination*, varying between the English
eks and *egz* sounds. The **x** in **México** and **mexicano** is an exception and is pro-
nounced like the Spanish **j**. X before a consonant is pronounced like the hissed *s*
in the English word *sissy*.

examen, excursión, experimental, extra, México, Taxco

y (i griega) Y is pronounced like the English *y* in *yes*.

yanqui, yoga, yogurt, Yucatán, Yuma

z (zeta) Z in Spanish America is pronounced like the English *s* in *silver*. In parts of Spain,
it is pronounced like the *th* in *thermometer*.

Luz, Zanzíbar, Zaragoza, zarzuela, zigzag, Zorrilla, zulú

[1-3] VOWEL COMBINATIONS

1. A, **e**, and **o** are strong vowels.

2. **I, u,** and **y** are weak vowels.

3. The combination of a strong and a weak vowel forms one syllable (diphthong) with the stress
on the strong vowel.

DIPHTHONGS WITH a

ai **paisaje** (countryside), **baile** (dance), **fraile** (monk)
au **autor** (author), **astronauta** (astronaut), **inaugurar** (to inaugurate)
ay **Uruguay, Paraguay**

DIPHTHONGS WITH e

ei **reina** (queen), **aceite** (oil), **seis** (six)
eu **Eustacio** (Eustace), **feudal** (feudal), **Europa** (Europe)
ey **ley** (law), **rey** (king), **Camagüey**

DIPHTHONGS WITH i

ia **biblia** (bible), **tiara** (tiara), **diablo** (devil)
ie **septiembre** (September), **griego** (Greek), **diez** (ten)
io **palacio** (palace), **patio** (patio), **estudio** (study)

DIPHTHONGS WITH o

oi   heroico (heroic), **Moisés** (Moses), **oiga** (listen)
ou   nóumeno (philosophical term referring to the being behind the phenomenon)
oy   hoy (today), **soy** (I am), **estoy** (I am)

DIPHTHONGS WITH u

ua   Nicaragua, agua (water), **suave** (soft)
ue   jueves (Thursday), **puente** (bridge), **pueblo** (town)
uo   cuota (quota), **duodécimo** (twelfth), **antiguo** (old)

4. Two adjacent strong vowels form separate syllables and not a diphthong.

lo/or (poetic form), **cano/a** (canoe), **ide/a** (idea), **corre/o** (mail)

5. Two weak vowels form a diphthong. The stress within the syllable falls on the second vowel of the combination.

ciu/dad (city), **rui/do** (noise), **muy** (very)

6. In the combination of a strong vowel (**a, e, o**) between two weak vowels (**i, u, y**) (triphthong), the stressed vowel usually has a written accent.

a/ve/ri/guáis (you ascertain), **en/viáis** (you send)

7. The written accent over a weak vowel in a diphthong splits the diphthong into two syllables. The weak vowel is then treated as a strong vowel.

ba/úl (trunk), **o/í/do** (ear), **se/rí/a** (it would be)

[1-4] SYLLABIFICATION

1. A single consonant (including **ch, ll,** and **rr**) between vowels forms a syllable with the vowel that follows it.

Pa/na/má	Panama	**po/llo**	chicken
pa/lo/ma	dove	**pe/rro**	dog
mu/cha/cho	boy		

2. Combinations of two consonants between vowels are generally divided. The first consonant forms a syllable with the preceding vowel, and the second consonant unites with the following vowel.

lec/cio/nes	lessons	**pal/ma**	palm

3. Consonants followed by **l** or **r** (except **rl, sl, tl**) are not separated. Both consonants form one syllable with the following vowel.

te/a/tro	theatre		But:	
co/pla	couplet		**per/la**	pearl
no/ble	noble		**is/la**	island
re/gla	rule		**at/le/ta**	athlete

4. Combinations of three consonants are usually divided after the first consonant of the combination.

no/viem/bre	November		**miem/bro**	member
Lon/dres	London		**siem/pre**	always
sem/brar	to seed			

5. The letters of a prefix are inseparable, forming a single syllable.

sub/ra/yar	to underline		**ex/pre/sar**	to express
des/con/ten/to	discontent		**trans/por/te**	transport

6. When **s** precedes another consonant, it forms a syllable with the preceding vowel.

es/toy	I am		**obs/tan/te**	standing
cons/truc/ción	construction		**cons/pi/rar**	to conspire
as/tró/lo/go	astrologer			

[1–5] ACCENTUATION

1. Words ending in a vowel, **n,** or **s** are stressed on the next to the last syllable.

in/te/re/**san**/te	interesting		**die**/ta	diet
con/tra/**ban**/do	contraband		**co**/men	they eat
im/pe/ne/**tra**/ble	impenetrable		**ha**/blas	you speak

2. Words ending in any consonant except **n** or **s** are stressed on the last syllable.

cu/rio/si/**dad**	curiosity		hos/pi/**tal**	hospital
e/lec/to/**ral**	electoral		glan/du/**lar**	glandular
ins/pec/**tor**	inspector			

3. The written accent is used when a syllable is stressed in a manner different from the general rules.

e/vo/lu/**ción**	evolution		ki/**ló**/me/tro	kilometer
hi/**pó**/cri/ta	hypocritical		ins/tan/**tá**/ne/o	instantaneous
ca/**fé**	coffee			

4. The written accent is also employed to distinguish words similar in spelling and pronunciation but different in meaning.

sí	yes	**té**	tea
si	if	**te**	you (pronoun)
sólo	only (adverb)	**¿qué?**	what?
solo	alone	**que**	that
más	more	**¿cómo?**	how?
mas	but	**como**	I eat

[1-6] SPANISH PUNCTUATION

.	**punto**	period
	punto final	period, end of sentence
	punto y aparte	period, new paragraph
	punto y seguido	period, same paragraph
,	**coma**	comma
;	**punto y coma**	semicolon
:	**dos puntos**	colon
. . .	**puntos suspensivos**	suspension points
¿?	**puntos interrogantes**	question marks
¿	**principio de interrogación**	initial question mark
?	**fin de interrogación**	final question mark
¡!	**puntos de admiración**	exclamation points
¡	**principio de admiración**	initial exclamation point
!	**fin de admiración**	final exclamation point
« »	**comillas**	quotation marks
( )	**paréntesis**	parentheses
—	**raya**	dash
-	**guión**	hyphen
··	**crema, diéresis**	diaeresis

1. The dash is commonly used in Spanish to indicate dialog or a direct quotation. It is the equivalent of English quotation marks.

— **¿Cómo estás?**	"How are you?"
— **Muy bien, gracias.**	"Very well, thank you."

2. An inverted question mark begins an interrogative sentence in Spanish. The question mark used in English is placed at the end of the Spanish question.

— **¿Cómo se llama Ud.?**	"What is your name?"
— **¿Cuál es la fecha de hoy?**	"What is today's date?"

3. An inverted exclamation point begins an exclamatory sentence in Spanish. The exclamation point used in English is placed at the end of the Spanish exclamation.

—¡**Atención!**   "Attention!"
—¡**Socorro!**   "Help!"

4. Capital letters are used in Spanish in the same situations as in English with the following exceptions.

DAYS OF THE WEEK AND MONTHS OF THE YEAR

lunes	Monday	**miércoles**	Wednesday
enero	January	**octubre**	October

SOME SUBJECT PRONOUNS

yo   I

Abbreviations of **usted** (*you*, singular) and **ustedes** (*you*, plural) are capitalized.

V., Vd., Vds., or Ud., Uds.

LANGUAGES AND NATIONALITIES

español	Spanish	**italiano**	Italian
peruano	Peruvian	**japonés**	Japanese

TITLES

doña María   **don Juan**   **señor Sánchez**   **señora Martín**   **señorita Pardo**

Abbreviations of titles are capitalized.

Da. María   **D. Juan**   **Sr. Sánchez**   **Sra. Martín**   **Srta. Pardo**

Exercises

A. Pronounce the following Spanish words which have become common vocabulary in the English language:

1. adiós	11. coyote	21. maracas	31. pronto
2. adobe	12. chile con carne	22. mestizo	32. rodeo
3. amigo	13. chinchilla	23. mosquito	33. rumba
4. alpaca	14. chocolate	24. olé	34. señorita
5. arroz con pollo	15. fiesta	25. pampa	35. siesta
6. bolero	16. hacienda	26. parasol	36. sombrero
7. bronco	17. hombre	27. patio	37. taco
8. burro	18. llama	28. plaza	38. tapioca
9. conga	19. mango	29. peso	39. toreador
10. corral	20. mantilla	30. poncho	40. vicuña

B. Pronounce in Spanish the names of the following locations in the United States:

1. Amarillo	9. Laredo	17. Palo Alto	24. San José
2. Arizona	10. Las Vegas	18. Pasadena	25. San Pedro
3. California	11. Los Ángeles	19. Sacramento	26. Santa Ana
4. Catalina	12. Modesto	20. San Antonio	27. Santa Bárbara
5. Colorado	13. Montana	21. San Bernardino	28. Santa Fe
6. El Paso	14. Monterrey	22. San Diego	29. Texas (Tejas)
7. Florida	15. Nevada	23. San Francisco	30. Yuma
8. La Jolla	16. Nogales		

C. Pronounce the following Spanish surnames:

1. Castillo	8. González	15. Ponce	21. Soto
2. Castro	9. Gutiérrez	16. Romero	22. Torres
3. Colón	10. Hernández	17. Ruiz	23. Valdés
4. Cruz	11. Miranda	18. Sánchez	24. Vega
5. Flores	12. Moreno	19. Santiago	25. Velázquez
6. Gallego	13. Ortiz	20. Segovia	26. Zorrilla
7. Gómez	14. Pérez		

D. Pronounce the following phrases and give their English meaning:

NEW VOCABULARY

el   the   (masculine singular)   **un**   a   (masculine singular)
la   the   (feminine singular)   **una**   a   (feminine singular)

1. el toro bravo	16. un actor notable
2. una dama española	17. la música moderna
3. una señora italiana	18. una novela erótica
4. un profesor inteligente	19. el cantor famoso
5. el chico loco	20. la tragedia nacional
6. una idea calculada	21. una tempestad tropical
7. un general victorioso	22. un patio circular
8. el edificio grande	23. una clase interesante
9. un océano pacífico	24. un diplomático norteamericano
10. un curso universitario	25. un marinero peruano
11. un presidente amable	26. un automóvil antiguo
12. la fotografía cómica	27. un aeroplano holandés
13. un rancho mexicano (mejicano)	28. el programa oficial
14. la guitarra flamenca	29. un problema internacional
15. un animal estúpido	30. una tesis doctoral

PRELIMINARY UNIT 2

Subject Pronouns and the Verb Story

[2-1] SUBJECT PRONOUNS

SINGULAR			PLURAL	
1. **yo**	I		1. **nosotros (-as)**	we
2. **tú**	you (familiar)		2. **vosotros (-as)**	you (familiar)
3. **él**	he		3. **ellos**	they (masculine)
ella	she		**ellas**	they (feminine)
usted (Ud.)	you (formal)		**ustedes (Uds.)**	you (formal)

The familiar **tú** is used when addressing persons of intimate acquaintance, children, animals, and God. The formal **usted** is used when addressing strangers or persons with whom one has a formal relationship. **Nosotras** and **vosotras** refer only to female persons.

[2-2] THE VERB STORY

Spanish verbs have five properties.

1. person: first, second, and third person
2. number: singular or plural
3. time: present, past, or future tense
4. mood: indicative, subjunctive, and commands
5. voice: active or passive

Spanish verbs are classified according to their ending.

-ar   first conjugation
-er   second conjugation
-ir   third conjugation

The form of the verb ending in **-ar**, **-er**, or **-ir** is called the *infinitive*. It is composed of the stem plus the infinitive ending.

cant	+	**ar**	**cantar**	to sing
beb	+	**er**	**beber**	to drink
escrib	+	**ir**	**escribir**	to write

[2-3] FIRST CONJUGATION VERBS

SINGULAR			PLURAL		
1.	yo canto	I sing	1.	nosotros (-as) cant**amos**	we sing
2.	tú cant**as**	you sing	2.	vosotros (-as) cant**áis**	you sing
3.	él cant**a**	he sings	3.	ellos cant**an**	they sing
	ella cant**a**	she sings		ellas cant**an**	they sing
	Ud. cant**a**	you sing		Uds. cant**an**	you sing

REGULAR FIRST CONJUGATION VERBS

bailar	to dance	**limpiar**	to clean
conversar	to converse	**mirar**	to look at
estudiar	to study	**nadar**	to swim
firmar	to sign	**olvidar**	to forget
hablar	to speak	**trabajar**	to work

Exercises

NEW VOCABULARY

a	to	**y**	and
al	to the	**no**	no (placed before verb)
de	of	**en**	in
del	of the (masculine singular)	**con**	with
de la	of the (feminine singular)	**pero**	but

A. Express in English:

1. María nada en el océano.
2. Yo converso con Carmen.
3. Ellos firman el documento.
4. Nosotros hablamos español.
5. Tú miras la televisión.
6. Ud. trabaja en Nueva York.
7. Carlos y Francisco limpian el interior del hotel.
8. Yo estudio el piano.
9. Los turistas bailan la rumba.
10. Vosotros olvidáis las guitarras.

B. Complete the thought:

1. Yo converso en español, pero Ud. no _____ .
2. El profesor habla portugués, pero yo no _____ .

3. Clara nada en el océano, pero nosotros no _____ .
4. Ellos trabajan en México, pero tú no _____ .
5. Nosotros bailamos, pero Dolores y Héctor no _____ .

[2–4] SECOND CONJUGATION VERBS

SINGULAR

1. yo bebo   I drink
2. tú bebes   you drink
3. él bebe   he drinks
   ella bebe   she drinks
   Ud. bebe   you drink

PLURAL

1. nosotros (-as) bebemos   we drink
2. vosotros (-as) bebéis   you drink
3. ellos beben   they drink
   ellas beben   they drink
   Uds. beben   you drink

REGULAR SECOND CONJUGATION VERBS

aprender	to learn	leer	to read
comer	to eat	meter	to put
comprender	to comprehend	responder	to answer
correr	to run	suspender	to suspend
creer	to believe	temer	to fear

Exercises

A. Express in English:

1. Yo aprendo el español.
2. Ellos comen el chocolate.
3. Ud. comprende el problema.
4. Nosotros corremos al auto.
5. Él responde al profesor.
6. Doris teme el león.
7. El profesor suspende la clase.
8. Las señoritas leen el texto.
9. Homero y Lucía meten la crema en el café.
10. ¿Crees la anécdota?

B. Match each subject in Group 1 with the appropriate verb in Group 2:

Group 1

1. Yo
2. Tú
3. Él
4. Nosotros
5. Uds.

Group 2

1. comes una banana.
2. respondemos en clase.
3. comprendo la anécdota.
4. aprenden la biología.
5. lee la novela.

[2-5] THIRD CONJUGATION VERBS

SINGULAR   PLURAL

1. yo escribo   I write   1. nosotros (-as) escribimos   we write
2. tú escribes   you write   2. vosotros (-as) escribís   you write
3. él escribe   he writes   3. ellos escriben   they write
   ella escribe   she writes   ellas escriben   they write
   Ud. escribe   you write   Uds. escriben   you write

REGULAR THIRD CONJUGATION VERBS

abrir   to open   partir   to leave
consumir   to consume   permitir   to permit
insistir   to insist   recibir   to receive
interrumpir   to interrupt   resistir   to resist
omitir   to omit   vivir   to live

Exercises

A. Express in English:

1. Ricardo recibe el telegrama.
2. El señor interrumpe la conversación.
3. Yo omito el acento.
4. Alicia abre el texto.
5. Anita consume los bombones.

6. Nosotros vivimos en el Perú.
7. El profesor no permite conversaciones en clase.
8. ¿Insiste en hablar español?

B. Express in Spanish:

1. I write the novel.
2. He resists.
3. David omits the verb.

4. We interrupt the class.
5. They live in Mexico.

C. Substitute the appropriate form of the verb according to the subjects in parentheses:

1. Nosotros amamos la libertad. (él, Juan, Uds.)
   We love liberty.
2. Tú indicas el lugar. (el profesor, nosotros, Paco y Carmen)
   You indicate the place.
3. Él organiza un club. (ella, vosotros, los estudiantes)
   He is organizing a club.
4. Ella posee la tierra. (Don José, los García, tú)
   She possesses the land.

5. Ud. come el pan. (los animales, ellas, el turista)
   You eat the bread.
6. Nosotros bebemos café. (Mamá, vosotras, yo)
   We drink coffee.
7. Vosotros descubrís la verdad. (María y yo, papá y mamá, ellos)
   You discover the truth.
8. Ellos escriben una carta. (el sargento y el general, el prisionero, tú)
   They write a letter.
9. Ellas omiten el número. (el presidente, Uds., ellas)
   They omit the number.
10. Uds. insisten en las vacaciones. (el señor, los pilotos, Consuelo y Concepción)
    You insist on vacations.

PRELIMINARY UNIT 3

ser and estar

[3-1] PRESENT TENSE OF ser (*to be*)

1.	**yo soy**	I am	1.	**nosotros (-as) somos**	we are
2.	**tú eres**	you are	2.	**vosotros (-as) sois**	you are
3.	**él es**	he is	3.	**ellos son**	they are
	ella es	she is		**ellas son**	they are
	Ud. es	you are		**Uds. son**	you are

Ser is used to express the essence or inherent quality of the subject. Statements with **ser** answer the questions "who?" or "what?".

Exercises

A. *The following sentences are composed mainly of cognates—words that are alike in form and meaning in Spanish and English. Concentrate on the meaning and then read the sentences aloud:*

1. Pizarro es el conquistador del Perú.
2. San Fernando es una región de California.
3. El jaguar es un animal de las Américas.
4. El bar del motel es popular.
5. Don Juan es el héroe del drama.
6. Ricardo Burton es un actor del cine.
7. El chile con carne de la cafetería es horrible.
8. El plan del doctor y del barón no es original.
9. El caballero en el auto no es de la fiesta.
10. La lava es un mineral, y el mango es una fruta.

B. *Pronounce and concentrate on the meaning:*

1. ¿Es la península de la Florida?
2. ¿Es el álbum de María?
3. ¿Es el televisor de David?
4. ¡Es el club de golf!
5. Es el aroma de la azalea.
6. ¿Es el corral del burro?
7. ¡Es un dragón de la China!
8. ¡Es una idea terrible!
9. ¡Es un error grave!
10. ¿Es el cable del radio?

[3–2] PRESENT TENSE OF estar (*to be*)

1.	**yo estoy**	I am		
2.	**tú estás**	you are		
3.	**él está**	he is		
	ella está	she is		
	Ud. está	you are		

1. **nosotros (-as) estamos** we are
2. **vosotros (-as) estáis** you are
3. **ellos están** they are
   ellas están they are
   Uds. están you are

Estar is used to express the location, position, or temporary state of the subject. Statements with **estar** answer the questions "where?" and "how?".

Exercises

A. Read the sentences aloud and concentrate on the meaning:

1. El auto está en el garaje.
2. El criminal está en el calabozo.
3. La pampa está en la parte central de la Argentina.
4. Elena está en el Canadá con la mamá de Víctor.
5. El canal está en Panamá.
6. Susana y Teresa están en la catedral.
7. Estamos en octubre.
8. Estoy en el patio con el papá de Carolina.
9. Ricardo Montalbán está al piano en el bar del Club Oasis Tropical.
10. Los generales están en el hotel.

B. Pronounce and concentrate on the meaning:

1. ¿Está normal la señorita?
2. ¿Está Bárbara en la plaza?
3. ¿Está loco el dictador?
4. ¿Está el presidente en la capital?
5. ¿Está melancólico el doctor?
6. ¿Está Rusia en Europa?
7. ¿Están contentas las personas en la villa?
8. ¿Están los turistas en Puerto Rico?
9. ¿Está Nicolás en el aeroplano?
10. ¿Está el hombre en el calabozo?

PRELIMINARY UNIT 4

Commands

Commands in Spanish are expressed in formal and familiar forms. The formal command is used to give an order to persons with whom the speaker has a formal relationship: strangers, new acquaintances, co-workers, business associates. The familiar command is used to give an order to persons of intimate acquaintance.

[4-1] FORMAL COMMANDS—FIRST CONJUGATION

INFINITIVE	SINGULAR COMMAND		PLURAL COMMAND
bailar	baile Ud.	dance	bailen Uds.
cantar	cante Ud.	sing	canten Uds.
estudiar	estudie Ud.	study	estudien Uds.
hablar	hable Ud.	speak	hablen Uds.
trabajar	trabaje Ud.	work	trabajen Uds.

Exercise

Give the singular and plural formal commands of the following verbs:

1. olvidar   2. conversar   3. firmar   4. limpiar   5. nadar

[4-2] FORMAL COMMANDS—SECOND CONJUGATION

INFINITIVE	SINGULAR COMMAND		PLURAL COMMAND
aprender	aprenda Ud.	learn	aprendan Uds.
comer	coma Ud.	eat	coman Uds.
correr	corra Ud.	run	corran Uds.
leer	lea Ud.	read	lean Uds.
suspender	suspenda Ud.	suspend	suspendan Uds.

Exercise

Give the singular and plural formal commands of the following verbs:

1. beber   2. meter   3. comprender   4. temer   5. creer

18

[4-3] FORMAL COMMANDS—THIRD CONJUGATION

INFINITIVE	SINGULAR COMMAND		PLURAL COMMAND
escribir	escriba Ud.	write	escriban Uds.
insistir	insista Ud.	insist	insistan Uds.
omitir	omita Ud.	omit	omitan Uds.
resistir	resista Ud.	resist	resistan Uds.
vivir	viva Ud.	live	vivan Uds.

Exercise

Give the singular and plural formal commands of the following verbs:

1. consumir   2. abrir   3. interrumpir   4. partir   5. recibir

... helping her with the shopping.

El amor es . . .

ayudarla con
las compras.

UNIT 1

La tienda de efectos eléctricos
The Appliance Store

[1-1] VOCABULARY   VOCABULARIO

Repeat (Repita):

1. air conditioner   **(el) acondicionador   4. clothes dryer   **(la) secadora de ropa**
                        de aire**   5. dishwasher   **(el) lavaplatos**
2. blender   **(la) licuadora**   6. electric blanket **(la) frazada eléctrica**
3. can opener   **(el) abrelatas**   7. electric clock   **(el) reloj eléctrico**

8. electric shaver	**(la) afeitadora eléctrica**	14. refrigerator	**(el) refrigerador**[2]
9. electric toothbrush	**(el) cepillo de dientes eléctrico**	15. sun lamp	**(la) lámpara de rayos ultravioleta**
10. electric typewriter	**(la) máquina de escribir eléctrica**	16. television	**(el) televisor**
		17. toaster	**(la) tostadora**
11. gas range	**(la) cocinilla de gas**[1]	18. waffle iron	**(el) barquillero**
12. hair dryer	**(la) secadora de pelo**	19. washing machine	**(la) lavadora**[3]
13. radio	**(el) radio**	20. vacuum cleaner	**(la) aspiradora**

[1-2] VERBS   VERBOS

Repita:

1. to buy on time	**comprar a crédito**
2. to call for a home demonstration	**llamar para una demostración en casa**
3. to defrost the refrigerator	**descongelar el refrigerador**
4. to deliver the T.V. set	**entregar el televisor**
5. to fill out the guarantee form	**llenar la aplicación de garantía**
6. to listen to the radio	**escuchar el radio**
7. to look at the clock	**mirar el reloj**
8. to need a vacuum cleaner	**necesitar una aspiradora**
9. to sign the contract	**firmar el contrato**
10. to turn off the air conditioner	**apagar el acondicionador de aire**

[1-3] CONVERSATIONAL PATTERNS   MODELOS DE LENGUAJE

Repita:

1. I'm looking for . . .   **Estoy buscando . . .**
   I'm looking for a colored T.V.   **Estoy buscando un televisor a colores.**
   I'm looking for a sun lamp.   **Estoy buscando una lámpara de rayos ultravioleta.**

   I'm looking for a radio.   **Estoy buscando un radio.**

2. Do you repair . . . ?   **¿Repara Ud. . . . ?**
   Do you repair electric typewriters?   **¿Repara Ud. máquinas de escribir eléctricas?**

   Do you repair electric ranges?   **¿Repara Ud. cocinas eléctricas?**
   Do you repair electric shavers?   **¿Repara Ud. afeitadoras eléctricas?**

---

1. Also **la cocina económica; el hornillo de gas.**   2. Also **la nevera (icebox).**   3. Also **la máquina de lavar.**

3. Plug in . . .
   Plug in the can opener.
   Plug in the blender.
   Plug in the hair dryer.

Enchufe . . .
Enchufe el abrelatas.
Enchufe la licuadora.
Enchufe la secadora de pelo.

4. . . . doesn't work.
   My refrigerator doesn't work.
   My air conditioner doesn't work.
   My electric clock doesn't work.

. . . no funciona.
Mi refrigerador no funciona.
Mi acondicionador de aire no funciona.
Mi reloj eléctrico no funciona.

5. Buy me . . .
   Buy me a dishwasher.
   Buy me a clothes dryer.
   Buy me a vacuum cleaner.

Cómpreme . . .
Cómpreme un lavaplatos.
Cómpreme una secadora de ropa.
Cómpreme una aspiradora.

[1-4] DIALOG   DIÁLOGO

Dependiente:	—*¿En qué puedo servirla*, señora?	salesman / how can I / help you
Cliente:	—Mi refrigerador *ya no* funciona.	customer/ no longer
	Necesito uno nuevo.	
Dependiente:	—*Tenemos algunos* modelos de *marca*	we have/ some/ brand
	Westinghouse, General Electric y Admiral.	
Cliente:	—¿Son *caros o baratos*?	expensive or cheap
Dependiente:	—No, no son *muy* caros. *Trescientos*	very/ three hundred
	dólares, *según* la marca.	according to
Cliente:	—¡Oh *Dios mío*! No puedo *vivir sin* mi	my goodness/ live without
	tarjeta de crédito.	credit card

[1-5] COMPREHENSION   COMPRENSIÓN

1. ¿Qué compra la cliente?
2. *¿Por qué* necesita un refrigerador nuevo?   why
3. ¿Qué modelos *vende* el dependiente en *esta tienda*?   sells/ this store
4. ¿Son caros los refrigeradores nuevos?
5. ¿Funciona *bien* el refrigerador en *su casa*?   well/ your home

[1-6] DESCRIPTION OF THE DRAWING   DESCRIPCIÓN DEL DIBUJO

Repeat the following observations (Repita las observaciones siguientes):

1. El *hombre* y la *mujer* miran los efectos eléctricos.   man/ woman
2. En el dibujo *hay* un refrigerador.   there is

3. La tienda *ofrece* máquinas de lavar y cocinillas de gas.   offers
4. Las mujeres de *hoy* están muy contentas con los efectos
   eléctricos.   today

[1-7] WORD STUDY   ESTUDIO DE PALABRAS

Many words with a *-tion* suffix in English have Spanish cognates that end in **-ción**. They are feminine.

action	**(la) acción**	liberation	**(la) liberación**
ambition	**(la) ambición**	narration	**(la) narración**
consideration	**(la) consideración**	reception	**(la) recepción**
evaluation	**(la) evaluación**	satisfaction	**(la) satisfacción**
intuition	**(la) intuición**	transition	**(la) transición**

Exercise   Ejercicio

Write the following words in Spanish (Escriba las palabras siguientes en español):

1. the exclamation   3. the conversation   5. the imitation
2. the congregation   4. the graduation   6. the limitation

[1-8] USEFUL EXPRESSIONS   EXPRESIONES ÚTILES

A. CARDINAL NUMBERS

1 uno	6 seis	11 once	16 diez y seis (dieciséis)
2 dos	7 siete	12 doce	17 diez y siete (diecisiete)
3 tres	8 ocho	13 trece	18 diez y ocho (dieciocho)
4 cuatro	9 nueve	14 catorce	19 diez y nueve (diecinueve)
5 cinco	10 diez	15 quince	20 veinte

Ejercicio

Express in Spanish using the following arithmetical signs (Exprese en español usando los signos aritméticos siguientes):

+ **y**   − **menos**   × **por**   ⟋ **dividido por**

+ y	− menos	× por	⟋ dividido por
1. 6	10	14	17
+7	+9	+3	+3
13	*19*	*17*	*20*
2. 3	12	7	15
−2	−10	−6	−11
1	*2*	*1*	*26*

3.   4   9   5   4
     × 5   × 2   × 3   × 4
     20   18   15   16

4. 2)8 4   3)15   4)12   5)20
                        5   3   4

B. ORDINAL NUMBERS

first	**primero**	fourth	**cuarto**	seventh	**séptimo**	ninth	**noveno**
second	**segundo**	fifth	**quinto**	eighth	**octavo**	tenth	**décimo**
third	**tercero**	sixth	**sexto**				

Note: **Primero** and **tercero** drop final **o** before masculine singular nouns.
   mi primer radio   my first radio   **el tercer signo**

Ejercicio

Exprese en español:

1. the first colored T.V. set
2. the second customer
3. the third dishwasher

4. the fourth refrigerator
5. the fifth air conditioner

C. THE KITCHEN   LA COCINA

beater	**(la) batidora**	goblet	**(la) copa**
bottle	**(la) botella**	grater	**(la) ralladera**
bottle opener	**(el) abrebotellas**	kettle	**(la) caldera**
broiler	**(la) parrilla**	knife	**(el) cuchillo**
casserole	**(la) cacerola**	ladle	**(el) cucharón**
china	**(la) loza**	meat chopper	**(la) picadora de carne**
coffee pot	**(la) cafetera**	napkin	**(la) servilleta**
colander	**(el) escurridor**	nutcracker	**(el) cascanueces**
cookbook	**(el) libro de cocina**	oven	**(el) horno**
cookie jar	**(el) jarro de pastelitos**	pan	**(la) cazuela**
corkscrew	**(el) sacacorchos**	pepper mill	**(el) molinillo de pimienta**
creamer	**(la) cremera**	pitcher	**(el) cántaro**
cup	**(la) taza**	plate	**(el) plato**
cutlery	**(la) cuchillería**	platter	**(el) platón**
decanter	**(la) garrafa**	pot	**(la) olla**
dishes	**(la) vajilla**	pot cover	**(la) cubierta de olla**
fork	**(el) tenedor**	potholder	**(el) cojinillo**
frying pan	**(la) sartén**	pressure cooker	**(la) olla de presión**
funnel	**(el) embudo**	saucer	**(el) platillo**
glass	**(el) vaso**	sifter	**(el) cedazo**

silverware	(la) vajilla de plata	tablecloth	(el) mantel
spoon	(la) cuchara	teapot	(la) tetera
strainer	(el) colador	teaspoon	(la) cucharita
sugar bowl	(el) azucarero	tongs	(las) tenacillas

Ejercicio

Choose the appropriate word (Escoja la palabra apropiada):

A.

1. cuchillería
2. olla
3. taza
4. vajilla
5. tenedor
6. azucarero
7. mantel

B.

a. platillo
b. cremera
c. cojinillo
d. cuchillo
e. servilleta
f. plato
g. vajilla de plata

[1-9] ESSENTIAL GRAMMAR   GRAMÁTICA ESENCIAL

A. DEFINITE ARTICLE

Nouns in Spanish are either masculine or feminine. The definite articles modifying them correspond both in gender and in number.

MASCULINE

SINGULAR	PLURAL
el número	los números
the number	the numbers

FEMININE

SINGULAR	PLURAL
la tienda	las tiendas
the store	the stores

EXAMPLES

el cepillo	los cepillos
el radio	los radios
el cliente	los clientes

EXAMPLES

la frazada	las frazadas
la lámpara	las lámparas
la marca	las marcas

B. INDEFINITE ARTICLE

Indefinite articles also agree with nouns in gender and in number.

MASCULINE

SINGULAR	PLURAL
un número	unos números
a number	some numbers

FEMININE

SINGULAR	PLURAL
una señorita	unas señoritas
a young lady	some young ladies

un barquillero	unos barquilleros
un dependiente	unos dependientes
un modelo	unos modelos

una aspiradora	unas aspiradoras
una máquina	unas máquinas
una tostadora	unas tostadoras

C. USES OF THE DEFINITE ARTICLE

The definite article in Spanish is used in many instances where English does not normally use it.

1. With abstract nouns

La paciencia es una virtud.   *Patience is a virtue.*
El crimen es malo.   *Crime is evil.*

2. With nouns used in a general sense

Las mujeres son románticas.   *Women are romantic.*
La carne es cara.   *Meat is expensive.*

3. With species

El pescado es barato.   *Fish is cheap.*
Las plantas son bonitas.   *Plants are pretty.*

4. With languages

El inglés es difícil.   *English is difficult.*
El español es popular.   *Spanish is popular.*

5. With titles

El profesor García es cubano.   *Professor García is Cuban.*
El general MacArthur es un héroe.   *General MacArthur is a hero.*

In direct address, however, the article is not used.

—Buenos días, **profesor García.**   *"Good morning, Professor García."*

6. With hours of the day

La una es la hora.   *One o'clock is the hour.*
El mediodía es la hora de comer.   *Noon is the hour to eat.*

7. With days of the week

El martes es mi cumpleaños.   *Tuesday is my birthday.*
El domingo es el día de descanso.   *Sunday is the day of rest.*

8. With academic subjects

La artimética es fácil.   *Arithmetic is easy.*
La filosofía es un estudio serio.   *Philosophy is a serious study.*

9. With the names of some countries

La Argentina es un país sudamericano.   *Argentina is a South American country.*
El Canadá es nuestro vecino.   *Canada is our neighbor.*

10. With verbs used as nouns (verbal nouns)

El comer es mi pasatiempo favorito.   *Eating is my favorite pastime.*
El nadar es un deporte.   *Swimming is a sport.*

Ejercicios

A. Exprese en español:

1. You are a salesman.
2. He is a customer.
3. The dishwasher is cheap.
4. The blender is expensive.
5. The watch is new.
6. You (pl.) are clerks.
7. They are customers.
8. The dishwashers are cheap.
9. The blenders are expensive.
10. The watches are new.

B. Express the subjects in Spanish (Exprese los sujetos en español):

1. (*Electric blankets*) no son económicas.
2. (*Salesmen*) son ambiciosos.
3. (*Washing machines*) son caras.
4. (*Meat*) es popular.
5. (*Young women*) son bonitas.
6. (*Sundays*) son los días de visita.
7. (*Arithmetic*) and (*philosophy*) no son mis clases favoritas.
8. (*Numbers*) son fáciles.
9. (*Credit cards*) son importantes.
10. (*Eating and swimming*) son dos pasatiempos buenos.

[1-10] CONJUGATION OF THE VERB «LLEGAR»

CONJUGACIÓN DEL VERBO «LLEGAR»

Yo **llego** tarde.   I arrive late.
Tú **llegas** tarde.   You arrive late.
Él, Ella **llega** tarde.   He, She arrives late.
Ud. **llega** tarde.   You arrive late.

Nosotros (-as) **llegamos** tarde.   We arrive late.
Vosotros (-as) **llegáis** tarde.   You arrive late.
Ellos, Ellas **llegan** tarde.   They arrive late.
Uds. **llegan** tarde.   You arrive late.

Ejercicio

Use the appropriate form of the verb llegar *(Use la forma apropiada del verbo* llegar):

1. Yo _____ a la tienda de efectos eléctricos.
2. ¿Tú _____ a casa sin la tarjeta de crédito?
3. María _____ a la graduación de Juan.

4. La aspiradora _____ de la tienda.
5. Las frazadas eléctricas _____ a la tienda.

[1–11] PRONUNCIATION   PRONUNCIACIÓN

Spanish **a**

Repita:

albino	Anaconda	arena	Atlas	mañana
álbum	ángel	Argentina	calabaza	Nicaragua
alcohol	animal	aroma	cha-cha-chá	papaya

[1–12] SAYINGS AND PROVERBS   DICHOS Y REFRANES

El silencio es oro.
Silence is golden.

[1–13] CARTOON   CARICATURA

love is...

... turning on his electric blanket before he goes to bed.

Copyright 1971 LOS ANGELES TIMES

El amor es...

conectar su frazada eléctrica antes de que él se acueste.

[1–14] TODAY'S MENU

Olives and Celery
Roast Chicken
Creamed Spinach
Potatoes au Gratin
Chocolate Pudding
Coffee with Milk

EL MENÚ PARA HOY

Aceitunas y apio
Pollo asado
Espinacas a la crema
Patatas al gratín
Pudín de chocolate
Café con leche

UNIT 2

La agencia de automóviles y accesorios, y la estación de servicio
The Auto Dealer's, Auto Accessories Store, and Gasoline Station

[2-1] VOCABULARIO

Repita:

 1. battery   (la) batería[1]
 2. brake   (el) freno
 3. carburetor   (el) carburador
 4. fender   (la) defensa
 5. fuse   (el) fusible
 6. gasoline   (la) gasolina
 7. hood   (el) capó
 8. horsepower   (los) caballos de fuerza
 9. license plate   (la) chapa de circulación
10. lubrication   (la) lubricación

11. muffler   (el) silenciador
12. oil change   (el) cambio de aceite
13. registration   (la) matrícula[2]
14. spark plug   (la) bujía
15. speedometer   (el) cuentamillas
16. starter   (el) arranque
17. tire   (la) goma[3]
18. trunk   (el) maletero
19. water pump   (la) bomba de agua
20. windshield wiper (el) limpiaparabrisas

[2-2] VERBOS

Repita:

 1. to add water to the battery   añadir agua a la batería
 2. to adjust the brakes   ajustar los frenos
 3. to balance the wheel   balancear las ruedas
 4. to change a flat tire   cambiar una goma pinchada
 5. to check the oil   revisar el aceite
 6. to fill the tank with gasoline   llenar el tanque de gasolina
 7. to look under the hood   mirar bajo el capó
 8. to lubricate the motor   lubricar el motor
 9. to trade in the old car   cambiar el coche[4] antiguo
10. to use the gear shift   usar el cambio de velocidades

[2-3] MODELOS DE LENGUAJE

Repita:

1. I need . . .   Necesito . . .
   I need a wheel alignment.   Necesito un ajuste de las ruedas.
   I need a lubrication.   Necesito una lubricación.
   I need an oil change.   Necesito un cambio de aceite.

---

1. Also **el acumulador, la pila.**   2. Also **la registración.**   3. Also **el neumático.**   4. Also **el carro.**

2. Please change . . .
   Please change the points.
   Please change the spark plugs.
   Please change the oil filter.

   Por favor cambie . . .
   Por favor cambie los platinos.
   Por favor cambie las bujías.
   Por favor cambie el filtro de aceite.

3. Please install . . .
   Please install a new tire.
   Please install a new water pump.
   Please install a new battery.

   Por favor instale . . .
   Por favor instale una goma nueva.
   Por favor instale una bomba de agua nueva.
   Por favor instale una batería nueva.

4. Repair . . .
   Repair the radiator.
   Repair the carburetor.
   Repair the starter.

   Arregle . . .
   Arregle el radiador.
   Arregle el carburador.
   Arregle el arranque.

5. How do you open . . . ?
   How do you open the glove compartment?
   How do you open the trunk?
   How do you open the hood?

   ¿Cómo se abre . . . ?
   ¿Cómo se abre el portaguantes?
   ¿Cómo se abre el maletero?
   ¿Cómo se abre el capó?

[2-4] DIÁLOGO

Caballero:	—Mis gomas necesitan aire. Y *haga* el favor de *chequear* el radiador.	gentleman / do check
Jovenzuelo:	—Inmediatamente *lo chequeo todo*, señor.	young boy / I'll check everything
Caballero:	—El parabrisas está *sucio*. Por favor *límpielo*.	dirty / clean it
Jovenzuelo:	—Sí, señor. ¿Qué *cantidad* de gasolina desea Ud.?	quantity
Caballero:	—¿Gasolina? Yo no deseo gasolina. *Vengo aquí solamente por* sus servicios. Gracias por su *ayuda*.	I come here only for / help
Jovenzuelo:	—¡*Qué trabajo*!	what a job

[2-5] COMPRENSIÓN

1. ¿Qué necesitan las gomas del caballero?
2. ¿Qué *otros* servicios necesita el cliente de la estación de gasolina?
3. ¿Qué *pregunta* el jovenzuelo?
4. *¿Cuál* es la *respuesta* del caballero?
5. ¿Por qué es *difícil* trabajar en una estación de gasolina?

    other

    asks
    what / answer
    difficult

[2-6] DESCRIPCIÓN DEL DIBUJO

Repita:

1. El dependiente *pone* gasolina en el *tanque*.	puts / tank
2. El cliente habla *al* dependiente.	to the
3. El *precio* de la gasolina es *alto*.	price / high

[2-7] ESTUDIO DE PALABRAS

Many words that end in *-sion* in English have Spanish cognates that are spelled the same or almost the same, with the addition of an accent on the **o**.

collision	**(la) colisión**	diversion	**(la) diversión**
confession	**(la) confesión**	emission	**(la) emisión**
confusion	**(la) confusión**	expression	**(la) expresión**
corrosion	**(la) corrosión**	incision	**(la) incisión**
depression	**(la) depresión**	occasion	**(la) ocasión**

Ejercicio

Express the following words in Spanish (Exprese las palabras siguientes en español):

1. abrasion	4. explosion	7. mansion	9. precision
2. accession	5. fusion	8. mission	10. version
3. admission	6. inversion		

[2-8] EXPRESIONES ÚTILES

A. MORE NUMBERS

20	**veinte**	21	**veintiuno (-a)**[5]
30	**treinta**	32	**treinta y dos**
40	**cuarenta**	43	**cuarenta y tres**
50	**cincuenta**	54	**cincuenta y cuatro**
60	**sesenta**	65	**sesenta y cinco**
70	**setenta**	76	**setenta y seis**
80	**ochenta**	87	**ochenta y siete**
90	**noventa**	98	**noventa y ocho**
100	**cien (ciento** with numbers higher than 100)	101	**ciento uno**
		199	**ciento noventa y nueve**
200	**doscientos (-as)**	201	**doscientos uno**

5. The numbers 21 to 29 are generally spelled as separate words in Spanish America (**veinte y uno**, etc.), and as one word in Spain (**veintidós, veintitrés, veinticuatro, veinticinco, veintiséis, veintisiete, veintiocho, veintinueve**).

300	trescientos (-as)	302	trescientos dos
400	cuatrocientos (-as)	412	cuatrocientos doce
500	quinientos (-as)	523	quinientos veinte y tres
600	seiscientos (-as)	634	seiscientos treinta y cuatro
700	setecientos (-as)	745	setecientos cuarenta y cinco
800	ochocientos (-as)	857	ochocientos cincuenta y siete
900	novecientos (-as)	968	novecientos sesenta y ocho

1,000	mil
1,005	mil cinco
1,038	mil treinta y ocho
1,812	mil ochocientos doce
1,974	mil novecientos setenta y cuatro
100,000	cien mil
1,000,000	un millón (de)
1,000,000,000	un billón (de) (In U.S.A.)

Ejercicio

Express in Spanish (Exprese en español):

1.
10	40	160	354
+ 20	+ 50	+ 270	+ 538

892

2.
800	900	250	1000
− 700	− 300	− 125	− 600

3.
11	33	55	678
× 20	× 10	× 12	× 100

4. 100)‾1000‾   200)‾600‾   300)‾1200‾   4)‾1600‾

5. one hundred license plates
6. one thousand models
7. ten thousand auto dealers
8. one million automobiles
9. one billion dollars

B. PARTS OF AN AUTOMOBILE

air filter	(el) filtro de aire	brake fluid	(el) flúido de los frenos
alternator	(el) alternador	brake lining	(el) forro del freno
axle	(el) eje	bumper	(el) parachoque
battery cables	(los) cables de la batería	chassis	(el) chasis
battery charger	(el) cargador de la batería	clutch	(el) embrague

convertible	(el) convertible	glove compartment	(el) portaguantes
	(el) descapotable	grease	(la) grasa
cylinder	(el) cilindro	headlight	(el) faro
distributor	(el) distribuidor	horn	(la) bocina
door	(la) portezuela	oil gauge	(el) indicador de aceite
fuel pump	(la) bomba del combustible	piston	(el) pistón
gasket	(la) empaquetadura	steering wheel	(el) volante
gasoline pump	(el) surtidor de gasolina	taillight	(el) farol de cola
gearshift	(el) cambio de velocidades	top	(la) capota
generator	(el) generador	transmission	(la) transmisión

Ejercicio

What are the parts of the automobile? (¿Cuáles son las partes del automóvil?)

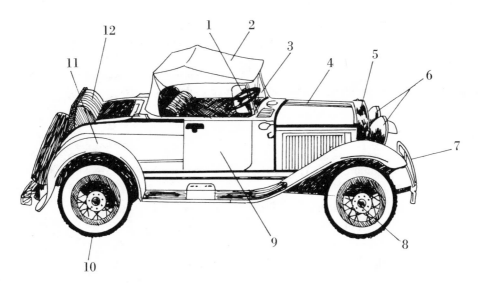

[2-9] GRAMÁTICA ESENCIAL

A. GENDER OF NOUNS

1. Nouns ending in **-o** are generally masculine.

| **el ejercicio** | the exercise | **el maletero** | the trunk |
| **el freno** | the brake | **el piano** | the piano |

Exception: **la mano** the hand

2. Nouns denoting male beings are masculine.

el actor	the actor	**el florista**	the florist
el artista	the artist	**el gobernador**	the governor
el aviador	the aviator	**el maestro**	the teacher
el conductor	the conductor	**el paciente**	the patient
el estudiante	the student	**el presidente**	the president

3. Nouns ending in **-a** are generally feminine.

la batería	the battery	**la gasolina**	the gasoline
la bujía	the spark plug	**la goma**	the tire

Exception: **el día** the day

4. Nouns denoting female beings are feminine.

la actriz	the actress	**la florista**	the florist
la artista	the artist	**la gobernadora**	the governor
la aviadora	the aviator	**la maestra**	the teacher
la conductora	the conductor	**la paciente**	the patient
la estudiante	the student	**la presidenta**	the president

Exceptions: **la persona**   the person
           la víctima   the victim

5. Feminine nouns beginning with a stressed **a** use the singular article **el**. The plural article remains **las.**

el agua	the water	**las aguas**	
el alma	the soul	**las almas**	

6. Nouns of Greek origin ending in the suffixes **-ma, -pa,** and **-ta** are masculine.

el clima	the climate	**el planeta**	the planet
el drama	the drama	**el problema**	the problem
el enigma	the enigma	**el programa**	the program
el melodrama	the melodrama	**el tema**	the theme

7. Letters of the alphabet are feminine.

la a	a	**la zeta**	z
la b	b	**las aes**	a's
la che	ch	**las jotas**	j's

8. Abbreviations in Spanish keep their original gender.

el automóvil	the automobile	**el auto**
la fotografía	the photograph	**la foto**
la motocicleta	the motorcycle	**la moto**

9. The genders of all other nouns must be learned with the noun.

el abrelatas	the can opener	**la mujer**	the woman
el cuentamillas	the speedometer	**la lección**	the lesson
el limpiaparabrisas	the windshield wiper	**el silenciador**	the muffler

10. The days of the week, languages, rivers, points of the compass or directions, and musical notes are masculine in Spanish.

days:	**el lunes**	Monday	**el martes**	Tuesday
languages:	**el portugués**	Portuguese	**el castellano**	Castilian
rivers and oceans:	**el Atlántico, el Misisipí, el Río Grande**			
compass points:	**el norte, el sur, el este, el oeste**			
musical notes:	**el do, el re, el mi, el fa, el sol, el la, el si**			

11. The masculine article is used to form verbal nouns.

el comer	eating
el hablar	talking, speaking
el trabajar	working

El comer es necesario para vivir.	*Eating is necessary in order to live.*
El hablar es el trabajo del profesor.	*Speaking is the professor's work.*
El trabajar de dependiente no es interesante.	*Working as a salesman is not interesting.*

12. Nouns in the masculine plural may denote two or more people of different sex.

los abuelos	**(el abuelo y la abuela)**	the grandparents
los hermanos	**(el hermano y la hermana)**	the brother and sister
los hijos	**(el hijo y la hija)**	the son and daughter
los padres	**(el padre y la madre)**	the parents
los reyes	**(el rey y la reina)**	the rulers
los tíos	**(el tío y la tía)**	the uncle and aunt

Ejercicios

A. Say in the plural (Diga en el plural):

1. la bocina	5. una lámpara	8. la chapa de	10. la secadora de pelo
2. el cambio	6. un lavaplatos	circulación	11. la goma
3. la portezuela	7. el filtro	9. el rey	12. el agua
4. el cilindro			

B. Say in the singular (Diga en el singular):

1. los actores	4. las maestras	7. unas floristas	10. las motos
2. unos dramas	5. las defensas	8. los médicos	11. los temas
3. los estudiantes	6. unos planetas	9. los aviadores	12: los chasis

C. Complete the sentences (Complete las frases):

1. Mis (*aunts and uncles*) son los hermanos de mi padre.
2. (*Name of river*) separa a México de los Estados Unidos.
3. Usan muchos acondicionadores de aire en (*the south*) de España.
4. La madre de Rosa es (*the president*) del club.

D. Say in Spanish (Diga en español):

1. The Atlantic	4. Portuguese	7. Monday	9. the west
2. eating	5. working	8. your grandparents	10. the artist (male)
3. my parents	6. the patient (female)		

E. Express in Spanish (Exprese en español):

1. Mr. Luis García is the governor.
2. Jai-alai is a sport.
3. A wheel alignment is cheap.
4. Fish is expensive.
5. The teacher is an actress.
6. Working is difficult.
7. The car needs water and oil.
8. The Mississippi is an important river.
9. My brother and sister are buying a gasoline station.

[2-10] CONJUGACIÓN DE LOS VERBOS «APRENDER» Y «TENER»

A. aprender la lección   to learn the lesson

Yo **aprendo** la lección.   I learn the lesson.
Tú **aprendes** la lección.   You learn the lesson.
Él, Ella **aprende** la lección.   He, She learns the lesson.
Ud. **aprende** la lección.   You learn the lesson.

Nosotros (-as) **aprendemos** la lección.	We learn the lesson.
Vosotros (-as) **aprendéis** la lección.	You learn the lesson.
Ellos, Ellas **aprenden** la lección.	They learn the lesson.
Uds. **aprenden** la lección.	You learn the lesson.

Ejercicio

Use the appropriate form of the verb **aprender** *(Use la forma apropiada del verbo* **aprender** *):*

1. Pedro y Raúl _____ la lección.
2. Isabel y yo _____ los números.
3. La señorita _____ los verbos.

4. ¿ _____ Ud. el español?
5. ¿ _____ él la filosofía?

B. **tener un problema**	to have a problem
Yo **tengo** un problema.	I have a problem.
Tú **tienes** un problema.	You have a problem.
Él, Ella **tiene** un problema.	He, She has a problem.
Ud. **tiene** un problema.	You have a problem.
Nosotros (-as) **tenemos** un problema.	We have a problem.
Vosotros (-as) **tenéis** un problema.	You have a problem.
Ellos, Ellas **tienen** un problema.	They have a problem.
Uds. **tienen** un problema.	You have a problem.

Ejercicio

Use the appropriate form of the verb **tener** *(Use la forma apropiada del verbo* **tener** *):*

1. El coche no _____ un capó.
2. Las agencias _____ muchos automóviles nuevos.
3. Yo _____ interés en comprar un Mustang.
4. Nosotros _____ un maletero grande en el convertible.
5. Consuelo _____ la matrícula del coche en el portaguantes.

[2-11] PRONUNCIACIÓN

Spanish **e**

Repita:

elemental	**enigma**	**errata**	**Eva**	**Tejas**
Elena	**epidermis**	**escape**	**exclusión**	**teléfono**
enchilada	**Ernesto**	**etcétera**	**explosión**	**telegrama**

[2-12] DICHOS Y REFRANES

La experiencia es la madre de la ciencia.
Necessity is the mother of invention.

[2-13] CARICATURA

El amor es . . .

*arrancar el coche de ella
en las mañanas
de temperatura bajo cero.*

[2-14] EL MENÚ PARA HOY

Orange Juice	**Jugo de naranja**
Two Fried Eggs	**Dos huevos fritos**
Bacon	**Tocino**
Home Fries (Potatoes)	**Papas fritas**
Toast	**Pan tostado**
Coffee with Cream	**Café con crema**

UNIT 3

La panadería   The Bakery

[3-1] VOCABULARIO

Repita:

1. apple pie	**(el) pastel de manzana**[1]	4. cake	**(el) pastel**
2. birthday cake	**(el) pastel de cumpleaños**[2]	5. cheesecake	**(el) pastel de queso**
3. biscuit	**(el) bizcocho**	6. chocolate layer	**(la) capa de chocolate**

---

1. Also **la torta de manzana.**   2. Also **la torta de cumpleaños.**

7. cookie	(la) galletica	14. roll	(el) panecillo
8. custard	(el) flan	15. rye bread	(el) pan de centeno
9. fruit filling	(el) relleno de frutas	16. slice of bread	(la) rebanada de pan
10. meat pie	(la) empanada[3] de carne	17. tart	(la) torta
11. muffin	(el) bollito	18. wedding cake	(la) torta de bodas
12. pastry	(los) pasteles	19. whipped cream	(la) nata batida[4]
13. raisin bread	(el) pan de pasas	20. white bread	(el) pan blanco

[3-2] VERBOS

Repita:

1. to decorate the birthday cake	adornar el pastel de cumpleaños
2. to frost the cake	escarchar el pastel
3. to glaze the fruit	garapiñar la fruta
4. to knead the dough	amasar la masa
5. to make the cookies	hacer las galleticas
6. to prepare the rolls	preparar los panecillos
7. to slice the bread	rebanar el pan
8. to stuff the pies	rellenar las empanadas
9. to take out of the oven	sacar del horno
10. to work as a baker	trabajar de panadero

[3-3] MODELOS DE LENGUAJE

Repita:

1. Who wants to frost . . . ?
   Who wants to frost the birthday cake?
   Who wants to frost the chocolate cake?
   Who wants to frost the wedding cake?

   ¿Quién quiere escarchar . . . ?
   ¿Quién quiere escarchar el pastel de cumpleaños?
   ¿Quién quiere escarchar el pastel de chocolate?
   ¿Quién quiere escarchar el pastel de bodas?

2. I'll take . . .
   I'll take a cheesecake.
   I'll take a meat pie.
   I'll take an apple pie.

   Me llevo . . .
   Me llevo un pastel de queso.
   Me llevo una empanada de carne.
   Me llevo un pastel de manzana.

3. The baker prepares . . .
   The baker prepares the muffins.
   The baker prepares the biscuits.
   The baker prepares the pies.

   El panadero prepara . . .
   El panadero prepara los bollitos.
   El panadero prepara los bizcochos.
   El panadero prepara las empanadas.

---

3. Also **el pastel.**   4. Also **la nata.**

4. Is it made with . . . ?   ¿Está hecho con . . . ?
   Is it made with raisins?   ¿Está hecho con pasas?
   Is it made with cheese?   ¿Está hecho con queso?
   Is it made with a fruit filling?   ¿Está hecho con relleno de frutas?

5. Is it topped with . . . ?   ¿Está cubierto de . . . ?
   Is it topped with whipped cream?   ¿Está cubierto de nata batida?
   Is it topped with chocolate?   ¿Está cubierto de chocolate?
   Is it topped with fruit?   ¿Está cubierto de frutas?

[3-4] DIÁLOGO

Dependiente:	—¡Muy buenos días! ¿*Qué tal*, señora?	how is everything
Cliente:	—¿Es Ud. el *dueño* de esta panadería?	owner
Dependiente:	—No, es el señor Ramírez. Yo trabajo de	
	dependiente. ¿*Quiere* algún pastel o unos	do you want
	panecillos *recién sacados* del horno?	recently taken out
Cliente:	—En realidad no quiero *ni* bizcochos *ni* pan,	neither . . . nor
	tan sólo charlar un *rato*. Soy *viuda* y estoy	only to chat / while / widow
	solita en *este mundo*.	alone / this world
Dependiente:	—¡Ay de mí! ¡Qué forma de *ganarse el pan*!	to earn a living

[3-5] COMPRENSIÓN

1. ¿Qué pregunta la cliente?
2. ¿Qué *contesta* el dependiente?   does . . . answer
3. ¿Qué pregunta el dependiente a la cliente?
4. ¿Por qué *entra* la cliente en la panadería?   does . . . enter
5. ¿Desea Ud. panecillos, pan de centeno o bizcochos *para* for
   el *desayuno*?   breakfast

[3-6] DESCRIPCIÓN DEL DIBUJO

Repita:

1. Venden pasteles y bizcochos en esta tienda.
2. El hombre desea unos bizcochos de chocolate.
3. Hay pan y una *cajita* de pasteles *sobre* el *mostrador*.   little box / on / counter
4. *Demasiados dulces* y pasteles no son *buenos* para la *salud*. too many sweets / good / health

[3-7] ESTUDIO DE PALABRAS

A. Many words that end in *-able* in English have cognates in Spanish also ending in **-able** and spelled the same or almost the same.

acceptable	**aceptable**	formidable	**formidable**
adaptable	**adaptable**	honorable	**honorable**
agreeable	**agradable**	inevitable	**inevitable**
comparable	**comparable**	interminable	**interminable**
educable	**educable**	probable	**probable**

Ejercicio

Use the appropriate adjective (Use el adjetivo apropiado):

presentable	intolerable	penetrable	excusable	convertible
respetable	lamentable	venerable	revocable	definible

1. un señor _____
2. una idea _____
3. una caverna _____

4. una persona _____
5. un error _____
6. una situación _____

7. un manuscrito _____
8. un problema _____

B. Many English words ending in *-ible* have equivalents in Spanish also ending in **-ible** and spelled the same or almost the same.

accessible	**accesible**	divisible	**divisible**
admissible	**admisible**	flexible	**flexible**
combustible	**combustible**	possible	**posible**
comprehensible	**comprensible**	reducible	**reducible**
digestible	**digestible**	sensible	**sensible**

Ejercicio

Use the appropriate adjective (Use el adjetivo apropriado):

imposible	incombustible	inflexible
inaccesible	indigestible	insensible
inadmisible	indivisible	irreducible

1. una fracción _____
2. un elemento _____
3. la evidencia _____

4. una empanada _____
5. un individuo _____
6. una idea _____

7. un plan _____
8. un público _____
9. una nación _____

[3-8] EXPRESIONES ÚTILES

A. COLORS   LOS COLORES

aquamarine	**de color aguamarina**	lavender	**de color de alhucema**
black	**negro**	orange	**naranjado**
blond	**rubio**	pink	**rosado**
blue	**azul**	purple	**púrpura**
brown	**castaño**	red	**rojo**
chartreuse	**chartreuse**	silver	**plateado**
copper colored	**cobrizo**	turquoise blue	**azul turquesa**
gold	**de oro, dorado**	violet	**violeta**
gray	**gris**	white	**blanco**
green	**verde**	yellow	**amarillo**

Ejercicio

Give the appropriate color of the following objects (Dé el color apropiado de los objetos siguientes):

1. una banana _____
2. el pan _____
3. un reloj _____

4. una planta _____
5. la nata _____

B. MONTHS OF THE YEAR   LOS MESES DEL AÑO

January	**enero**	July	**julio**
February	**febrero**	August	**agosto**
March	**marzo**	September	**septiembre**
April	**abril**	October	**octubre**
May	**mayo**	November	**noviembre**
June	**junio**	December	**diciembre**

The months of the year are masculine in Spanish.

C. SEASONS OF THE YEAR   LAS ESTACIONES DEL AÑO

spring	**la primavera**	fall	**el otoño**
summer	**el verano**	winter	**el invierno**

Ejercicio

Complete the following sentences (Complete las oraciones siguientes):

1. El mes presente es _____ .
2. Celebramos la Navidad (Christmas) en el mes de _____ .
3. _____ es el mes del Día de la Independencia norteamericana.
4. El Día de San Valentín ocurre en el mes de _____ , y la fiesta de San Patricio en el mes de _____ .
5. La primavera termina en el mes de _____ , y el invierno termina en el mes de _____ .

[3-9] GRAMÁTICA ESENCIAL

A. PLURAL OF NOUNS

1. The plural of most nouns ending in an unaccented vowel is formed by adding -s.

el arte	the art	las artes
el bollito	the muffin	los bollitos
la carne	the meat	las carnes
el chocolate	the chocolate	los chocolates
el panadero	the baker	los panaderos
la torta	the tart	las tortas

2. The plural of nouns ending in an accented vowel (except é) is formed by adding -es.

el capó	the hood	los capóes
el dominó	the domino	los dominóes
el hindú	the Hindu	los hindúes
el rubí	the ruby	los rubíes
el café	the coffee	los cafés

3. The plural of nouns that end in a consonant is formed by adding -es.

el automóvil	the automobile	los automóviles
el interés	the interest	los intereses
la lubricación	the lubrication	las lubricaciones
un millón	a million	unos millones
la mujer	the woman	las mujeres
el refrigerador	the refrigerator	los refrigeradores
el señor	the gentleman	los señores

4. The plural of nouns that end in -z is formed by changing the z to c and adding -es.

el lápiz	the pencil	los lápices
la luz	the light	las luces
el pez	the fish	los peces
la vez	the time	las veces
la voz	the voice	las voces

5. Nouns of more than one syllable that end in -s do not change in the plural.

el abrelatas	the can opener	los abrelatas
la crisis	the crisis	las crisis
el jueves	Thursday	los jueves
el lavaplatos	the dishwasher	los lavaplatos
el lunes	Monday	los lunes
el miércoles	Wednesday	los miércoles
el paréntesis	the parenthesis	los paréntesis
la sinopsis	the synopsis	las sinopsis

Note: **el gas, los gases**

6. Surnames in Spanish are invariable in the plural.

la familia Fernández	los Fernández	la familia Morales	los Morales
la familia López	los López	la familia García	los García
la familia Martínez	los Martínez		

7. The plural of nouns that end in a diphthong with the final letter y is formed by adding -es.

el convoy	the convoy	los convoyes
el rey	the king	los reyes

Ejercicios

A. Express in Spanish (Exprese en español):

1. the rubies
2. the Fernández family
3. the Hindus
4. Mondays and Tuesdays
5. the synopsis of the verb
6. the aunt and uncle of the young lady
7. the seasons of the year
8. the customers
9. the birthday cakes
10. the custards

B. Say the following sentences in the plural (Diga las oraciones siguientes en el plural):

1. El señor portugués celebra la fiesta.
2. El mes del año es importante.
3. Él llega tarde una vez.
4. La mujer necesita una frazada eléctrica.
5. El café y la carne están buenos.

[3-10] CONJUGACIÓN DE LOS VERBOS «ESCRIBIR» Y «HACER»

A. escribir una carta	to write a letter
Yo **escribo** una carta.	I write a letter.
Tú **escribes** una carta.	You write a letter.
Él, Ella **escribe** una carta.	He, She writes a letter.
Ud. **escribe** una carta.	You write a letter.
Nosotros (-as) **escribimos** la carta.	We write a letter.
Vosotros (-as) **escribís** la carta.	You write a letter.
Ellos, Ellas **escriben** la carta.	They write a letter.
Uds. **escriben** la carta.	You write a letter.

Ejercicio

Use the appropriate form of the verb escribir *(Use la forma apropiada del verbo* escribir*):*

1. Ramón y Juana _____ una composición.
2. Ud. _____ muy bien.
3. Los jovenzuelos _____ en los libros.

4. ¿ _____ a su senador en Washington?
5. Ud. _____ a la familia Hernández.

B. hacer el trabajo	to do the work
Yo **hago** el trabajo.	I do the work.
Tú **haces** el trabajo.	You do the work.
Él, Ella **hace** el trabajo.	He, She does the work.
Ud. **hace** el trabajo.	You do the work.
Nosotros (-as) **hacemos** el trabajo.	We do the work.
Vosotros (-as) **hacéis** el trabajo.	You do the work.
Ellos, Ellas **hacen** el trabajo.	They do the work.
Uds. **hacen** el trabajo.	You do the work.

Ejercicio

Use the appropriate form of the verb hacer *(Use la forma apropiada del verbo* hacer*):*

1. Juan _____ el trabajo.
2. El panadero _____ las galleticas.
3. María y Carmen _____ una frazada.

4. Las maestras _____ las lecciones.
5. El presidente _____ la decisión.

[3-11] PRONUNCIACIÓN

Spanish **i**

Repita:

California	Ibiza	inclusión	índigo	María
difícil	impenetrable	indecisión	individual	político
ficción	incisión	India	intimidad	silencio

[3-12] DICHOS Y REFRANES

Cinco dedos en una mano, a la vez hacen provecho, a la vez hacen daño.
One must take the good with the bad.

[3-13] CARICATURA

love is...

. . . putting fewer candles than years on his birthday cake.

Copyright 1971 LOS ANGELES TIMES

El amor es . . .

poner menos velas que años en su pastel de cumpleaños.

[3-14] EL MENÚ PARA HOY

Oysters	**Ostras**
Lobster American Style (Broiled)	**Langosta a la americana**
French Fried Potatoes	**Patatas (Papas) fritas**
Peas	**Guisantes**
Ice Cream	**Helado**
Sherry	**Vino de Jerez**

UNIT 4

Quiz

El banco   The Bank

[4-1] VOCABULARIO

Repita:

1. bank account   **(la) cuenta de banco**
2. bank balance   **(el) saldo bancario**
3. bank book   **(la) libreta de banco**
4. banker   **(el) banquero**

5. bank note   **(el) billete de banco**
6. bill   **(el) billete**
7. billfold   **(la) billetera**
8. check   **(el) cheque**

9. checking account	(la) cuenta corriente
10. deposit slip	(el) formulario de depósito
11. interest	(el) interés
12. loan	(el) préstamo
13. money	(el) dinero
14. principal	(el) capital

15. safe-deposit box	(la) caja de seguridad
16. savings bank	(el) banco de ahorros
17. statement	(el) estado de cuenta
18. teller	(el) cajero
19. traveler's check	(el) cheque de viajeros
20. withdrawal slip	(el) formulario de retiro

[4-2] VERBOS

Repita:

1. to buy government bonds	comprar los bonos nacionales
2. to calculate an interest payment	calcular un pago de interés
3. to cash a check	hacer efectivo un cheque
4. to check your balance	verificar su saldo bancario
5. to endorse a check	endorsar un cheque[1]
6. to give the teller the bank book	dar la libreta de banco al cajero
7. to lend money	prestar dinero
8. to make a deposit	hacer un depósito
9. to pay the mortgage	pagar la hipoteca
10. to sign a check	firmar un cheque

[4-3] MODELOS DE LENGUAJE

Repita:

1. Deposit the money . . .
   Deposit the money in the checking account.
   Deposit the money in the savings account.
   Deposit the money in the safe-deposit box.

   Deposite el dinero . . .

   Deposite el dinero en la cuenta corriente.
   Deposite el dinero en el banco de ahorros.
   Deposite el dinero en la caja de seguridad.

2. Fill out . . .
   Fill out the deposit slip.
   Fill out the withdrawal slip.
   Fill out the check.

   Llene . . .
   Llene el formulario de depósito.
   Llene el formulario de retiro.
   Llene el cheque.

---

1. Also **endorsar un cheque**.

3. I have to pay . . .   Tengo que pagar . . .
   I have to pay with a traveler's check.   Tengo que pagar con un cheque de viajeros.
   I have to pay the interest.   Tengo que pagar el interés.
   I have to pay with a bill.   Tengo que pagar con un billete.

4. Are you receiving . . . ?   ¿Recibe Ud. . . . ?
   Are you receiving a bank statement?   ¿Recibe Ud. un estado de cuenta?
   Are you receiving a loan?   ¿Recibe Ud. un préstamo?
   Are you receiving a bank book?   ¿Recibe Ud. una libreta de banco?

5. Where is . . . ?   ¿Dónde está . . . ?
   Where is the banker?   ¿Dónde está el banquero?
   Where is the teller?   ¿Dónde está el cajero?
   Where is the billfold?   ¿Dónde está la billetera?

[4-4] DIÁLOGO

Estudiante universitario:	—Tengo interés en *obtener* un préstamo.	obtaining
Banquero:	—¿Qué cantidad tiene Ud. *en mente*?	in mind
Estudiante universitario:	—*Alrededor de* mil dólares. Quiero comprar un *anillo de compromiso* para mi *novia*.	approximately engagement ring fiancée
Banquero:	—¡Mil dólares! ¿Y qué garantía *nos da Ud.*?	do you give us
Estudiante universitario:	—*Pues* tengo una guitarra, un radio y *muchos discos*.	well many records
Banquero:	—¡Dios mío! ¡Una guitarra! Con *ese* tipo de *seguridad* no es posible *darle* el préstamo. *Pero* la *firma* de su padre en estos *papeles* es suficiente para darle el dinero.	that / collateral to give you / but / signature papers

[4-5] COMPRENSIÓN

1. ¿En qué tiene interés el estudiante universitario?
2. ¿*Cuánto* necesita el estudiante? ¿Por qué?   how much
3. ¿Qué garantía da el estudiante?
4. ¿Qué necesita para recibir el dinero?
5. ¿Por qué son una *mala* idea los préstamos?   bad

[4-6] DESCRIPCIÓN DEL DIBUJO

Conteste a las preguntas siguientes:

1. ¿Qué presenta el señor al cajero?
2. ¿*Cómo se llama* el cajero del banco?   what is the name of
3. ¿*Cuántas* personas hay en este dibujo?   how many
4. ¿Por qué es una buena idea *ahorrar* dinero?   to save

[4-7] ESTUDIO DE PALABRAS

Some words ending in *-al* in English have exact cognates in Spanish.

accidental	celestial	mental	sensual
animal	eventual	mortal	usual
bestial	jovial		

Ejercicio

Escriba oraciones en español con los cognados siguientes:

1. capital	4. fatal	6. normal
2. cerebral	5. monumental	7. vital
3. dental		

[4-8] EXPRESIONES ÚTILES

A. DAYS OF THE WEEK   LOS DÍAS DE LA SEMANA

Monday	lunes	Saturday	sábado
Tuesday	martes	Sunday	domingo
Wednesday	miércoles	today	hoy
Thursday	jueves	yesterday	ayer
Friday	viernes	tomorrow	mañana

The days of the week in Spanish are masculine and use the article **el** (singular) or **los** (plural). The article is often expressed as *on* in English.

Escuchamos el radio **los domingos**.   *We listen to the radio on Sundays.*

Ejercicio

Complete las oraciones siguientes:

1. Hoy es _____ .
2. Ayer, _____ .
3. Y mañana es _____ .
4. No tengo clases los _____ y los _____ .
5. _____ es el día de visita.

B. FRACTIONS

LAS FRACCIONES

1/2	**la mitad**	1/20	**un veintavo**
1/3	**un tercio**	2/3	**dos tercios**
1/4	**un cuarto**	3/4	**tres cuartos**
1/5	**un quinto**	5/7	**cinco séptimos**
1/6	**un sexto**	4/8	**cuatro octavos**
1/7	**un séptimo**	7/8	**siete octavos**
1/8	**un octavo**	5/10	**cinco décimos**
1/9	**un noveno**	$66^2/_5$	**sesenta y seis y dos quintos**
1/10	**un décimo**	$33^1/_3$	**treinta y tres y un tercio**
1/12	**un dozavo**	$99^9/_{10}$	**noventa y nueve y nueve décimos**

Ejercicio

Exprese en español:

1. 3/8
2. 5/6
3. $25^1/_4$

4. $66^2/_3$
5. $98^1/_2$

[4-9] GRAMÁTICA ESENCIAL

A. GENDER OF ADJECTIVES

1. The adjective in Spanish changes gender to correspond to the noun it modifies. Adjectives that end in the vowel **-o** usually change the **-o** to **-a** to form the feminine.

La **Casa Blanca** está en **una avenida ancha** de Wáshington.
The White House is on a wide avenue of Washington.

Los domingos **nuestro tío favorito** va al **cine español.**
On Sundays our favorite uncle goes to the Spanish movies.

La **muchacha bonita** tiene un **pequeño perro negro.**
The pretty girl has a small black dog.

El **banquero rico** tiene **muchos bancos mexicanos.**
The rich banker has many Mexican banks.

2. Many adjectives ending in **-e, -l, -z,** and **-or** use the same form to modify masculine and feminine words.

El **café caliente** anima.
Hot coffee perks you up.

Esta **chaqueta** nueva es **ideal** para el invierno.
This new jacket is ideal for the winter.

El **león feroz** tiene hambre.
The ferocious lion is hungry.

Cuando paso por la **puerta exterior**, entro en un **patio interior**.
When I pass through the exterior door, I enter the interior patio.

3. Adjectives of nationality ending in consonants usually add the vowel -a to form the feminine.

un chico francés	a French boy	**un libro alemán**	a German book
una chica francesa	a French girl	**una novela alemana**	a German novel
un señor irlandés	an Irish man	**un té japonés**	a Japanese tea
una señora irlandesa	an Irish lady	**una comida japonesa**	a Japanese meal
un muchacho español	a Spanish boy	**un estudiante portugués**	a Portuguese student
una muchacha española	a Spanish girl	**una maestra portuguesa**	a Portuguese teacher

Ejercicios

A. Diga en español:

1. a rich girl
2. a French lady
3. hot coffee
4. the Irish woman
5. the Mexican check
6. a wide avenue of New York
7. Portuguese and German novels
8. Irish coffee and Italian wine
9. the Japanese teacher (feminine) and the American student
10. an expensive payment and a new loan

B. Responda en forma negativa según el modelo:

MODELO: ¿Quiere Ud. una caja de seguridad?
          No, no quiero una caja de seguridad.

1. ¿Quiere Ud. unos billetes?
2. ¿Quiere Ud. endorsar el cheque?
3. ¿Desea Ud. hacer un depósito?
4. ¿Desea Ud. comprar los bonos nacionales?

B. PLURAL OF ADJECTIVES

1. The plural of adjectives ending in a vowel is formed by adding the consonant -s.

el libro interesante	the interesting book	**un perfume malo**	a bad perfume
los libros interesantes	the interesting books	**unos perfumes malos**	some bad perfumes
la panadería nueva	the new bakery	**un chico bueno**	a good boy
las panaderías nuevas	the new bakeries	**unos chicos buenos**	some good boys

2. The plural of adjectives ending in a consonant is formed by adding -es.

el automóvil azul	the blue automobile	**la caja gris**	the gray box
los automóviles azules	the blue automobiles	**las cajas grises**	the gray boxes
una clase formal	a formal class		
unas clases formales	some formal classes		

3. The plural of adjectives ending in -s is formed by adding -es. The plural of adjectives ending in -z is formed by changing the z to c and adding -es.

el dependiente cortés	the courteous salesman	**el señor andaluz**	the Andalusian man
los dependientes corteses	the courteous salesmen	**los señores andaluces**	the Andalusian men

Ejercicio

Exprese en español:

1. many cars
2. the new students
3. some bad days
4. ten dollars
5. five blue bank books
6. a good man
7. fried potatoes
8. some Andalusian bakers

[4-10] CONJUGACIÓN DEL VERBO «DAR»

Yo **doy** una propina.	I give a tip.
Tú **das** una propina.	You give a tip.
Él, Ella **da** una propina.	He, She gives a tip.
Ud. **da** una propina.	You give a tip.
Nosotros **damos** una propina.	We give a tip.
Vosotros **dais** una propina.	You give a tip.
Ellos, Ellas **dan** una propina.	They give a tip.
Uds. **dan** una propina.	You give a tip.

Ejercicio

Use la forma apropiada del verbo **dar:**

1. Lolita y Pancho _____ una propina.
2. Yo _____ el dinero al dependiente.
3. El hombre _____ trabajo al estudiante.
4. Los tíos _____ unas galleticas al chico.
5. ¿Tú _____ el automóvil a tu hijo?

[4-11] PRONUNCIACIÓN

Spanish **o**

Repita:

cocodrilo	oasis	opinión	rodeo
cornucopia	octagonal	oral	solo
chocolate	ópera	orégano	Texcoco

[4-12] DICHOS Y REFRANES

El mejor amigo es la bolsa.
Your best friend is your pocketbook.

[4-13] CARICATURA

love is...

... giving her a credit card.

Copyright 1970 LOS ANGELES TIMES

El amor es . . .

darle a ella
una tarjeta de crédito.

[4-14] EL MENÚ PARA HOY

Clams	**Almejas**
Stuffed Artichokes	**Alcachofas rellenas**
Paella	**Paella valenciana**
Lettuce Salad	**Ensalada de lechuga**
Custard	**Flan**
Spanish Cider	**Sidra asturiana**

UNIT 5

La barbería

The Barber Shop

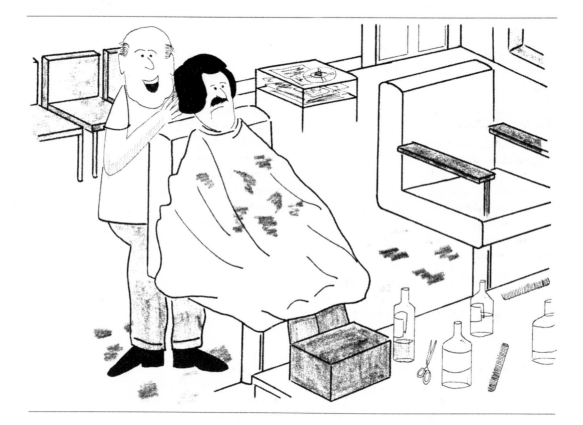

Repita:

1. bald   **calvo**
2. barber   **(el) barbero**
3. beard   **(la) barba**

4. brush   **(el) cepillo**
5. clippers   **(la) maquinilla para cortar el pelo**

59

6. comb   (el) peine
7. hair   (el) pelo[1]
8. haircut   (el) corte de pelo
9. hot towel   (la) toalla caliente
10. mirror   (el) espejo
11. moustache   (el) bigote
12. part   (la) raya
13. razor   (la) navaja de afeitar

14. scalp   (el) cuero cabelludo
15. shave   (la) afeitada
16. shaving cream   (la) crema de afeitar
17. sideburns   (las) patillas
18. skin   (la) piel
19. toupee   (el) tupé
20. trim   (el) recorte

[5-2] VERBOS[2]

Repita:

1. to apply a hot towel   **aplicar una toalla caliente**
2. to comb the hair   **peinar el pelo**
3. to cut the sideburns   **cortar las patillas**
4. to manicure the nails   **hacer la manicura**
5. to massage the scalp   **dar masaje al cuero cabelludo**
6. to polish the shoes   **limpiar los zapatos**
7. to shave the beard   **afeitar la barba**
8. to tip the barber   **dar una propina al barbero**
9. to trim the moustache with scissors   **recortar el bigote con tijeras**
10. to wash the hair   **lavar el pelo**

[5-3] MODELOS DE LENGUAJE

Repita:

1. Please trim . . .   **Por favor recorte . . .**
   Please trim the moustache.   **Por favor recorte el bigote.**
   Please trim the sideburns.   **Por favor recorte las patillas.**
   Please trim the beard.   **Por favor recorte la barba.**

2. I always use . . .   **Siempre uso . . .**
   I always use a comb.   **Siempre uso un peine.**
   I always use clippers.   **Siempre uso la maquinilla para cortar.**
   I always use a razor.   **Siempre uso la navaja de afeitar.**

---

1. Also **el cabello.**   2. When a person performs the actions listed in this section on himself, the verbs become reflexive with the addition of the pronoun **se** (*oneself*): **peinarse, hacerse, limpiarse.** The doer and the receiver of the action are then the same person. This topic will be treated in a later unit.

3. Give me . . .
   Give me a shave.
   Give me a mirror.
   Give me a hot towel.

   Déme . . .
   Déme una afeitada.
   Déme un espejo.
   Déme una toalla caliente.

4. This is a good . . .
   This is a good haircut.
   This is a good brush.
   This is a good shaving cream.

   Éste es un buen . . .
   Éste es un buen corte de pelo.
   Éste es un buen cepillo.
   Ésta es una buena crema de afeitar.

5. He has . . .
   He has long hair.
   He has long sideburns.
   He has a beard.

   Lleva . . .
   Lleva el pelo largo.
   Lleva las patillas largas.
   Lleva barba.

[5-4] DIÁLOGO

Barbero:	—*Imagino* que Ud. quiere un corte de pelo.	I imagine
Jipi:	—¿Un corte de pelo? *Claro que no.*	indeed not
Barbero:	—¿*Entonces* quiere Ud. una afeitada?	then
Jipi:	—*Tampoco.* La barba *tarda un año en crecer.*	not that either / takes a year to grow
Barbero:	—¿Entonces qué hace Ud. en una barbería?	
Jipi:	—Quiero un champú y brillantina para el cabello.	
	Hoy es el día de mi *boda.* Y mi novia es una chica ideal.	wedding
Barbero:	—¡*Pobre muchacha*!	poor girl

[5-5] COMPRENSIÓN

1. ¿Quiere un corte de pelo el jipi?
2. ¿Cuánto *tiempo* tarda en crecer la barba?   time
3. ¿Por qué *va* el jipi a la barbería?   does . . . go
4. ¿Qué día es?
5. Exprese Ud. su opinión *sobre* el pelo largo de los   about
   muchachos de hoy.   boys

[5-6] DESCRIPCIÓN DEL DIBUJO

1. ¿Qué hace el barbero?
2. ¿Qué hay sobre la *mesa*?   table
3. ¿Con qué corta el pelo el barbero?
4. ¿Tiene Ud. el pelo corto o largo?

[5-7] ESTUDIO DE PALABRAS

Many philosophical and literary words that end in *-ism* in English have Spanish cognates ending in **-ismo**.

Aristotelianism	**el aristotelismo**	naturalism	**el naturalismo**
asceticism	**el ascetismo**	neoclassicism	**el neoclasicismo**
Buddhism	**el budismo**	paganism	**el paganismo**
Catholicism	**el catolicismo**	Protestantism	**el protestantismo**
conceptism	**el conceptismo**	rationalism	**el racionalismo**
encyclopedism	**el enciclopedismo**	realism	**el realismo**
existentialism	**el existencialismo**	romanticism	**el romanticismo**
mysticism	**el misticismo**	spiritualism	**el espiritualismo**

Ejercicio

Complete en español:

1. el (*Americanism*) de Harry Truman
2. el (*communism*) de los rusos
3. el (*humanism*) de los autores renacentistas
4. el (*idealism*) de Don Quijote
5. El (*Marxism*) de Karl Marx
6. El (*materialism*) de Fidel Castro

[5-8] EXPRESIONES ÚTILES

INSTRUCTIONS

Silence, please.
Stand up.
Sit down.
Open the book.
Close your book.
Listen.
Pay attention.
Correct your work.
Continue.
Repeat.
Louder.
Write it on the blackboard.
Say it in Spanish.
Slower, please.
Answer the question.

Look at the book.

LAS INSTRUCCIONES

Silencio, por favor.
Levántese Ud. (Levántense Uds.)
Siéntese Ud. (Siéntense Uds.)
Abra Ud. el libro. (Abran Uds.)
Cierre Ud. el libro. (Cierren Uds.)
Escuche Ud. (Escuchen Uds.)
Preste Ud. atención. (Presten Uds.)
Corrija Ud. su trabajo. (Corrijan Uds.)
Siga Ud. (Sigan Uds.)
Repita Ud. (Repitan Uds.)
En voz más alta.
Escríbalo en la pizarra.
Dígalo en español.
Más despacio, por favor.
Responda Ud. a la pregunta. (Respondan Uds.)
Conteste Ud. la pregunta. (Contesten Uds.)
Mire Ud. el libro. (Miren Uds.)

Ejercicio

Exprese en español:

1. (*Pay attention*) a la pregunta.
2. (*Say it*) en inglés.
3. (*Repeat*) las instrucciones (*in Spanish*).

4. (*Correct*) la oración (*on the blackboard*).
5. (*Louder and slower, please*).

[5-9] GRAMÁTICA ESENCIAL

A. POSITION OF ADJECTIVES

1. Qualifying adjectives concerned with properties of an object or person are generally placed after the noun.

El padre generoso compra un **automóvil nuevo** para su hija.
The generous father buys a new automobile for his daughter.

Jorge toca la música moderna en su **guitarra española.**
George plays modern music on his Spanish guitar.

2. Qualifying adjectives that express inherent or figurative characteristics of a noun are placed before the noun.

La **blanca nieve** es magnífica.
El **célebre Bolívar** monta su caballo blanco.
El **pobre panadero** tiene un problema.
But: El **panadero pobre** no tiene dinero.

The white snow is magnificent.
The celebrated Bolivar mounts his white horse.
The poor (unfortunate) baker has a problem.
The (financially) poor baker has no money.

3. Determinative adjectives that restrict the quantity of a noun precede the noun.

Cada mes yo voy al hospital.
El autor escribe **algunos textos** y **varias novelas.**
Voy a comprar **uno o dos pasteles.**

Each month I go to the hospital.
The author writes some texts and various novels.
I'm going to buy one or two cakes.

Ejercicio

Complete las oraciones:

1. La señorita _____ tiene un vaso de vino _____ .
2. El Banco _____ de Puerto Rico da _____ servicios a sus clientes _____ .
3. La mujer _____ deposita el dinero en el banco _____ .
4. El barbero _____ lava el pelo del turista _____ .
5. _____ estudiante escribe una carta _____ a su novia.

B. APOCOPATION OF ADJECTIVES

1. Some adjectives drop their final vowel when placed before a masculine singular pronoun.

Es un flan **bueno.** Es un **buen** flan.	*It's a good custard.*
¿Es un niño **malo?** ¿Es un **mal** niño?	*Is he a bad child?*
Estamos en el capítulo **primero (tercero).** Estamos en el **primer (tercer)** capítulo.	*We are on chapter one (three).*

2. **Ciento** drops the **-to** before nouns of both genders.

Hay **cien señoritas** aquí.	*There are one hundred young ladies here.*
Hay **cien automóviles** en la agencia.	*There are one hundred cars at the agency.*

3. **Santo** drops the **-to** before masculine names, except those beginning with **Do** or **To.**

San Fernando	St. Ferdinand	**Santo Tomás**	St. Thomas
San Juan	St. John	**Santa Bárbara**	St. Barbara
Santo Domingo	St. Dominick		

4. When placed before nouns of either gender, **grande** drops the **-de** and takes on the meaning **great.** When used after the noun, **grande** means *large.*

El **gran general** es victorioso.	*The great general is victorious.*
El **general grande** es victorioso.	*The large general is victorious.*

5. **Alguno** and **ninguno** drop the **-o** before masculine singular nouns.

Él trabaja en **algún proyecto** interesante.	*He is working on some interesting project.*
Ningún hombre aquí tiene dinero.	*No man here has money.*
Ninguna persona aquí es rica.	*No person here is rich.*

6. **Cualquiera** drops the **-a** before nouns of both genders.

Cualquier libro es bueno.	*Any book at all is good.*
Compro **cualquier cosa** para su cumpleaños.	*I am buying anything at all for her birthday.*

Ejercicios

A. Repita las frases siguientes en el plural:

1. la muchacha pobre
2. ningún estudiante cortés
3. un mal niño

4. el primer corte de pelo
5. la gran fiesta

B.   Repita las oraciones con los adjetivos delante de los nombres:

1. Es un profesor malo.
2. Voy a un hospital bueno.
3. Este hombre grande es generoso.

4. El *Pinto* es un automóvil bueno.
5. Estamos en la lección tercera del libro.

[5-10] CONJUGACIÓN DEL VERBO «IR»

Yo **voy** al cine.	I go to the movies.
Tú **vas** al cine.	You go to the movies.
Él, Ella **va** al cine.	He, She goes to the movies.
Ud. **va** al cine.	You go to the movies.

Nosotros (-as) **vamos** al cine.	We go to the movies.
Vosotros (-as) **vais** al cine.	You go to the movies.
Ellos, Ellas **van** al cine.	They go to the movies.
Uds. **van** al cine.	You go to the movies.

Ejercicio

Exprese en el plural:

1. Yo voy al cine.
2. La madre va a la tienda.
3. El hermano de Conchita va a la barbería.

4. El elefante va al río.
5. Tú vas a la boda.

[5-11] PRONUNCIACIÓN

Spanish **u**

Repita:

humor	**tuberculosis**	**umbilical**	**universal**
número uno	**ulterior**	**unión**	**Uruguay**
Perú	**ultimatum**	**unisexual**	**utopía**

[5-12] DICHOS Y REFRANES

Más vale pájaro en mano que ciento volando.
A bird in hand is worth two in the bush.

[5-13] CARICATURA

love is...

Copyright 1971 LOS ANGELES TIMES   3-4

...shaving off your mustache if she doesn't like it.

El amor es...

afeitarse el bigote si a ella no le gusta.

[5-14] EL MENÚ PARA HOY

Filets of Anchovies
Roast Lamb
Creamed Cauliflower
Mashed Potatoes
Tomato Salad
Red Wine

Filetes de anchoas
Cordero asado
Coliflor a la crema
Puré de papas
Ensalada de tomate
Vino tinto

UNIT 6

La tienda de artículos para la playa
The Beach Shop

[6-1] VOCABULARIO

Repita:

1. bathing cap   **(el) gorro de baño**[1]   3. beach bag   **(la) bolsa de playa**
2. bathing suit   **(el) traje de baño**   4. beach ball   **(la) pelota de playa**

---

1. Also **la gorra de baño**.

5. beach umbrella	(la) sombrilla de playa	13. sunburn	(la) quemadura de sol
6. bikini	(el) bikini	14. sunglasses	(las) gafas de sol[2]
7. first-aid kit	(el) botiquín	15. surfboard	(el) patín de mar
8. life preserver	(el) salvavidas	16. towel	(la) toalla
9. sand pail	(el) cubo de arena	17. transistor radio	(el) radio portátil
10. sandals	(las) sandalias	18. water skis	(los) esquíes acuáticos
11. shell	(la) concha	19. water toy	(el) juguete acuático
12. souvenir	(el) recuerdo	20. water wings	(las) nadaderas

[6-2] VERBOS

Repita:

1. to buy a souvenir	comprar un recuerdo
2. to enjoy the salt water	gozar del agua salada
3. to fill the sand pail	llenar el cubo de arena
4. to get your bathing suit wet	mojar el traje de baño
5. to inflate the beach ball	inflar la pelota de playa
6. to rent a beach umbrella	alquilar una sombrilla
7. to sun on the beach	tomar el sol en la playa
8. to swim in the ocean	nadar en el mar
9. to use sunglasses	usar gafas de sol
10. to wear a bathing cap	llevar un gorro de baño

[6-3] MODELOS DE LENGUAJE

Repita:

1. May I rent . . . ?
   May I rent a beach umbrella?
   May I rent a life preserver?
   May I rent a towel?

   ¿Puedo alquilar . . .?
   ¿Puedo alquilar una sombrilla?
   ¿Puedo alquilar un salvavidas?
   ¿Puedo alquilar una toalla?

2. What a pretty . . . !
   What a pretty bikini!
   What a pretty bathing suit!
   What a pretty bathing cap!

   ¡Qué . . . más bonito!
   ¡Qué bikini más bonito!
   ¡Qué traje de baño más bonito!
   ¡Qué gorro de baño más bonito!

3. The children are looking for . . .
   The children are looking for shells.
   The children are looking for the beach ball.
   The children are looking for sandals.

   Los niños buscan . . .
   Los niños buscan conchas.
   Los niños buscan la pelota de playa.
   Los niños buscan sandalias.

2. Also los espejuelos oscuros.

4. Be careful with . . .

Be careful with the sunglasses.

Be careful with the ball.

Be careful with the beach bag.

Tenga cuidado con . . .

Tenga cuidado con las gafas de sol.

Tenga cuidado con la pelota.

Tenga cuidado con la bolsa de playa.

5. Who has a . . . ?

Who has a transistor radio?

Who has a first-aid kit?

Who has a sand pail?

¿Quién tiene un . . . ?

¿Quién tiene un radio portátil?

¿Quién tiene un botiquín?

¿Quién tiene un cubo de arena?

[6-4] DIÁLOGO

Juanita:	— ¡Qué playa más *linda*!	pretty
Pablo:	— ¡Sí, es preciosa! *Nunca he visto* una *cosa tan*	I have never seen / thing / so
	linda en mi *vida*.	life
Juanita:	— ¡*Fresco*! *Ni tampoco* has visto un bikini	fresh / nor
	tan *pequeño* en *tu* vida.	little / your
Pablo:	—Estás *celosa*, mi amor.	jealous
Juanita:	— ¡Celosa! ¡Qué *atrevido*! Si nunca me has visto	fresh
	en bikini.	
Pablo:	— ¿Para qué? *Llevamos* diez años de *casados*.	we have been . . . married

[6-5] COMPRENSIÓN

1. ¿Dónde están Juanita y Pablo?
2. ¿Qué ha visto Pablo?
3. ¿Qué defensa tiene Pablo *contra* las *quejas* de Juanita?   against / complaints
4. ¿Por qué no tiene interés Pablo?
5. ¿Por qué es *agradable* la playa?   pleasant

[6-6] DESCRIPCIÓN DEL DIBUJO

1. ¿Qué está *detrás del* vendedor?   behind
2. ¿Dónde están los trajes de baño?
3. ¿Qué tipo de nadaderas hay en la tienda?
4. ¿Quiere Ud. ir a la playa?

[6–7] ESTUDIO DE PALABRAS

Many words ending in the suffix -*ude* in English have Spanish cognates which end in **-ud** and are spelled the same or almost the same.

aptitude	**(la) aptitud**	magnitude	**(la) magnitud**
attitude	**(la) actitud**	multitude	**(la) multitud**
gratitude	**(la) gratitud**	plenitude	**(la) plenitud**
latitude	**(la) latitud**	solicitude	**(la) solicitud**
longitude	**(la) longitud**	vicissitude	**(la) vicisitud**

Ejercicio

Complete las frases con las palabras del grupo mencionado arriba:

1. Una _____ deplorable.
2. La _____ de los profesores.
3. La _____ y _____ del Perú.

4. Una _____ de gente.
5. La _____ de la madre.

[6–8] EXPRESIONES ÚTILES

INTRODUCTIONS

Permit me to introduce myself.
I want to present . . .
My name is (Juan Valdés).
Allow me to introduce Mr. (Mrs.) López to you.

At your service.
Glad to know you.
I'm glad to make your acquaintance.
The pleasure is mine.

LAS PRESENTACIONES

Permítame presentarme.
Quiero presentar . . .
Me llamo (Juan Valdés).
Permítame presentarle al señor (a la señora)
  López.
A sus órdenes.
Tanto gusto.
Tengo mucho gusto en conocerlo (-la).
El gusto es mío.

Ejercicio

Exprese en español:

1. I want to introduce myself, Philip Rey, at your service.
2. John introduces Mary to Mr. López.

3. My name is Joseph.
4. It's a pleasure to meet you, Mr. García.
5. The pleasure is all mine.

[6-9] GRAMÁTICA ESENCIAL

A. AUGMENTATIVES

Increased size or amount of what a noun or adjective expresses may be indicated by the addition of the suffixes **-ón (-ona)** or **-ote (-ota)** to the original form of the word if it ends in a consonant. If the word ends in a vowel, the vowel is dropped before adding the ending. The ending **-ote** may have a depreciative meaning at times.

grande	large	**grandote**	very large
guapo	handsome	**guapote**	very handsome
la silla	the chair	**el sillón**	the large easy chair
la casa	the house	**el casón**	the large house

Mi primo tiene un perro **grandote**. *My cousin has a large dog.*
El **hombrón** vive en este **casón**. *The very big man lives in this large house.*
El **muchachón** pronuncia unas **palabrotas** difíciles. *The big boy pronounces some very difficult words.*

B. DIMINUTIVES

Smaller size or lesser amount of what a noun or adjective expresses may be indicated by the suffixes **-illo** or **-ito**, or **-cito**. The final vowel of the noun or adjective is dropped before the ending is added.

El **pequeñito** come en su silla alta. *The little one is eating in his high chair.*
La **jovencita** da un beso al **niñito**. *The young girl gives the little child a kiss.*
El **gatito** come con el **pajarito**. *The little cat eats with the little bird.*
Fumo **cigarrillos**, no cigarros. *I smoke cigarettes, not cigars.*

C. PEJORATIVES

Disdain or contempt for what an adjective or noun expresses may be indicated by the suffixes **-ucho, -astro,** or **-aco.**

El hombre pobre vive en una **casucha** [casa].
The poor man lives in a shack.

Esa mujer **feúcha** [fea] nunca lava la cara del niño.
That ugly lady never washes the child's face.

El **poetastro** [poeta] escribe unos versos malos.
The poor (in ability) poet is writing some bad verses.

¡Mire el **pajarraco** [pájaro] grande!
Look at the big, ugly bird!

Ejercicios

A. *Exprese la forma peyorativa de:*

1. feo _____   un animal _____
2. médico _____   un _____ viejo
3. pájaro _____   un _____ enorme

Exprese el diminutivo de:

4. casa _____   una _____ blanca
5. pequeño _____   un bebé _____
6. chico _____   un _____ puertorriqueño

Exprese el aumentativo de:

7. large _____   un hombre _____
8. good _____   el jipi _____
9. handsome _____   el novio _____

B. *Use la forma peyorativa:*

1. No es un pájaro. Es un _____ .
2. No es una casa. Es una _____ .
3. No es un poeta. Es un _____ .

C. *Use la forma diminutiva:*

1. (El bebé) come (el dulce).
2. (El gato) es (un animal) bonito.
3. (El muchacho) llega a (la casa).

D. *Use la forma aumentativa:*

1. (Esa mujer) no es cortés.
2. (El perro) come bizcochos en la panadería.
3. (El hombre) tiene fotos de sus hijos.

D. ADVERBS

Adverbs are formed in Spanish by adding the suffix **-mente** (corresponding to the English *-ly* suffix) to the feminine singular form of the adjective.

alegre	happy	**alegremente**	happily
dulce	sweet	**dulcemente**	sweetly
fácil	easy	**fácilmente**	easily
hermosa	beautiful	**hermosamente**	beautifully
paciente	patient	**pacientemente**	patiently

La vieja trabaja tristemente en su oficina.	The old woman works sadly in her office.
Puedo ver la luna fácilmente con ese telescopio.	I can see the moon easily with that telescope.
El automóvil va rápidamente por la carretera.	The automobile goes rapidly along the highway.

Ejercicio

A. Give in español:

	4. ideally	7. easily
	5. generously	8. pleasantly
	6. seriously	9. popularly

1. Give me the answer quickly and correctly.
2. The young man easily starts the car.
3. Seriously, she remarks.
4. ... goes to the hospital to look at his first child.
5. Sadly the owner sell the store.

[6-7] CONJUGACIÓN DEL VERBO «SABER»

Yo sé la respuesta.	I know the answer.
Tú sabes la respuesta.	You know the answer.
Él, Ella sabe la respuesta.	He, She knows the answer.
Ud. sabe la respuesta.	You know the answer.
Nosotros (as) sabemos la respuesta.	We know the answer.
Vosotros (as) sabéis la respuesta.	You know the answer.
Ellos, Ellas saben la respuesta.	They know the answer.
Uds. saben la respuesta.	You know the answer.

Ejercicio

Use la forma apropiada del verbo con los sujetos entre paréntesis:

1. saber la respuesta (dos estudiantes)
2. saber el nombre de la chica (nosotros)
3. saber la fórmula (yo)

4. saber el trabajo (los hombres)
5. saber la solución (Raúl y yo)

[6-1] PRONUNCIACIÓN

VOWEL COMBINATIONS

Two adjacent strong vowels (a, e, o) form separate syllables.

A strong vowel between two weak vowels (**i, y**) has a written accent.

enviáis   you send
estudiáis   you study

Diphthongs and triphthongs form a single syllable.

afeitada   **estudiante**
cuidado   **Paraguay**
espejuelos   **Uruguay**

The written accent over a weak vowel in a diphthong forms another syllable.

día
esquíes
fotografía

[6-12] DICHOS Y REFRANES

Barriga llena, corazón contento.
The best way to a man's heart is through his stomach.

[6-13] CARICATURA

El amor es . . .

*dejarle el resto de
la crema para el sol.*

[6-14] EL MENÚ PARA HOY

Cheese and Ham	**Queso y jamón**
Garlic Soup	**Sopa de ajo**
Codfish Vizcayan Style	**Bacalao a la vizcaína**
Beet Salad	**Ensalada de remolachas**
Fruit Gelatin	**Gelatina de frutas**
Pale-Dry Spanish Sherry	**Amontillado**

El salón de belleza[1]   The Beauty Parlor

[7-1] VOCABULARIO

Repita:

1. beautician	**(la) embellecedora**[2]	6. eye shadow	**(la) sombra para los ojos**
2. cream	**(la) crema**	7. face powder	**(el) polvo de tocador**
3. curlers	**(los) rizadores**	8. hair dryer	**(el) secador**
4. cuticle	**(la) cutícula**	9. hair net	**(la) redecilla**
5. eyebrow pencil	**(el) lápiz para las cejas**	10. hairpin	**(la) horquilla**

1. Also **la peluquería.**   2. Also **la peluquera.**

11. hair spray	(la) laca	16. nail polish	(el) esmalte
12. hair style	(el) peinado	17. perfume	(el) perfume
13. lipstick	(el) creyón de labios[3]	18. rouge	(el) colorete
14. manicure	(la) manicura	19. shampoo	(el) champú
15. nail file	(la) lima para las uñas	20. wig	(la) peluca

[7-2] VERBOS

Repita:

1. to comb the hair	peinar el pelo	6. to put on perfume	ponerse perfume
2. to curl the hair	rizar el pelo	7. to set the hair	marcar el pelo
3. to dry the hair	secar el pelo	8. to trim the cuticles	cortar las cutículas
4. to dye the hair	teñir el pelo	9. to wash the hair	lavar el pelo
5. to file the nails	limar las uñas	10. to wear a wig	llevar una peluca

[7-3] MODELOS DE LENGUAJE

Repita:

1. Less . . . please.

   Less eye shadow, please.

   Less rouge, please

   Less perfume, please.

   Menos . . . por favor.

   Menos sombra para los ojos, por favor.

   Menos colorete, por favor.

   Menos perfume, por favor.

2. I like that . . .

   I like that wig.

   I like that hair style.

   I like that manicure.

   Me gusta ese . . .

   Me gusta esa peluca.

   Me gusta ese peinado.

   Me gusta esa manicura.

3. Don't use . . .

   Don't use a hairnet.

   Don't use hairpins.

   Don't use hair spray.

   No use . . .

   No use una redecilla.

   No use horquillas.

   No use laca.

4. Is this . . . expensive?

   Is this face powder expensive?

   Is this lipstick expensive?

   Is this wig expensive?

   ¿Es caro este . . . ?

   ¿Es caro este polvo de tocador?

   ¿Es caro este creyón de labios?

   ¿Es cara esta peluca?

---

3. Also **el lápiz de labios.**

5. Please hand me . . .   Por favor, alcánceme . . .
   Please hand me the cream.   Por favor, alcánceme la crema.
   Please hand me the curlers.   Por favor, alcánceme los rizadores.
   Please hand me the nail file.   Por favor, alcánceme la lima para las uñas.

[7-4] DIÁLOGO

Franco: —*Hola*, Margarita. *¿Cómo* estás?   hello / how
            ¿Qué quieres hoy?
Margarita: —Un champú por favor.
Franco: —*De veras* tienes una *cabellera* preciosa.   really / head of hair
Margarita: —*Eso mismo creo yo.*   I agree
Franco: —*¿La cuidas* mucho?   do you take care of it
Margarita: — ¡Ah, sí! La *guardo todas las noches* en la *gaveta* de las   I keep / every night / drawer
            pelucas.

[7-5] COMPRENSIÓN

1. ¿Para qué va Margarita al salón de belleza?
2. ¿Cómo responde Margarita a las *alabanzas* del peluquero?   compliments
3. ¿Qué pregunta Franco?
4. ¿Dónde guarda Margarita su cabellera?
5. ¿Cuál es su opinión sobre las pelucas para las mujeres?

[7-6] DESCRIPCIÓN DEL DIBUJO

1. ¿Cómo se llama el hombre que está peinando el pelo de la mujer?
2. ¿Cómo se llaman las máquinas que secan el pelo?
3. ¿Qué lee la mujer?
4. ¿Por qué quieren las mujeres ir al salón de belleza?

[7-7] ESTUDIO DE PALABRAS

A. Many words ending in *-ty* in English have Spanish cognates ending in *-tad* or *-dad*.

ability	(la) habilidad	liberty	(la) libertad
difficulty	(la) dificultad	maternity	(la) maternidad
faculty	(la) facultad	mentality	(la) mentalidad
futility	(la) futilidad	nationality	(la) nacionalidad
humanity	(la) humanidad	possibility	(la) posibilidad

Ejercicio

Escriba las palabras siguientes en español. Use el vocabulario al final del libro para verificarlas:

1. (*clear*) claro; (*clarity*) ____
2. (*curious*) curioso; (*curiosity*) ____
3. (*intense*) intenso; (*intensity*) ____
4. (*probable*) probable; (*probability*) ____
5. (*real*) real; (*reality*) ____

6. (*sane*) sano; (*sanity*) ____
7. (*tranquil*) tranquilo; (*tranquility*) ____
8. (*vain*) vano; (*vanity*) ____
9. (*virgin*) virgen; (*virginity*) ____
10. (*virtuous*) virtuoso; (*virtuosity*) ____

B. Many English words ending in *-ty* have Spanish cognates ending in *-ez* or *-eza*.

acidity	**(la) acidez**	lividity	**(la) lividez**
certainty	**(la) certeza**	nudity	**(la) deznudez**
entirety	**(la) entereza**	rigidity	**(la) rigidez**
ferocity	**(la) fiereza**	stupidity	**(la) estupidez**
gentility	**(la) gentileza**	validity	**(la) validez**

Ejercicio

Use las palabras siguientes en oraciones españolas:

1. escasez
2. frigidez
3. nobleza
4. pobreza
5. pureza
6. rareza

[7–8] EXPRESIONES ÚTILES

GREETINGS AND FAREWELLS

LOS SALUDOS Y LAS DESPEDIDAS

Hello, Mary.	**Hola, María.**
Good morning, madam.	**Buenos días, señora.**
Good afternoon, sir.	**Buenas tardes, señor.**
Good evening (night), Jane.	**Buenas noches, Juana.**
How are things?	**¿Qué tal?**
How goes it?	**¿Cómo le va?**
May all go well.	**¡Que le vaya bien!**
What's new?	**¿Qué hay de nuevo?**
It's a pleasure to see you!	**¡Qué gusto de verlo!**
How are you?	**¿Cómo está Ud.?**
See you later.	**Hasta luego.**
Till we meet again.	**Hasta la vista.**
Until tomorrow.	**Hasta mañana.**
Have a good time!	**¡Qué se divierta!**
Remember me to everybody.	**Recuerdos a todos.**
My regards to everyone.	**Saludos a todos.**
Pleasant trip.	**Feliz viaje.**
Happy holidays.	**Felices fiestas.**
Good-bye.	**Adiós.**

Ejercicio

Exprese en español:

1. Good afternoon, madam.
2. Good morning, sir. How are you?
3. It's a pleasure to see you John. How is everything?

4. See you later, Jane.
5. What's new, Angel?

[7-9] GRAMÁTICA ESENCIAL

A. COMPARISON OF ADJECTIVES

1. The positive degree of an adjective expresses a quality of the noun it modifies.

Una **gran** casa **blanca** está situada cerca de la playa.
A large white house is situated near the beach.

¿Venden este pan **delicioso** en la panadería **alemana?**
Do they sell this delicious bread in the German bakery?

Los hombres **buenos** van al cielo.
Good men go to heaven.

2. When comparing the quality of two nouns, the adjective is in the comparative degree. The comparative degree may express superiority using the construction **más** + adjective + **que** (*more . . . than*).

El perro es **más inteligente que** la vaca.
Júpiter es **más grande que** Venus.

The dog is more intelligent than the cow.
Jupiter is larger than Venus.

3. The comparative degree of an adjective may express inferiority using the construction **menos** + adjective + **que** (*less . . . than*).

La vaca es **menos inteligente que** el perro.
La luna es **menos brillante que** el sol.

The cow is less intelligent than the dog.
The moon is less brilliant than the sun.

4. The comparative degree of an adjective may express equality using the construction **tan** + adjective + **como** (*as . . . as*).

El caballo es **tan inteligente como** el perro.
Esta cerveza es **tan sabrosa como** esa sidra.

The horse is as intelligent as the dog.
This beer is as tasty as that cider.

5. In comparisons of superiority and inferiority, four Spanish adjectives have irregular forms.

grande	large	**más grande** or **mayor**	larger, older
pequeño	small	**más pequeño** or **menor**	smaller, younger
bueno	good	**mejor**	better
malo	bad	**peor**	worse

La leche es **mejor** que el vino.   *Milk is better than wine.*
Esta humedad es **peor** que el calor.   *This humidity is worse than the heat.*

Mayor and **menor** are preferred when speaking of the age of people.

Luis es **mayor** que Eduardo.   *Louis is older than Edward.*
Carmelita es **menor** que su hermana.   *Carmelita is younger than her sister.*
Somos **mayores** que Uds.   *We are older than you.*

B. TANTO . . . COMO

Tanto (-a, -os, -as) + noun + **como** (as much, as many . . . as) is used when comparing quantities.
Tanto agrees with the noun it modifies.

Tengo **tanto dinero como** tú.   *I have as much money as you.*
Él come **tantas galleticas como** tú.   *He eats as many cookies as you.*

Ejercicios

A. Diga en español:

1. smaller than
2. larger than
3. older
4. younger

5. the taller boy
6. the shorter book
7. less pretty than
8. as brilliant as

9. the more difficult problem
   of the two
10. as tasty as

B. Exprese en español:

1. Anthony is richer than Charles.
2. Virginia is less rich than her sister.
3. Dorothy is as good as her brother.

4. The classroom is as large as your house.
5. Arithmetic is more difficult than Spanish.
6. I have as many wigs as you.

[7-10] CONJUGACIÓN DEL VERBO «CONOCER»[1]

Yo **conozco** a María.   I know Mary.
Tú **conoces** a María.   You know Mary.
Él, Ella **conoce** a María.   He, She knows Mary.
Ud. **conoce** a María.   You know Mary.

Nosotros (-as) **conocemos** a María.   We know Mary.
Vosotros **conocéis** a María.   You know Mary.
Ellos, Ellas **conocen** a María.   They know Mary.
Uds. **conocen** a María.   You know Mary.

---

1. **conocer** + **a** + person.

Ejercicio

Complete las oraciones siguientes:

1. Yo _____ a José.
2. Los Pérez no _____ a los García.
3. El panadero no _____ al dueño.

4. El peluquero y yo _____ a nuestros clientes.
5. ¿_____ Ud. al señor Gómez?

[7-11] PRONUNCIACIÓN

Combinations of the vowel **a**

Repita:

ae   aeroplano, maestro, paella
ai   entráis, jai alai, vais

ao   aorta, Callao, cacao
au   astronauta, autor, bautismo

[7-12] DICHOS Y REFRANES

No es tan fiero el león como lo pintan.

His bark is worse than his bite.

[7-13] CARICATURA

love is...

WOMAN

9-4   Kim

Copyright 1970 LOS ANGELES TIMES

. . . paying for her weekly visits to the beauty shop.

El amor es . . .

pagar sus visitas semanales al salón de belleza.

[7–14] EL MENÚ PARA HOY

Scallions and Cheese	**Cebolletas y queso**
Rice Soup	**Sopa de arroz**
Beefsteak au Jus	**Bistec en su jugo**
Asparagus au Gratin	**Espárragos al gratín**
Lettuce and Tomato	**Lechuga y tomate**
Port Wine	**Vino de Oporto**

UNIT 8

El corredor de bienes raíces, de seguros y de bolsa
Real Estate, Insurance, and Stock Broker

[8-1] VOCABULARIO

Repita:

1. agent	**(el) agente**	3. bond	**(el) bono**
2. appraisal	**(la) evaluación**	4. commission	**(la) comisión**

5.	contract	(el) contrato	13.	lot	(el) terreno[2]
6.	deed	(la) escritura	14.	mortgage	(la) hipoteca
7.	dividend	(el) dividendo	15.	premium payment	(el) pago de la póliza
8.	health insurance	(el) seguro de salud	16.	securities	(los) valores
9.	insurance claim	(la) reclamación de seguros	17.	shares of stock	(las) acciones
10.	investment	(la) inversión	18.	stockholder	(el) accionista
11.	landlord	(el) propietario[1]	19.	stock market	(la) bolsa de valores
12.	life-insurance policy	(la) póliza de seguro de vida	20.	tenant	(el) inquilino

[8-2] VERBOS

Repita:

1.	to accept a contract	aceptar un contrato
2.	to buy stock	comprar acciones
3.	to grant a mortgage	dar una hipoteca
4.	to insure a person's life	asegurar la vida de una persona
5.	to negotiate for the sale of the property	negociar la venta de la propiedad
6.	to pay the broker's commission	pagar la comisión del corredor
7.	to pay for the insurance policy	pagar la póliza de seguros
8.	to receive an appraisal	recibir una evaluación
9.	to rent a house	alquilar una casa
10.	to trade in the stock market	negociar en la bolsa de valores

[8-3] MODELOS DE LENGUAJE

Repita:

1. I accept . . .
   I accept the contract.
   I accept the mortgage.
   I accept the commission.

   Acepto . . .
   Acepto el contrato.
   Acepto la hipoteca.
   Acepto la comisión.

2. He pays . . .
   He pays the insurance premiums.
   He pays for the adds.
   He pays money for the shares of stock.

   Él paga . . .
   Él paga la póliza de seguros.
   Él paga los anuncios.
   Él paga dinero por las acciones.

---

1. Also **el dueño**.   2. Also **la parcela**.

3. Are the . . . safe?   ¿Son seguros . . . ?
   Are the bonds safe?   ¿Son seguros los bonos?
   Are the securities safe?   ¿Son seguros los valores?
   Are the investments safe?   ¿Son seguras las inversiones?

4. Do you have . . . ?   ¿Tiene Ud . . . ?
   Do you have an insurance claim?   ¿Tiene Ud. una reclamación de seguros?
   Do you have a tenant?   ¿Tiene Ud. un inquilino?
   Do you have an appraisal?   ¿Tiene Ud. una evaluación?

5. . . . receives the money.   . . . recibe el dinero.
   The agent receives the money.   El agente recibe el dinero.
   The stockholder receives the money.   El accionista recibe el dinero.
   The landlord receives the money.   El propietario recibe el dinero.

[8-4] DIÁLOGO

Accionista: —¡Soy rico! Mis acciones de la U.S. Steel *suben de* — are going up in
precio. Voy a comprar una nueva casa en el *campo.* — price / I am going to buy / country

Corredor: —¡*Espere un momentico! Parece* que los precios de — wait a moment / it seems
venta de la U.S. Steel *bajan de nuevo.* — sale / are going down again

Accionista: —*Tiene razón.* ¡Soy pobre! Voy a vender mi casa en — you're right
la *ciudad.* — city

Corredor: —La U.S. Steel sube *otra vez.* ¿Qué va Ud. a hacer? — again

Accionista: —Ir al hospital y *descansar.* Estas acciones me *atacan* — rest / attack
los *nervios.* — nerves

Corredor: —¡Qué manera de *ganarse la vida!* — to earn one's living

[8-5] COMPRENSIÓN

1. ¿Por qué es rico el accionista?
2. ¿Por qué es pobre el accionista?
3. Cuando es rico, ¿qué va a comprar? *Al ser* pobre, ¿qué va a — upon becoming
   vender?
4. *Al oír* el *último* precio de las acciones, ¿qué dice el accionista? — upon hearing / last
5. ¿Es una buena idea *gastar* todos los ahorros en acciones? — to spend

[8-6] DESCRIPCIÓN DEL DIBUJO

1. ¿Qué hay en la *pared* de la oficina? — wall
2. ¿Qué vende el señor Gómez?

3. ¿Qué tiene el señor Gómez sobre el *escritorio?*   desk
4. ¿Por qué es difícil comprar una casa?

[8-7] ESTUDIO DE PALABRAS

Many English words ending in *-ic* have Spanish cognates ending in **-ico.**

artistic	**artístico**	graphic	**gráfico**
characteristic	**característico**	linguistic	**lingüístico**
comic	**cómico**	magnetic	**magnético**
cosmic	**cósmico**	photographic	**fotográfico**
enigmatic	**enigmático**	platonic	**platónico**
genetic	**genético**	sadistic	**sadístico**

Ejercicio

Exprese las palabras siguientes en inglés:

1. diabético   3. fantástico   5. intrínseco   7. romántico
2. eléctrico   4. genérico   6. profético   8. supersónico

[8-8] EXPRESIONES ÚTILES

EXPRESSIONS OF COURTESY   LAS EXPRESIONES DE CORTESÍA

Thank you very much.	**Muchas gracias.**	Think nothing of it.	**No hay de qué.**
I appreciate it.	**Se lo agradezco.**	With your permission.	**Con su permiso.**
I am very grateful.	**Estoy muy agradecido.**	Excuse me.	**Dispénseme.**
What can I do for you?	**¿En qué puedo servirlo (-la)?**	With pleasure.	**Con mucho gusto.**
		Please (go).	**Tenga la bondad de (ir).**
Can I help you?	**¿Puedo ayudarlo (-la)?**	Please (continue).	**Por favor (continúe).**
You are very nice.	**Es Ud. muy amable.**	Please (leave).	**Hágame el favor de (salir).**
You are welcome.	**De nada.**		

Ejercicio

Complete Ud. las frases siguientes:

1. Un dependiente dice (*says*) . . .   4. Cuando quiero pasar, digo . . .
2. Un novio dice a su novia . . .   5. Cuando Ud. me hace un favor, digo . . .
3. La maestra dice . . .

[8-9] GRAMÁTICA ESENCIAL

A. SUPERLATIVE DEGREES OF COMPARISON

1. When comparing the qualities of three or more nouns, the adjective is in the superlative degree. The following construction is used.

definite article + **más** or **menos** + adjective + **de**

Cándida es **la muchacha más alta de** la clase.
Candida is the tallest girl in the class.

Consuelo es **la muchacha más pequeña de** la clase.
Consuelo is the shortest girl in the class.

Australia es **el menos grande (el menor) de** los continentes.
Australia is the smallest of the continents.

2. When describing a very high or low degree of the quality of a noun, the adjective is in the absolute superlative degree. It is formed by dropping the final vowel from the adjective, if there is one, and adding the suffix **-ísimo (-a, -os, -as).** A substitute form is **muy** (*very* or *most*) + the adjective.

El vino de su padre es **buenísimo.**	*His father's wine is very good.*
Lucía es **hermosísima.**	*Lucy is very beautiful.*
Estas manzanas son **deliciosísimas.**	*These apples are very delicious.*
Es un problema **dificilísimo.**	*It is a very difficult problem.*
Es un problema muy **difícil.**	*It is a very difficult problem.*

B. COMPARISON OF ADVERBS

1. The comparative degree of adverbs is formed in the same way as that of adjectives. The superlative of adverbs differs from that of adjectives in that no article is used.

Por favor hable Ud. **más despacio.**	*Please speak more slowly.*
Viven **más cerca que** Juan.	*They live closer than John.*
Esta ciudad está **más cerca.**	*This city is nearest.*
El tren no puede ir **más rápidamente.**	*The train can't go more rapidly (any faster).*
El tiempo pasa **más rápidamente.**	*Time passes most rapidly.*

2. Four adverbs have irregular forms.

bien	well	**mejor**	better, best
mal	bad	**peor**	worse, worst
mucho	much	**más**	more, most
poco	little	**menos**	less, least

Rosa baila **mejor que** Susana.   *Rose dances better than Susan.*

3. **Tan . . . como** may also be used with adverbs to form comparisons of equality.

Regresa **tan pronto como** un conejo.
He returns as quickly as a rabbit.

El tren llega a la feria **tan rápidamente como** el taxi.
The train arrives at the fair as fast as the taxi.

Ejercicios

Exprese en español:

1. the best stock
2. the most beautiful girl
3. the tallest of the boys
4. the very high prices
5. the most generous client
6. the youngest of the children
7. the oldest son
8. the most rapid car
9. very difficult
10. as slowly as possible
11. The brightest planet is Venus.
12. Henry is the tallest boy in the class.
13. The best pie is apple pie.
14. It is very good tea.
15. It is the worst book.

[8–10] CONJUGACIÓN DEL VERBO «DECIR»

Yo **digo** la verdad.
Tú **dices** la verdad.
Él, Ella **dice** la verdad.
Ud. **dice** la verdad.

I tell the truth.
You tell the truth.
He, She tells the truth.
You tell the truth.

Nosotros (-as) **decimos** la verdad.
Vosotros (-as) **decís** la verdad.
Ellos, Ellas **dicen** la verdad.
Uds. **dicen** la verdad.

We tell the truth.
You tell the truth.
They tell the truth.
You tell the truth.

Ejercicio

Exprese las oraciones en la forma plural:

1. Yo digo la verdad.
2. Ella dice «muchas gracias».
3. Tú dices poco.
4. ¿Dice Ud. «adiós» a sus amigos?
5. ¿Dice él «dispénseme»?

[8–11] PRONUNCIACIÓN

Combinations of the vowel **e**

Repita:

ea idea, cumpleaños, real
ee leer, leemos, leéis
ei afeitar, aceituna, seis

eo neón, rodeo, Romeo
eu Eustacio, feudal, Europa
ey peyorativo, plebeyo, rey

[8-12] DICHOS Y REFRANES

Obras son amores y no buenas razones.
Actions speak louder than words.

[8-13] CARICATURA

El amor es . . .

una serie de altibajos.

[8-14] EL MENÚ PARA HOY

Neapolitan Pizza	**Pizza napolitana**
Macaroni Italian Style	**Macarrones a la italiana**
Chicken Cacciatore	**Pollo con tomate**
Escarole Salad	**Ensalada de escarola**
Chianti Wine	**Vino chianti**

UNIT 9

La carnicería

The Butcher Shop

[9-1] VOCABULARIO

Repita:

1. bacon   **(el) tocino**
2. beefsteak   **(el) bistec**[1]

3. chicken   **(el) pollo**
4. chopped meat   **(la) carne molida**

---

1. Also **el biftec.**

91

5. fillet	**(el) filete**		13. sausage	**(la) longaniza**
6. frankfurter	**(la) salchicha**		14. spare ribs	**(las) costillas**
7. ham	**(el) jamón**		15. stew meat	**(la) carne para guisar**
8. kidney	**(el) riñón**		16. tongue	**(la) lengua**
9. lamb chop	**(la) chuleta de cordero**		17. tripe	**(la) tripa**
10. leg of lamb	**(la) pierna de cordero**		18. turkey	**(el) pavo**
11. pork chop	**(la) chuleta de puerco**		19. veal chop	**(la) chuleta de ternera**
12. roast beef	**(el) rosbif**		20. veal cutlet	**(el) filete de ternera**

[9-2] VERBOS

Repita:

1. to cut the steak	**cortar el bistec**
2. to freeze the pork chops	**congelar las chuletas de puerco**
3. to grind the meat	**moler la carne**
4. to hang the beef	**colgar la carne de res**
5. to pluck the chicken	**desplumar el pollo**
6. to remove the bone	**sacar el hueso**
7. to stuff the sausage	**embutir la longaniza**
8. to tie the roast	**atar el rosbif**
9. to trim the fat	**recortar la grasa**
10. to weigh the leg of lamb	**pesar la pierna de cordero**

[9-3] MODELOS DE LENGUAJE

Repita:

1. How much is . . . ?
   How much is a pound of sausage?
   How much are two pounds of chopped meat?
   How much are twelve frankfurters?

   ¿Cuánto cuesta . . . ?
   ¿Cuánto cuesta una libra de longaniza?
   ¿Cuánto cuestan dos libras de carne molida?
   ¿Cuánto cuestan doce salchichas?

2. I want . . .
   I want liverwurst.
   I want cold cuts.
   I want a big chicken.

   Quiero . . .
   Quiero embutido de hígado.
   Quiero fiambres.
   Quiero un pollo grande.

3. Is the . . . tender?
   Is the veal cutlet tender?
   Is the roast beef tender?
   Is the beefsteak tender?

   ¿Está tierno . . . ?
   ¿Está tierno el filete de ternera?
   ¿Está tierno el rosbif?
   ¿Está tierno el bistec?

4. Three pounds of . . . please.
   Three pounds of ham, please.
   Three pounds of liver, please.
   Three pounds of bacon, please.

   Tres libras de . . . por favor.
   Tres libras de jamón, por favor.
   Tres libras de hígado, por favor.
   Tres libras de tocino, por favor.

5. Is the . . . cheap today?
   Is the bacon cheap today?
   Is the turkey cheap today?
   Are the pork chops cheap today?

   ¿Está barato . . . hoy?
   ¿Está barato el tocino hoy?
   ¿Está barato el pavo hoy?
   ¿Están baratas las chuletas de puerco hoy?

[9-4] DIÁLOGO

Carnicero:	—¡Buenos días! Hoy tenemos chuletas de puerco	butcher
	frescas y baratas. ¿Cuántas libras quiere, dos?	fresh
Hombre:	—La carne . . .	man
Carnicero:	—Sus *invitados* van a *saborear* la carne	guests / to taste
	más rica del *mundo.*	most delicious / world
Hombre:	—Pero tengo . . .	
Carnicero:	—Pero *nada*, aquí tiene Ud. la carne. Son dos	nothing
	dólares y cincuenta centavos.	
Hombre:	—Pero si es que *vengo a traer* su orden de carne	I come to bring
	para la semana. Está *afuera* en el *camión.*	outside / truck
Carnicero:	—¡Oh! Ud. es de la compañía *distribuidora.*	distributing
	¡Haberlo dicho antes, hombre!	you should have said so before

[9-5] COMPRENSIÓN

1. ¿Qué *ganga hay* hoy en la carnicería?	bargain / is there
2. *Según* el carnicero, ¿cómo está la carne?	according to
3. ¿Cuánto *cobra* el carnicero por la carne?	charges
4. ¿Por qué está el hombre en la carnicería?	
5. ¿Qué *clase* de carne come Ud.?	kind

[9-6] DESCRIPCIÓN DEL DIBUJO

1. ¿Qué desea comprar la señora?	
2. ¿Qué carne está en el mostrador?	
3. ¿Qué está *colgado* del *techo* de la carnicería?	hanging / ceiling
4. ¿Por qué hay precios altos en la carnicería?	

[9-7] ESTUDIO DE PALABRAS

Many words ending in -*ist* in English have Spanish cognates ending in **-ista**. Such words may be used with both the masculine and feminine articles to refer to masculine and feminine persons.

activist	**activista**	masochist	**masoquista**
artist	**artista**	pacifist	**pacifista**
classicist	**clasicista**	pianist	**pianista**
communist	**comunista**	protagonist	**protagonista**
dentist	**dentista**	socialist	**socialista**
falangist	**falangista**	traditionalist	**tradicionalista**
florist	**florista**	violinist	**violinista**

Ejercicio

Escriba las palabras siguientes en español:

1. chauvinist
2. federalist
3. guitarist
4. humanist
5. novelist
6. surrealist

[9-8] EXPRESIONES ÚTILES

QUESTIONS	LAS PREGUNTAS
How much does . . . cost?	**¿Cuánto cuesta . . . ?**
What are you charging for . . . ?	**¿Cuánto cobra por . . . ?**
Where do you go to buy . . . ?	**¿Adónde se va para comprar . . . ?**
Where is . . . ?	**¿Dónde está . . . ?**
Where is . . . located?	**¿Dónde se encuentra . . . ?**
Where are you from?	**¿De dónde es Ud.?**
With whom are they going to . . . ?	**¿Con quiénes van a . . . ?**
What do you know about . . . ?	**¿Qué sabe Ud. de . . . ?**
Do you know that . . . ?	**¿Sabe Ud. que . . . ?**
Where does this trolley go?	**¿Adónde va este tranvía?**
Which do you prefer?	**¿Cúal prefiere Ud.?**
At what time . . . ?	**¿A qué hora . . . ?**
In what month . . . ?	**¿En qué mes . . . ?**
What is a . . . ?	**¿Qué es un . . . ?**
How does one get to . . . ?	**¿Cómo se llega a . . . ?**
How is the food in . . . ?	**¿Cómo es la comida en . . . ?**
What does the man say to . . . ?	**¿Qué le dice el señor a . . . ?**
How do you spell . . . ?	**¿Cómo se deletrea . . . ?**
Is it possible to . . . ?	**¿Es posible + *inf.*?**

Ejercicio

Complete las frases siguientes:

1. El muchacho pregunta a un hombre . . .
2. El turista pregunta al policía . . .
3. El cliente pregunta al dependiente . . .

4. El profesor pregunta al estudiante . . .
5. La mujer pregunta a su amiga . . .

[9-9] GRAMÁTICA ESENCIAL

A. USES OF **ser**

1. **Ser** is used before predicate adjectives, that is, adjectives which describe the subject's essential and characteristic qualities of age, character; appearance, and financial status.

Es viejo.	He is old.	(age)
Son buenos.	They are good.	(character)
Soy delgado.	I am skinny.	(appearance)
Somos ricos.	We are rich.	(financial status)

2. **Ser** is used to express nationality, religion, shape, size, color, and number.

Soy mexicano.	I am Mexican.	(nationality)
Es judío.	He is Jewish.	(religion)
Es redondo.	It is round.	(shape)
Son grandes.	They are large.	(size)
Es rojo.	It is red.	(color)
Son muchos.	They are many.	(number)

3. **Ser** is used with adjectives in impersonal expressions.

Es necesario.	It is necessary.	**Es una lástima.**	It's a pity.
Es verdad.	It is true.	**Es posible.**	It is possible.

B. TELLING TIME

1. **Ser** is used with **ia** or **las** and the cardinal numbers to express the time of day. The gender of the article is determined by the word **hora** (*hour*), which is understood.

Es la una.	It is 1:00.	**Son las cinco.**	It is 5:00.
Son las dos.	It is 2:00.	**Son las siete.**	It is 7:00.

Es is used with *one o'clock* and **son** is used when giving other times.

2. Time past the hour and extending to the half hour is introduced by **y**.

Es la una **y diez**.	*It is 1:10.*
Son las dos **y dos**.	*It is 2:02.*
Son las cuatro **y veinte y cinco**.	*It is 4:25.*

3. Time past the half hour is expressed by the number of the next hour minus (**menos**) the amount of time that must yet elapse before that hour. Often **faltar** with the number of minutes plus **para** is used as a substitute for the **menos** construction.

Son las seis **menos diez**.	*It is 5:50.*	Es la una **menos veinte**.	*It is 12:40.*
Faltan diez minutos para las seis.	*It is 5:50.*	**Faltan veinte minutos para la una.**	*It is 12:40.*

4. Fifteen minutes before or after the hour may be expressed by **cuarto** (*quarter*).

Es la una **menos cuarto**.	*It is 12:45.*
Son las ocho **y cuarto**.	*It is 8:15.*

5. Half past the hour is expressed by **media** (*half*).

Son las nueve **y media**.	*It is 9:30.*
Son las tres **y media**.	*It is 3:30.*

6. *In* or *at* in phrases such as *in the morning* or *at night* is expressed by **de**.

Son las cinco **de la manaña**.	*It is 5:00 in the morning.*
Son las cinco **de la tarde**.	*It is 5:00 in the afternoon.*
Son las once **de la noche**.	*It is 11:00 at night.*

7. Expressions and words relating to time

¿Qué hora es?	What time is it?	**las seis en punto**	6:00 sharp
Es la medianoche.	It's midnight.	**las tres y pico**	a little after 3:00
Es el mediodía.	It's noon.	**a las ocho de la noche**	at 8:00 P.M.

C. HAY

There is and *there are* are idomatic forms in Spanish and are both expressed by the verb **hay**.

Hay un hombre en la casa.	*There is a man in the house.*
Hay dos hombres en la casa.	*There are two men in the house.*
¿Hay hombres en la casa?	*Are there men in the house?*

Ejercicios

A. Exprese en español:

1. We are skinny.
2. They are Mexicans.
3. She is old.
4. It is red and round.
5. It is true and necessary.
6. There is an order of meat in the truck.
7. There are lamb chops in the kitchen.
8. You (fam., sing.) are old.
9. You (form., pl.) are good girls.

10. You (form., sing.) are a good boy.
11. There is a man in the store. He is a rich man.
12. The Italian and Spanish students are good.
13. The Mexican is old and rich.
14. There is a woman in the butcher shop that is skinny.
15. Is it true that he wears a toupee?

B. Diga en español:

1. 5:15	3. 4:45	5. 10:10	7. 6:30	9. 9:02 P.M.
2. 1:30	4. 2:40	6. 8:50	8. 1:45	10. 3:25 A.M.

C. ¿Qué hora es?

1.

12:00

3.

1:10

5.

8:30

7.

6:40

2.

1:00

4.

3:15

6.

9:45

8.

10:20

[9-10] CONJUGACIÓN DEL VERBO «QUERER»

Yo **quiero** a una muchacha.	I love a girl.
Tú **quieres** a una muchacha.	You love a girl.
Él, Ella **quiere** a una muchacha.	He, She loves a girl.
Ud. **quiere** a una muchacha.	You love a girl.
Nosotros (-as) **queremos** a una muchacha.	We love a girl.
Vosotros (-as) **queréis** a una muchacha.	You love a girl.
Ellos, Ellas **quieren** a una muchacha.	They love a girl.
Uds. **quieren** a una muchacha.	You love a girl.

Ejercicio

Forme una oración con la persona indicada como sujeto:

1. querer a una muchacha (Yo)
2. querer pan tostado (Mi familia)
3. querer aprender español (Mis compañeras de clase)
4. querer pagar la cuenta (El agente y yo)
5. querer la verdad (Los profesores)

[9-11] PRONUNCIACIÓN

Combinations of the vowel **i**

Repita:

ia   negociar, gracias, tiara
ie   septiembre, tienen, diez
io   composición, diccionario, patio
iu   ciudad, Piura, viuda

[9-12] DICHOS Y REFRANES

No hay rosa sin espinas.
One must take the bitter with the sweet.

[9-13] CARICATURA

love is...

...helping her with the Thanksgiving dinner.

Copyright 1970 LOS ANGELES TIMES

El amor es . . .

ayudarla con la comida de Thanksgiving.

[9-14] EL MENÚ PARA HOY

Pineapple Juice	**Jugo de piña**
Cereal	**Cereal**
Two Scrambled Eggs	**Dos huevos revueltos**
Breakfast Sausages	**Salchichas de desayuno**
Rolls	**Panecillos**
Black Coffee	**Café negro**

UNIT 10

La tienda de cámaras

The Camera and Film Shop

Repita:

1. battery   **(la) batería**
2. camera   **(la) cámara**
3. color film   **(la) película a colores**

4. enlargement   **(la) ampliación**
5. exposure   **(la) exposición**
6. film   **(la) película**

7. film cartridge	(el) carrete de película	15. negative	(el) negativo
8. flash bulb	(la) bombilla de magnesio[1]	16. overexposure	(la) sobreexposición
9. floodlight	(el) foco de luz	17. photograph	(la) fotografía
10. lens	(el) lente	18. slide	(la) transparencia[3]
11. light meter	(el) exposímetro[2]	19. slide projector	(el) proyector de transparencias[4]
12. movie camera	(la) cámara de cine		
13. movie projector	(el) proyector de cine	20. tripod	(el) trípode
14. movie screen	(la) pantalla de cine		

[10-2] VERBOS

Repita:

1. to develop the negatives	revelar los negativos
2. to enlarge the photograph	ampliar la fotografía
3. to insert new batteries	poner baterías nuevas
4. to paste photos in an album	pegar fotos en un álbum
5. to project the color slides	proyectar las transparencias a colores
6. to read the light meter	leer el exposímetro
7. to set the lens	fijar el lente
8. to show movies of the family	mostrar películas de la familia
9. to take a picture	sacar una fotografía
10. to use a flash bulb	usar una bombilla de magnesio

[10-3] MODELOS DE LENGUAJE

Repita:

1. A roll of . . . please.
   A roll of color film, please.
   A roll of movie film, please.
   A roll of film for slides, please.

   Un rollo de . . . por favor.
   Un rollo de película a colores, por favor.
   Un rollo de película cinematográfica, por favor.
   Un rollo de película para transparencias, por favor.

2. Do you sell . . . ?
   Do you sell flash bulbs?
   Do you sell batteries?
   Do you sell floodlights?

   ¿Vende Ud. . . . ?
   ¿Vende Ud. bombillas de magnesio?
   ¿Vende Ud. baterías?
   ¿Vende Ud. focos?

---

1. Also **la lámpara relámpago.**   2. Also **el fotómetro.**   3. Also **la diapositiva.**   4. Also **el proyector de diapositivas.**

3. Do you have a sale on . . . ?   ¿Tiene de venta . . . ?
    Do you have a sale on cameras?   ¿Tiene de venta cámaras?
    Do you have a sale on projectors?   ¿Tiene de venta proyectores?
    Do you have a sale on movie screens?   ¿Tiene de venta pantallas?

4. Is it a good quality . . . ?   ¿Es . . . de buena calidad?
    Is it a good quality exposure?   ¿Es una exposición de buena calidad?
    Is it a good quality battery?   ¿Es una batería de buena calidad?
    Is it a good quality enlargement?   ¿Es una ampliación de buena calidad?

5. Bring me . . .   Tráigame . . .
    Bring me a movie camera.   Tráigame una cámara de cine.
    Bring me a movie projector.   Tráigame un proyector de cine.
    Bring me a light meter.   Tráigame un exposímetro.

[10-4] DIÁLOGO

Dependiente:	—Buenos días. Tenemos de venta unas preciosas cámaras importadas.
Jorge:	—¿Y sacan buenas fotos?
Dependiente:	—Las mejores. También sacan fotos a veinte o treinta *pies* de distancia.

Dependiente: —Buenos días. Tenemos de venta unas preciosas
               cámaras importadas.
Jorge: —¿Y sacan buenas fotos?
Dependiente: —Las mejores. También sacan fotos a veinte o
               treinta *pies* de distancia.   feet
Jorge: —¿Y dices que siempre *salen* bien las fotos?   turn out
Dependiente: —Preciosas. *Al apretar* este *botón*, la cámara   when you squeeze / button
               produce fotos a colores. Este otro botón produce
               transparencias, y con este lente *puede* hacer   it can
               ampliaciones.
Jorge: —Entonces no la quiero. Es *complicadísima*. Ya   very complicated
               tengo *demasiados dolores de cabeza* con mi curso   too many headaches
               de álgebra.

[10-5] COMPRENSIÓN

1. ¿Qué está de venta hoy?   4. ¿Por qué no compra Jorge la cámara?
2. ¿Cómo salen las fotos?   5. ¿Qué marca de cámara tiene Ud.?
3. ¿Qué produce la cámara?

[10-6] DESCRIPCIÓN DEL DIBUJO

1. ¿Hay un cliente en la tienda de cámaras?
2. ¿Qué hay de venta sobre el mostrador?

3. ¿Qué necesitan las cámaras para sacar fotos?
4. ¿Cuáles son sus ideas sobre las cámaras japonesas y alemanas?

[10-7] ESTUDIO DE PALABRAS

The sound designated by the English letters *ph* is designated by **f** in Spanish.

Alphonse	**Alfonso**	phase	**(la) fase**
elephant	**(el) elefante**	Philadelphia	**Filadelfia**
graphic	**gráfico**	philanthropic	**filantrópico**
phantom	**(el) fantasma**	Philippine	**filipino**
pharynx	**(la) faringe**	photographer	**(el) fotógrafo**

Ejercicio

Dé el equivalente en inglés de las siguientes palabras españolas:

1. alfabeto
2. farmacia
3. fenómeno
4. filología
5. fonógrafo
6. fosfato
7. fotografía
8. frase
9. física
10. teléfono

[10-8] EXPRESIONES ÚTILES

WEATHER   EL TIEMPO

avalanche	**(la) avalancha**	monsoon	**(el, la) monzón**
blizzard	**(la) ventisca**	rain	**(la) lluvia**
cloudy	**nublado**	rainbow	**(el) arco iris**
cyclone	**(el) ciclón**	shower	**(el) chubasco**
dawn	**(el) amanecer**	sleet	**(la) cellisca**
drizzle	**(la) llovizna**	snow	**(la) nieve**
drought	**(la) sequía**	storm	**(la) tormenta**
dusk	**(el) crepúsculo**	sunny	**asoleado**
earthquake	**(el) terremoto**	sunrise	**(la) salida del sol**
fog	**(la) neblina**	sunset	**(la) puesta del sol**
hailstorm	**(la) granizada**	sunshine	**(la) luz del sol**
humid	**húmedo**	tempest	**(la) tempestad**
hurricane	**(el) huracán**	thunder	**(el) trueno**
ice	**(el) hielo**	tornado	**(el) tornado**
lightning	**(el) relámpago**	typhoon	**(el) tifón**
mist	**(la) niebla**	wind	**(el) viento**

Ejercicio

Complete las frases siguientes:

1. En el invierno hay . . .
2. En abril hay mucha . . .
3. En las islas tropicales hay . . .

4. En Suiza hay . . .
5. En el desierto hay . . .

[10-9] GRAMÁTICA ESENCIAL

A. estar

The irregular verb **estar** (*to be*) is used in the following situations.

1. To express the temporary or permanent location of the subject.

Los estudiantes **están en el gimnasio.**	*The students are in the gymnasium.*
Sevilla **está en España.**	*Seville is in Spain.*
La batería no **está en la cámara.**	*The battery is not in the camera.*

2. To express a state or condition of the subject that is temporary, transitory, or accidental.

El agua **está sucia.**	*The water is dirty.*	Su esposa **está de pie** ahora.	*His wife is standing now.*
Estoy triste hoy.	*I am sad today.*	La puerta **está cerrada.**	*The door is closed.*

3. To express the taste, appearance, or state of health of the subject.

La sopa **está buena** hoy.	*The soup is good today.*
Está elegante con su traje de etiqueta.	*He is very elegant in his tuxedo.*
Roberto **está enfermo.**	*Robert is sick.*
La fruta **está verde.**	*The fruit is green.*
Sus abuelos **están cansados.**	*His grandparents are tired.*

4. With a present participle to form the progressive tenses. The progressive tenses express the development or continuity of an action or describe an act in progress at a given moment. The present participle of regular verbs is formed in Spanish by adding **-ando** to the stem of **-ar** verbs, and **-iendo** to the stem of **-er** and **-ir** verbs, and always ends in **-o**.

tomar:	**tomando**	taking
comer:	**comiendo**	eating
escribir:	**escribiendo**	writing

Está lloviendo hoy.
It is raining today.

El profesor **está enseñando** el verbo estar.
The professor is teaching the verb **estar.**

Estamos comiendo una paella.
We are eating paella.

El Presidente de los Estados Unidos **está hablando** ahora en la televisión.
The President of the United States is speaking now on television.

Los chicos **están patinando**.
The children are skating.

Ser, **estar**, **venir** (*to come*), **ir**, and **tener** are not used in the progressive tense construction.

B. COMPARISON OF ser AND estar

Ser plus an adjective indicates a permanent quality of the subject, whereas **estar** plus an adjective indicates a temporary condition.

ser

El muchacho **es ciego**.
The boy is blind.

Mi padre **es sordo**.
My father is deaf.

La jovencita **es bonita**.
The young girl is pretty.

El tabernero **es atento**.
The bartender is attentive.

Rockefeller **es rico**.
Rockefeller is rich.

La sopa **es buena para la salud**.
Soup is good for the health.

El asesino **es malo**.
The assassin is bad.

Ese hombre **es muy cansado**.
That man is very boring.

estar

La muchacha está **ciega de cólera**.
The girl is blind with rage.

La maestra **está sorda hoy**.
The teacher is deaf today.

La jovencita **está bonita con su nuevo vestido**.
The young girl is pretty in her new dress.

El tabernero **está atento a mis palabras**.
The bartender is attentive to my words.

Los accionistas **están ricos hoy**.
The stockholders are rich today.

La sopa de este restaurante **está buena estos días**.
The soup in this restaurant is good these days.

El niño **está mal esta mañana**.
The boy is sick this morning.

Está cansado el viejo.
The old man is tired.

Ejercicios

A. Diga en español:

1. It is raining.
2. They are eating fruit.
3. I am speaking Spanish.
4. The meat is good.
5. He is teaching English.
6. He is blind for a moment.
7. My father is deaf.
8. The criminal is bad.
9. The bartender is rich.
10. Rome is in Italy.
11. The lens is dirty.
12. Madrid is not in Mexico.
13. The store is closed.
14. The students are sad.
15. She is sick.
16. His wife is beautiful.

B. Exprese en español:

1. The children are eating paella in a Spanish restaurant.
2. The professor is skating with his pupils.
3. The young lady is writing a book.
4. Is the film in the camera?
5. We are skating in the gymnasium.
6. The old man is tired, but he is not sad.
7. Paul is a Cuban, but he is not in Cuba now.
8. Where are his parents? My parents are in Guantánamo.
9. She is a very beautiful girl, but she is not beautiful in the photograph.
10. The bartender is blind with rage.

[10-10] CONJUGACIÓN DEL VERBO «PONER»

Yo **pongo** un sello.	I place a stamp.
Tú **pones** un sello.	You place a stamp.
Él, Ella **pone** un sello.	He, She places a stamp.
Ud. **pone** un sello.	You place a stamp.
Nosotros (-as) **ponemos** un sello.	We place a stamp.
Vosotros (-as) **ponéis** un sello.	You place a stamp.
Ellos, Ellas **ponen** un sello.	They place a stamp.
Uds. **ponen** un sello.	You place a stamp.

Ejercicio

Convierta las oraciones siguientes en interrogativas:

1. Yo pongo un sello.
2. Vicente y Gloria ponen el vaso sobre la mesa.
3. El mecánico pone agua en el radiador.
4. Beatriz y yo ponemos dinero en el banco.
5. Vosotros ponéis las cámaras en venta.

[10-11] PRONUNCIACIÓN

Combinations of the vowel **o**

Repita:

oa canoa, toalla, anchoa
oe héroe, oeste, capoes
oi Moisés, Coimbra, heroico

ou Betancourt, Lourdes
oy hoy, convoy, voy, soy

[10-12] DICHOS Y REFRANES

Mientras en casa estoy, rey soy.
A man's home is his castle.

[10-13] CARICATURA

El amor es . . .

tirar las fotos
de las ex-novias.

[10-14] EL MENÚ PARA HOY

Tomato Juice
Chick-Pea Soup
Fried Pork Chops
Stuffed Potatoes
Tea

Jugo de tomate
Sopa de garbanzos
Chuletas de puerco fritas
Papas rellenas
Té

UNIT 11

La tienda de artículos de niños y de bebitos
The Children's and Baby Shop

[11-1] VOCABULARIO

Repita:

1. baby bottle   **(el) biberón**
2. baby walker   **(el) andador**
3. bassinet   **(la) cesta cuna**[1]

4. bib   **(el) babero**
5. booties   **(los) zapatitos tejidos**[2]
6. carriage   **(el) cochecillo**

---

1. Also **la canastilla.**   2. Also **las boticas tejidas.**

7. car seat	(la) sillita del coche	14. play pen	(el) corral
8. crib	(la) cuna	15. potty	(la) silla sanitaria[3]
9. diaper	(el) pañal	16. rattle	(la) sonajera[4]
10. high chair	(la) silla alta	17. receiving blanket	(la) frazadita
11. kimono	(el) quimono	18. rubber pants	(los) pantalones de goma
12. leggings	(las) polainas	19. snowsuit	(el) traje para la nieve
13. pacifier	(el) chupo	20. sterilizer	(la) esterilizadora

[11-2] VERBOS

Repita:

1. to bathe the little baby in its little tub	bañar al bebito[5] en su bañaderita
2. to buy rubber pants	comprar pantalones de goma
3. to gift-wrap the booties	envolver los zapatitos tejidos para regalo
4. to put on the leggings	ponerle las polainas
5. to shake the rattle	sonar la sonajera
6. to sterilize the milk bottle	esterilizar el biberón
7. to suck the pacifier	chupar el chupo
8. to wash the diaper	lavar el pañal
9. to wear a kimono	usar un quimono
10. to wrap the baby in a blanket	envolver al bebito[5] en una manta

[11-3] MODELOS DE LENGUAJE

Repita:

1. I am going to put on . . .	Voy a ponerle . . .
I am going to put on her leggings.	Voy a ponerle sus polainas.
I am going to put on her kimono.	Voy a ponerle su quimono.
I am going to put on her snowsuit.	Voy a ponerle su traje para la nieve.
2. The baby is crying because he wants . . .	El bebito llora porque quiere . . .
The baby is crying because he wants his teddy bear.	El bebito llora porque quiere su osito.
The baby is crying because he wants his bottle.	El bebito llora porque quiere su biberón.
The baby is crying because he wants his toy.	El bebito llora porque quiere su juguete.

---

3. Also **la bacinilla.** 4. Also **la maruga.** 5. verb + **a** + person

3. This . . . is a present from my parents.   Este . . . es un regalo de mis padres.
   This high chair is a present from my   Esta silla alta es un regalo de mis
   parents.   padres.
   This crib is a present from my parents.   Esta cuna es un regalo de mis padres.
   This carriage is a present from my   Este cochecillo es un regalo de mis
   parents.   padres.

4. . . . is for my grandchild.   . . . es para mi nieto.
   The potty is for my grandchild.   La silla sanitaria es para mi nieto.
   The bassinet is for my grandchild.   La cesta cuna es para mi nieto.
   The rubber pants are for my grandchild.   Los pantalones de goma son para mi nieto.

5. Will you change . . . please?   ¿Quieres cambiar . . . por favor?
   Will you change the diaper, please?   ¿Quieres cambiar el pañal, por favor?
   Will you change the booties, please?   ¿Quieres cambiar los zapatitos tejidos, por favor?
   Will you change the bib, please?   ¿Quieres cambiar el babero, por favor?

[11-4] DIÁLOGO

Dependiente:	—¿En qué puedo servirlos?	
Sra. Gutiérrez:	—El babero y la manta *deben* ser rosados.	should
	Estoy *segura* que va a ser una *niña*.	certain / girl
Sr. Gutiérrez:	—Yo digo que no . . . que deben ser azules.	
	Estoy seguro que va a ser un niño.	
Dependiente:	—Tengo una idea. *Escojan algo* y	choose something
	al llegar el bebito *me avisan* y *lo*	when . . . arrives / you let me know
	mando todo en el color apropiado.	I send everything
Sra. Gutiérrez:	—Pero hombre, *acabamos de casarnos* esta	we were just married
	mañana.	
Dependiente:	—¡Oh, Dios mío, estos *jóvenes* de *hoy día*!	young people / today

[11-5] COMPRENSIÓN

1. ¿Qué artículos de niños deben ser rosados?
2. ¿Qué color es apropiado para un niño?
3. ¿Qué idea tiene el dependiente?
4. ¿Por qué no pueden los Gutiérrez comprar artículos de niños ahora?
5. ¿Quiere Ud. tener niños o niñas? ¿Por qué?

[11–6] DESCRIPCIÓN DEL DIBUJO

1. ¿Qué mira el niño?
2. ¿Cómo dice Ud. *playpen* en español?
3. ¿Qué otros artículos de niños vende el dueño de la tienda?
4. ¿Por qué son tan interesantes los bebés?

[11–7] ESTUDIO DE PALABRAS

Many words ending in *-e* in English have cognates in Spanish ending in **-o** or **-a**.

active	**activo**	mine	**(la) mina**
concise	**conciso**	plate	**(el) plato**
crude	**crudo**	positive	**positivo**
curve	**(la) curva**	precise	**preciso**
defense	**(la) defensa**	relative	**relativo**
false	**falso**	rose	**(la) rosa**
fame	**(la) fama**	serene	**sereno**
fortune	**(la) fortuna**	severe	**severo**

Ejercicio

Dé el equivalente en inglés de las siguientes frases españolas:

1. la fortuna adversa
2. una capa azul
3. una captura heroica
4. centígrado
5. una figura hermosa
6. una pipa vieja
7. una ruptura de relaciones
8. un vaso precioso
9. un vestíbulo pequeño
10. un voto importante

[11–8] EXPRESIONES ÚTILES

A. WORDS TO DESCRIBE A CHILD
LAS PALABRAS PARA DESCRIBIR A UN NIÑO

active	**activo (-a)**	dirty	**sucio**
adventurous	**aventurero**	educated	**educado**
alert	**listo**	endearing	**cariñoso**
amusing	**divertido**	excitable	**excitable**
bad	**malo**	foolish	**tonto**
bashful	**vergonzoso**	frightened	**asustado**
blind	**ciego**	gay	**alegre**
deaf	**sordo**	good	**bueno**

happy ✓	**contento**	skinny	**delgado**
healthy	**sano**	sleepy	**soñoliento**
hungry	**hambriento**	smiling	**sonriente**
nice	**simpático**	studious	**estudioso**
obedient	**obediente**	stupid	**estúpido**
poor	**pobre**	suffering	**doliente**
respectful	**respetuoso**	talented	**talentoso**
responsible	**responsable**	thirsty	**sediento**
sad	**triste**	timid	**tímido**
sensible	**cuerdo**	tired	**cansado**
sick	**enfermo**	trusting	**confiado**
silly	**necio**	weak	**débil**

Ejercicios

A. Dé el antónimo de las palabras siguientes:

1. bueno
2. sano
3. educado
4. listo
5. alegre
6. tonto

B. Dé el sinónimo de las palabras siguientes:

1. tímido
2. tonto
3. doliente
4. contento
5. obediente
6. sonriente

B. FAMILY RELATIONSHIPS　　　　LOS PARENTESCOS

aunt →ÉNT-ANT.	**(la) tía**	godmother	**(la) madrina**
boyfriend	**(el) novio**	godson	**(el) ahijado**
brother	**(el) hermano**	grandfather	**(el) abuelo**
brother-in-law	**(el) cuñado** BRODER INLOO	grandmother	**(la) abuela**
cousin	**(el) primo, (la) prima**	great-grandfather	**(el) bisabuelo**
daughter	**(la) hija**	great-grandmother	**(la) bisabuela**
daughter-in-law	**(la) nuera**	guardian	**(el) tutor, (la) tutora**
father	**(el) padre**	half-brother	**(el) medio hermano**
father-in-law	**(el) suegro** → FADER IN l00	half-sister	**(la) media hermana**
fiancé	**(el) prometido**	husband	**(el) esposo, (el) marido**
fiancée	**(la) prometida**	mother	**(la) madre**
girlfriend	**(la) novia**	mother-in-law	**(la) suegra** MODER IN lOO
goddaughter	**(la) ahijada**	nephew	**(el) sobrino**
godfather	**(el) padrino** GAT FADER	niece	**(la) sobrina**

sister	(la) hermana	stepmother	(la) madrasta
sister-in-law	(la) cuñada	stepsister	(la) hermanastra
son	(el) hijo	stepson	(el) hijastro
son-in-law	(el) yerno	uncle	(el) tío
stepbrother	(el) hermanastro	widow	(la) viuda
stepdaughter	(la) hijastra	widower	(el) viudo
stepfather	(el) padrasto	wife	(la) esposa, (la) mujer

Ejercicio

Complete las oraciones siguientes:

1. El hijo de mi tía es _____ .
2. La hija de mi madre es _____ .
3. La esposa de mi hijo es _____ .

4. La madre de mi padre es _____ .
5. La madre de mi esposo es _____ .
6. El hermano de mi madre es _____ .

[11-9] GRAMÁTICA ESENCIAL

A. SPANISH NEGATIVE STRUCTURE

1. Negative words

nada	nothing
nadie	no one, nobody, not anybody, not anyone
ninguno (-a, -os, -as)	no one, none, not one, not any, not anyone
ningún (before m. sing. noun)	
nunca	never, not ever
ni	nor, neither (either)
ni . . . ni	neither . . . nor
tampoco	neither, not either
ni . . . tampoco	nor . . . either
jamás	never (in negative sentences), ever (in affirmative sentences)

2. **No** is placed before the verb to make a sentence negative.

Alicia **no está** presente hoy.	*Alice is not present today.*
No es cubana. Es puertorriqueña.	*She is not Cuban. She is Puerto Rican.*
No hablan español en Haití.	*They do not speak Spanish in Haiti.*

3. Negative words may be placed before the verb.

Nadie está en casa.	*Nobody is at home.*
Nunca va al cine.	*He never goes to the movies.*
Nunca invita a nadie.	*He never invites anybody.*
Ni Elena ni Josefina quiere ir.	*Neither Helen nor Josephine wishes to go.*

4. Negative words may also follow the verb, in which case **no** is placed before the verb. Unlike English, Spanish commonly uses this double negative construction.

No está nadie en casa.	*Nobody is in the house.*
No va nunca al cine.	*He never goes to the movies.*
El paciente **no come nada.**	*The patient doesn't eat anything.*

B. AFFIRMATIVE INDEFINITES

alguien	somebody, someone, anybody, anyone (opposite of **nadie**)
algo	something, anything, somewhat (opposite of **nada**)
alguno	some, any, someone, anyone (opposite of **ninguno**)
o . . . o . . .	either . . . or . . . (opposite of **ni . . . ni . . .**)
también	also, too (opposite of **tampoco**)

Alguien está llamando la ambulancia.	*Somebody is calling the ambulance.*
Está comprando **algo** para su novia.	*He is buying something for his girlfriend.*
O Jaime **o** Antonio va a pagar la cuenta.	*Either James or Anthony is going to pay the bill.*

Ejercicios

A. Diga en español:

1. He is not talking.
2. Nobody is crying.
3. Florence never eats.
4. Nobody is here.
5. Nothing is new today.
6. There is somebody in the store.
7. Neither Carmen nor Charles has an idea.
8. I do not want anything.

B. Exprese en español:

1. Either Mother or Dad is going to swim.
2. My neighbor never does anything for anybody.
3. I never eat anything in the morning.
4. Somebody is calling my parents.
5. None of the men wants to change the diaper.

[11-10] CONJUGACIÓN DEL VERBO «MOSTRAR»

Yo **muestro** una película.	I show a movie.
Tú **muestras** una película.	You show a movie.
Él, Ella **muestra** una película.	He, She shows a movie.
Ud. **muestra** una película.	You show a movie.
Nosotros (-as) **mostramos** una película.	We show a movie.
Vosotros (-as) **mostráis** una película.	You show a movie.
Ellos, Ellas **muestran** una película.	They show a movie.
Uds. **muestran** una película.	You show a movie.

Ejercicio

Complete con una frase adversativa, utilizando el mismo verbo de la oración:

1. Yo muestro una película, pero Joaquín no . . .
2. Tú muestras las fotografías, pero los otros fotógrafos no . . .
3. El chófer muestra su licencia, pero el oficial y yo no . . .
4. Los dependientes muestran las cunas, pero los corredores no . . .
5. La abuela muestra métodos de esterilizar el biberón, pero el abuelo no . . .

[11-11] PRONUNCIACIÓN

Combinations of the vowel **u**

Repita:

ua   **Nicaragua, cualidad** (quality), **agua** (water)
ue   **jueves** (Thursday), **puente** (bridge), **pueblo** (town)
ui   **Luis** (Louis), **ruina** (ruin), **ruido** (noise)
uo   **cuota** (quota), **duodécimo** (twelfth), **antiguo** (old)
uy   **muy** (very), **¡huy!** (ouch!), **puyo** (woolen poncho)

[11-12] DICHOS Y REFRANES

Ninguno está contento con su suerte.
The grass always looks greener on the other side.

[11-13] CARICATURA

love is...

...taking turns with the midnight feeding.

El amor es ...

alternar la alimentación nocturna del nene.

Copyright 1971 LOS ANGELES TIMES

[11-14] EL MENÚ PARA HOY

Pickled Mushrooms	**Setas en vinagre**
Vegetable Soup	**Sopa de legumbres**
Filet of Sole	**Filete de lenguado**
White Rice	**Arroz blanco**
Glass of Milk	**Vaso de leche**

UNIT 12

La iglesia y el templo   The Church and Temple

[12-1] VOCABULARIO

Repita:

1. altar	**(el) altar**	6. confession	**(la) confesión**
2. cathedral	**(la) catedral**	7. God	**(el) Dios**
3. chapel	**(la) capilla**	8. hymn	**(el) himno**
4. choir	**(el) coro**	9. incense	**(el) incienso**
5. communion	**(la) comunión**	10. mass	**(la) misa**

11.	minister	(el) ministro	16. pulpit	(el) púlpito
12.	nun	(la) monja	17. rabbi	(el) rabino
13.	pew	(el) banco	18. sermon	(el) sermón
14.	priest	(el) sacerdote[1]	19. synagogue	(la) sinagoga
15.	psalm	(el) salmo	20. vestments	(las) vestimentas

[12-2] VERBOS

Repita:

1. to bless the congregation   **bendecir a la congregación**
2. to celebrate the mass   **celebrar la misa**
3. to confess the sins   **confesar los pecados**
4. to listen to the sermon   **escuchar el sermón**
5. to pray for the dead   **rezar por los muertos**
6. to preach from the pulpit   **predicar desde el púlpito**
7. to read the Bible   **leer la Biblia**
8. to receive communion   **recibir la comunión[2]**
9. to say a prayer   **decir una oración**
10. to sing in the choir   **cantar en el coro**

[12-3] MODELOS DE LENGUAJE

Repita:

1. . . . is in the pulpit.   **. . . está en el púlpito.**
   The rabbi is in the pulpit.   **El rabino está en el púlpito.**
   The priest is in the pulpit.   **El sacerdote está en el púlpito.**
   The minister is in the pulpit.   **El ministro está en el púlpito.**

2. The congregation listens to . . .   **La congregación escucha . . .**
   The congregation listens to the choir.   **La congregación escucha el coro.**
   The congregation listens to the sermon.   **La congregación escucha el sermón.**
   The congregation listens to the psalm.   **La congregación escucha el salmo.**

3. Many Catholics go . . .   **Muchos católicos van . . .**
   Many Catholics go to confession.   **Muchos católicos van a confesarse.**
   Many Catholics go to mass.   **Muchos católicos van a misa.**
   Many Catholics go to communion.   **Muchos católicos van a comulgar.**

---

1. Also **el cura.**   2. Also **comulgar.**

4. He prays . . .   Él reza . . .
   He prays in the pew of the church.   **Él reza en el banco de la iglesia.**
   He prays in the chapel.   **Él reza en la capilla.**
   He prays in the synagogue.   **Él reza en la sinagoga.**

5. The church needs . . .   **La iglesia necesita . . .**
   The church needs new vestments.   **La iglesia necesita vestimentas nuevas.**
   The church needs a new altar.   **La iglesia necesita un altar nuevo.**
   The church needs new candles.   **La iglesia necesita velas nuevas.**

[12-4] DIÁLOGO

Turista:	—*¡Socorro! ¡Socorro!*	help
Lugareño:	—*¿Qué le pasa*, amigo?	villager / what's the matter
Turista:	—*Allí* hay un *espíritu*.	there / spirit
Lugareño:	—¿Dónde?	
Turista:	—En *frente* de la iglesia. *Veo* una figura de un	front / I see
	asno en la *pared.*	donkey / wall
Lugareño:	—*¡Vaya qué hombre tan tímido!*	what a timid man
	Ve su propia sombra y	you see / own shadow
	tiene miedo.	you are afraid

[12-5] COMPRENSIÓN

1. ¿Qué *grita* el turista?	shouts
2. ¿Qué ve?	
3. ¿Dónde está la figura del asno?	
4. En realidad, ¿qué es el asno?	
5. ¿Conoce Ud. una anécdota de *brujas*?	witches

[12-6] DESCRIPCIÓN DEL DIBUJO

1. ¿Cómo se llama el hombre de las gafas?
2. ¿Qué van a hacer las mujeres?
3. Mencione Ud. algunas cosas que hay en la capilla.
4. ¿Canta Ud. en un coro?

[12-7] ESTUDIO DE PALABRAS

Many English words ending in the suffix *-ure* have Spanish cognates ending in **-ura**.

adventure	**(la) aventura**	nature	**(la) natura**
caricature	**(la) caricatura**	posture	**(la) postura**
censure	**(la) censura**	sculpture	**(la) escultura**
culture	**(la) cultura**	stature	**(la) estatura**
manicure	**(la) manicura**	structure	**(la) estructura**
miniature	**(la) miniatura**	temperature	**(la) temperatura**

Ejercicio

Complete las frases con las palabras siguientes:

la aventura	la dentadura	la legislatura
la agricultura	la escultura	la temperatura
la captura	la Sagrada Escritura	la tortura
la caricatura		

1. _____ de México
2. _____ de la Inquisición
3. _____ del paciente
4. _____ de Nueva York

5. _____ de Tarzan
6. _____ de los trópicos
7. _____ del criminal
8. _____ de Venus de Milo

9. el texto de _____
10. _____ de Miguelito Ratón (*Also* Ratoncito Miguelito, *Mickey Mouse*)

[12-8] EXPRESIONES ÚTILES

RELIGIOUS EXPRESSIONS

LAS EXPRESIONES RELIGIOSAS

altar boy	**(el) monaguillo**	missal	**(el) misal**
baptismal font	**(la) fuente bautismal**	organ	**(el) órgano**
bell	**(la) campana**	parish	**(la) parroquia**
belfry	**(el) campanario**	pastor	**(el) párroco**
blessing	**(la) bendición**	penance	**(la) penitencia**
brother	**(el) hermano**	Pope	**(el) papa**
candle	**(la) vela**	prayer book	**(el) devocionario**
crucifix	**(el) crucifijo**	procession	**(la) procesión**
devil	**(el) diablo**	rosary	**(el) rosario**
faithful	**(los) feligreses**	sign of the cross	**(la) señal de la cruz**
heaven	**(el) cielo**	sin	**(el) pecado**
hell	**(el) infierno**	stained glass windows	**(las) vidrieras de colores**
holy day	**(la) fiesta religiosa**	stations of the cross	**(el) vía crucis**
holy water	**(el) agua bendita**	statue	**(la) estatua**
Lent	**(la) Cuaresma**		

Ejercicio

Escoja la palabra apropiada:

Columna A

1. el himno
2. la catedral
3. la campana
4. el párroco
5. la confesión
6. el cielo
7. el rosario
8. la fiesta religiosa
9. la monja
10. el diablo

Columna B

a. Dios
b. la parroquia
c. el convento
d. la procesión
e. la iglesia
f. el infierno
g. la penitencia
h. el campanario
i. el órgano
j. las oraciones

[12-9] GRAMÁTICA ESENCIAL

A. POSSESSION

Possession is expressed in Spanish with **de** plus the possessor. This construction corresponds to the English '*s* and *s*'.

el libro de Susana   Susan's book   **los pecados de los niños**   the children's sins
la iglesia de ella   her church   **las oraciones de Carlos**   Charles' prayers
el púlpito de él   his pulpit

B. CONTRACTIONS

1. The preposition **de** and the masculine article **el** form the contraction **del. De la, de los,** and **de las** are not contracted.

los pañales **del** nene   the baby's diapers   el precio **de las** almejas   the price of the clams
las fotos **de los** niños   the photographs of the   la riqueza **de la** nación   the nation's wealth
                                children

2. The preposition **a** and the masculine article **el** form the contraction **al. A la, a los,** and **a las** are not contracted.

Los primos van **al** cine.   *The cousins go to the movies.*
Los rabinos van **a las** sinagogas.   *The rabbis go to the synagogues.*
Mamá va **a la** tienda.   *Mama goes to the store.*
Los monaguillos van **a los** bancos.   *The altar boys go to the pews.*

C. DIRECT OBJECTS AND THE PERSONAL "a"

1. The direct object of a verb is the person or thing that receives the action of the verb.

Compro **una flor.**   I'm buying *a flower.*

2. When the direct object is a person, it is preceded by the preposition **a**, which is called the personal "**a**" in this use.

Busco **al niño.**   *I am looking for the boy.*
¿Conoce Ud. **a ese señor?**   *Do you know that man?*
No escuchas **a nadie.**   *You don't listen to anybody.*
Ella quiere **a otro** y no **a él.**   *She loves somebody else and not him.*

3. The personal "**a**" is also used when an intelligent or domesticated animal is the direct object of a verb.

Veo **al perro** todos los días.   *I see the dog every day.*
Miro **al gatito** con su plato de leche.   *I am looking at the kitten with its plate of milk.*

4. The personal "**a**" is used when the name of a geographical location is the direct object of the verb.

Conozco muy bien **a Madrid.**   *I know Madrid very well.*
Visito **al Canadá** cada verano.   *I visit Canada each summer.*

5. The personal "**a**" is not used after **tener** (*to have*).

Tengo una vaca que da buena leche.   *I have a cow that gives good milk.*
Alicia **tiene tres hermanos.**   *Alice has three brothers.*
Tienen un hijo y quieren más.   *They have one child and they want more.*

Ejercicios

A. Diga en español:

1. Do you know the boy?
2. He looks for the kitten.
3. Dolores loves Nicholas.
4. The Mexican boy has a donkey.
5. He sees the cow.
6. The doctor visits the woman in the hospital.
7. Rose has three sons.
8. She teaches Spanish students.

9. He doesn't love anybody.
10. Joe is listening to the boys.
11. the customer's check
12. Susan's wig
13. the country's lakes
14. the butcher's meat
15. Richard's money

B. Exprese en español:

1. Chile's capital is Santiago de Chile.
2. Puerto Rico's and Haiti's beaches are very good.

3. Panama's bakers make good bread.
4. England's salesmen are courteous.
5. Canada's meat is very expensive.

[12-10] CONJUGACIÓN DEL VERBO «OÍR»

Yo **oigo** la música.	I hear the music.
Tú **oyes** la música.	You hear the music.
Él, Ella **oye** la música.	He, She hears the music.
Ud. **oye** la música.	You hear the music.
Nosotros (-as) **oímos** la música.	We hear the music.
Vosotros (-as) **oís** la música.	You hear the music.
Ellos, Ellas **oyen** la música.	They hear the music.
Uds. **oyen** la música.	You hear the music.

Ejercicio

Cambie el sujeto y el verbo al singular o al plural según la oración:

1. Yo oigo la música.
2. Tú oyes el disco.
3. Nosotros oímos al ministro.
4. Ellas oyen los gritos de los niños.
5. Ud. oye la explosión de la dinamita.

[12-11] PRONUNCIACIÓN

Spanish **b** (**be**)

Repita:

acabar	**Babieca**	**barón**	**biberón**	**brava**
Babel	banana	base	**Bolivia**	**brutal**
babero	bar	**Benito**	boticas	**hombre**

Trabalenguas:

Bravos bombarderos bombardean belicosos bandidos bobos del bosque.

[12-12] DICHOS Y REFRANES

Las paredes oyen.
The walls have ears.

[12-13] CARICATURA

love is ...

... praying to-
gether.

Copyright 1971 LOS ANGELES TIMES

El amor es . . .

orar juntos.

[12-14] EL MENÚ PARA HOY

Radishes	**Rábanos**
Consommé	**Consomé**
Chopped Meat and Rice	**Picadillo**
Deviled Eggs	**Huevos rellenos**
Tuna Salad	**Ensalada de atún**
Apple Cider	**Sidra de manzana**

UNIT 13

La lechería, la bodega y el supermercado
The Dairy, Grocery Store, and Supermarket

[13-1] VOCABULARIO

Repita:

1. beer **(la) cerveza**
2. butter **(la) mantequilla**
3. canapés **(los) canapés**
4. cereal **(el) cereal**

5. cheese **(el) queso**
6. cold cuts **(los) fiambres**
7. counter **(el) mostrador**
8. crackers **(las) galletas**

125

9. cream	(la) crema		15. paper napkin	(la) servilleta de papel
10. detergent	(el) detergente		16. pickle	(el) pepinillo[1]
11. egg	(el) huevo		17. sandwich	(el) emparedado
12. fruit juice	(el) jugo de fruta		18. shopping cart	(el) carrito de compras
13. lettuce	(la) lechuga		19. sliced bread	(las) rebanadas de pan
14. milk	(la) leche		20. soda	(la) gaseosa[2]

[13–2] VERBOS

Repita:

1. to be hungry	tener hambre
2. to break a dozen eggs	romper una docena de huevos
3. to drink a liter[3] of milk	beber un litro de leche
4. to place the butter in the refrigerator	poner la mantequilla en el refrigerador
5. to prepare the salads	preparar las ensaladas
6. to serve international favorites	servir los platos internacionales
7. to slice the ham and cheese	cortar el jamón y el queso
8. to taste exotic foods	saborear las comidas exóticas
9. to weigh the cold cuts	pesar los fiambres
10. to whip the cream	batir la crema

[13–3] MODELOS DE LENGUAJE

Repita:

1. A bottle of . . . please. — Una botella de . . . por favor.
   A bottle of cream, please. — Una botella de crema, por favor.
   A bottle of milk, please. — Una botella de leche, por favor.
   A bottle of beer, please. — Una botella de cerveza, por favor.

2. Don't forget the . . . — No se olvide de . . .
   Don't forget the detergent. — No se olvide del detergente.
   Don't forget the pickles. — No se olvide de los pepinillos.
   Don't forget the paper napkins. — No se olvide de las servilletas de papel.

3. Put the . . . in the shopping cart. — Ponga . . . en el carrito de compras.
   Put the soda in the shopping cart. — Ponga la gaseosa en el carrito de compras.
   Put the cereal in the shopping cart. — Ponga el cereal en el carrito de compras.
   Put the fruit juice in the shopping cart. — Ponga el jugo de fruta en el carrito de compras.

---

1. Also **el encurtido.**   2. Also **la soda.**   3. Unit of liquid measure generally used in Spanish-speaking countries.

4. What is the price of . . . ?
   ¿Cuál es el precio de . . . ?

   What is the price of these crackers?
   ¿Cuál es el precio de estas galletas?

   What is the price of these eggs?
   ¿Cuál es el precio de estos huevos?

   What is the price of these canapés?
   ¿Cuál es el precio de estos canapés?

5. For a sandwich we need . . .
   Para un emparedado necesitamos . . .

   For a sandwich we need sliced bread.
   Para un emparedado necesitamos rebanadas de pan.

   For a sandwich we need cold cuts.
   Para un emparedado necesitamos fiambres.

   For a sandwich we need cheese.
   Para un emparedado necesitamos queso.

[13-4] DIÁLOGO

Madre:	—A ver, *hijito*, si compro cuatro litros de leche a treinta centavos *cada* uno, ¿cuánto tengo que pagar?	let's see / little son each
Hijo:	—No sé, mamacita. *Esa* pregunta es muy difícil.	that
Hija:	—Es *bien fácil*; un dólar, veinte centavos.	rather easy
Padre:	— ¡Qué poco conoces a tu madre!	
Madre:	— ¿Por qué dices eso?	
Padre:	—Porque los niños no saben cómo tú *regateas*.	bargain

[13-5] COMPRENSIÓN

1. ¿De qué *trata* el problema aritmético?   is about
2. ¿Por qué no puede el hijo resolver el problema?
3. ¿Quién da la respuesta al problema?
4. ¿Por qué va a costar la leche menos de un dólar, veinte centavos?
5. Describa un regateo en su vida personal.

[13-6] DESCRIPCIÓN DEL DIBUJO

1. ¿Qué compra la señora?
2. ¿Qué tiene en su carrito de compras?
3. Nombre Ud. diez cosas que hay de venta en un supermercado.
4. ¿Por qué es más *cómodo* ir de compras a una tienda *chiquita*?   comfortable / small

[13-7] ESTUDIO DE PALABRAS

Many English words ending in -ence have Spanish cognates ending in -encia.

coexistence	**(la) coexistencia**	condolence	**(la) condolencia**
competence	**(la) competencia**	convalescence	**(la) convalecencia**

difference	**(la) diferencia**	innocence	**(la) inocencia**
essence	**(la) esencia**	insistence	**(la) insistencia**
existence	**(la) existencia**	persistence	**(la) persistencia**
influence	**(la) influencia**	reference	**(la) referencia**

Ejercicio

Exprese en español:

1. la (*convenience*) de vivir en la ciudad
2. la (*inference*) del insulto
3. la (*intelligence*) del perro
4. la (*malevolence*) del criminal
5. la (*negligence*) del chofer

6. la (*presence*) del actor
7. la (*prudence*) de la madre
8. la (*violence*) del incidente
9. la (*correspondence*) de los amigos
10. la (*residence*) de los estudiantes

[13-8] EXPRESIONES ÚTILES

A. FRUITS   LAS FRUTAS

apricot	**(el) albaricoque**	papaya	**(la) papaya**
avocado	**(el) aguacate**	pear	**(la) pera**
cocoanut	**(el) coco**	plum	**(la) ciruela**
currant	**(la) grosella**	pomegranate	**(la) granada**
date	**(el) dátil**	raisin	**(la) pasa**
fig	**(el) higo**	raspberry	**(la) frambuesa**
lemon	**(el) limón**	strawberry	**(la) fresa**
lime	**(la) lima**	tangerine	**(la) mandarina**
mango	**(el) mango**	watermelon	**(la) sandía**

B. VEGETABLES   LAS LEGUMBRES

bean	**(el) frijol**	pumpkin	**(la) calabaza común**
beet	**(la) remolacha**	radish	**(el) rábano**
	(el) betabel (Méx.)	scallion	**(la) cebolleta**
brussels sprouts	**(los) bretones**	squash	**(la) calabaza**
chick-pea	**(el) garbanzo**	string bean	**(la) judía verde**
eggplant	**(la) berenjena**		**(la) habichuela**
lentil	**(la) lenteja**	sweet potato	**(la) batata**
lima bean	**(el) haba lima**		**(el) buniato**
	(el) haba verde		**(el) camote** (Am.)
pea	**(el) guisante**	turnip	**(el) nabo**
	(el) chícharo (Am.)		

Ejercicio

¿Es fruta o legumbre?

1. los guisantes
2. las pasas
3. las ciruelas
4. los rábanos
5. las fresas
6. las lentejas
7. las habas
8. los higos
9. las limas
10. las remolachas

[13-9] GRAMÁTICA ESENCIAL

A. DEMONSTRATIVE ADJECTIVES

MASCULINE SINGULAR	FEMININE SINGULAR	
este	**esta**	this
ese	**esa**	that (near speaker)
aquel	**aquella**	that (far away)

MASCULINE PLURAL	FEMININE PLURAL	
estos	**estas**	these
esos	**esas**	those (near speaker)
aquellos	**aquellas**	those (far away)

Spanish expresses the English demonstrative *that* (pl. *those*) with two forms. The **ese** form refers to an entity near, connected with, or possessed by the person addressed. The **aquel** form refers to an entity far away or unrelated to both the speaker and the person addressed. Demonstrative adjectives agree in gender and number with the nouns they modify and are usually repeated before each noun.

Este muchacho y **esa (aquella) muchacha** son polacos.
This boy and that girl are Polish.

Esta botella de cerveza, **esta lata** de guisantes y **esta sopa** son mías.
This bottle of beer, this can of peas, and this soup are mine.

Déme **esa carta**.
Give me that letter.

Aquel árbol es un olmo.
That tree out yonder is an elm.

Aquellos montes y **aquellas nubes** son hermosos.
Those mountains and those clouds are beautiful.

B. DEMONSTRATIVE PRONOUNS

MASCULINE SINGULAR	FEMININE SINGULAR	
éste	ésta	this, this one
ése	ésa	that, that one (near)
aquél	**aquélla**	that, that one (far away)

MASCULINE PLURAL	FEMININE PLURAL	
éstos	éstas	these
ésos	ésas	those (near)
aquéllos	**aquéllas**	those (far away)

EXAMPLES

esa bebida y **ésta**	*that drink and this one*
aquella cerveza y **ésa**	*that beer (far away) and that one*
ese mostrador y **éste**	*that counter and this one*
aquel cuadro y **ése**	*that picture (far away) and that one*
ese atleta y **aquél**	*that athlete and that one (far away)*
estos documentos y **ésos**	*these documents and those*
esas manzanas y **aquéllas**	*those apples and those (far away)*
este libro y **ése**	*this book and that one*

Creo que **ésta** es su hermana y **ésa** es su prima.
I believe that this one is his sister and that one is his cousin.

Quédate con **ésa**.
Keep that one.

1. Demonstrative pronouns consist of the demonstrative adjective forms plus a written accent on the stressed vowels. The relationship of distance expressed by demonstrative pronouns is the same as that expressed by demonstrative adjectives. The pronouns agree in gender and number with the nouns they replace.

2. **Éste** may express the English *the latter*, while **aquél** may express *the former*. Unlike English, which places *the former* before *the latter*, Spanish places **éste** before **aquél**.

Teresa y Salvador son amigos; **éste** es italiano y **aquélla** es irlandesa.
Theresa and Salvatore are friends; the former is Irish and the latter is Italian.

C. NEUTER DEMONSTRATIVES

Esto, eso, and **aquello** are the neuter demonstrative pronouns. They bear no written accent because there are no neuter adjectives from which to distinguish them. Neuter pronouns are always singular and refer to a vague, intangible, indefinite entity, or to a previously expressed idea. They are often used in interrogative statements when gender is unknown or unidentified.

¿Qué es **esto**?   *What is this?*   **Eso** no me gusta.   *I don't like that.*
No quiero hacer **esto**. *I do not want to do this.*   **Aquello** está confuso.   *That is confusing.*

D. *HERE* AND *THERE*

aquí, acá	*here*
ahí	*there (near person addressed)*
allí, allá	*there (far away)*

Acá and **allá** are less definite than **aquí** and **allí** and are used with verbs of motion.

¡Ven acá!   *Come here!*
Va allá todos los días.   *He goes there every day.*

Ejercicios

A. *Diga en español:*

1. this son
2. that family (near)
3. that broker (far)
4. that cloud (far)
5. this fruit
6. these oranges
7. those sandwiches (near)
8. those apples (far)
9. these girls and those boys
10. these beans and those onions
11. this shopping cart and that one (near)
12. that spark plug and that one (far)
13. these steaks and those
14. this dog and those (far)
15. those houses and this one
16. that dishwasher and this one
17. I want this one or that one.
18. Those (far away) are very large.
19. What is that?
20. This is the price of the cheese.

B. *Exprese en español:*

1. This pie and those cookies are for the children.
2. These problems are difficult for those new students.
3. This automobile near me needs tires and that convertible in the distance needs gasoline.
4. Give me that money now and sign this check.
5. This fruit is from that store.
6. These vegetables at home and those in the supermarket are fresh.
7. This is Mr. Sanchez's daughter and that (one) is his son.
8. John and Henry are professional men; the former is a professor and the latter is a doctor.
9. This is horrible but that is magnificent.
10. There are candles in this store, in that one, and also in the one next to the church.

[13-10] CONJUGACIÓN DEL VERBO «PODER»

Yo **puedo** caminar.	I can walk.
Tú **puedes** caminar.	You can walk.
Él, Ella **puede** caminar.	He, She can walk.
Ud. **puede** caminar.	You can walk.
Nosotros (-as) **podemos** caminar.	We can walk.
Vosotros (-as) **podéis** caminar.	You can walk.
Ellos, Ellas **pueden** caminar.	They can walk.
Uds. **pueden** caminar.	You can walk.

Ejercicio

Responda a las preguntas:

1. ¿Quiénes no pueden ir a la universidad?
2. ¿Por qué no puede caminar el paciente?
3. ¿Qué carne no pueden vender en esta ciudad?
4. ¿Qué legumbre puede Ud. comprar por poco dinero?
5. ¿Quiénes pueden rezar en el templo?

[13-11] PRONUNCIACIÓN

Spanish **c**

Repita:

caballo	**capital**	**cartel**	**club**	**crisis**
California	**cardenal**	**cascada**	**color**	**Cuba**
Cándida	**Cartagena**	**clamor**	**confusión**	**Curazao**

Trabalenguas

Camarones camagüeyanos comen cacahuetes cocidos en las cazuelas.

[13-12] DICHOS Y REFRANES

Aquéllos que tienen amigos son ricos.
The greatest wealth is having friends.

[13-13] CARICATURA

love is...

...pushing the cart
in the supermarket.

Copyright 1970 LOS ANGELES TIMES

El amor es . . .

conducir el carrito
en el supermercado.

[13-14] EL MENÚ PARA HOY

Salmon in Olive Oil	**Salmón en aceite**
Two Hard-boiled Eggs	**Dos huevos duros**
Stuffed Tomatoes	**Tomates rellenos**
Cheese Wedges	**Palitos de queso**
Fruit Tart	**Tarta de frutas**
Coke	**Coca-Cola**

UNIT 14

La tienda de géneros   The Fabric and Linen Shop

[14–1] VOCABULARIO

Repita:

1. brocade	**(el) brocado**		7. linen	**(el) lino**
2. button	**(el) botón**		8. muslin	**(la) muselina**
3. crepe	**(el) crespón**		9. pattern	**(el) patrón**
4. curtain	**(la) cortina**		10. pin	**(el) alfiler**
5. flannel	**(la) franela**		11. plastic slip cover	**(la) cubierta de plástico**
6. lace	**(el) encaje**		12. satin	**(el) raso**

13. scissors	(las) tijeras	17. upholstery	(la) tapicería
14. sheet	(la) sábana	18. velvet	(el) terciopelo
15. silk	(la) seda	19. wool	(la) lana
16. thread	(el) hilo	20. zipper	(la) cremallera[1]

[14-2] VERBOS

Repita:

1. to buy the pins	comprar los alfileres
2. to clean the fabric	limpiar la tela
3. to cut the wool with the scissors	cortar la lana con las tijeras
4. to fold the sheets	doblar las sábanas
5. to knit the sweater	tejer el suéter[2]
6. to measure the velvet	medir el terciopelo
7. to press the bedspread	planchar la sobrecama
8. to sew the button	coser el botón
9. to stain the tablecloth	manchar el mantel
10. to wash the towel	lavar la toalla

[14-3] MODELOS DE LENGUAJE

Repita:

1. Mother Sews . . .
   Mother sews the button.
   Mother sews the curtains.
   Mother sews the dress.

   Mamá cose . . .
   Mamá cose el botón.
   Mamá cose las cortinas.
   Mamá cose el vestido.

2. The wedding gown is made of . . .
   The wedding gown is made of velvet.
   The wedding gown is made of silk.
   The wedding gown is made of satin.

   El vestido de bodas está hecho de . . .
   El vestido de bodas está hecho de terciopelo.
   El vestido de bodas está hecho de seda.
   El vestido de bodas está hecho de raso.

3. I am giving . . . as a wedding gift.
   I am giving towels as a wedding gift.
   I am giving a lace tablecloth as a wedding gift.
   I am giving pillowcases as a wedding gift.

   Doy . . . como regalo de bodas.
   Doy toallas como regalo de bodas.
   Doy un mantel de encaje como regalo de bodas.
   Doy fundas como regalo de bodas.

---

1. Also **el cierre relámpago.**   2. Also **el jersey.**

4. The pattern calls for . . .   El patrón necesita . . .
   The pattern calls for wool.   El patrón necesita lana.
   The pattern calls for flannel.   El patrón necesita franela.
   The pattern calls for crepe.   El patrón necesita crespón.

5. What a surprise! They sell . . .   ¡Qué sorpresa! Venden . . .
   What a surprise! They sell linen napkins.   ¡Qué sorpresa! Venden servilletas de lino.
   What a surprise! They sell zippers.   ¡Qué sorpresa! Venden cremalleras.
   What a surprise! They sell plastic slip covers. ¡Qué sorpresa! Venden cubiertas de plástico.

[14-4] DIÁLOGO

Margarita: —¿Quieres acompañarme a *escoger* mi   choose
            ajuar de novia?   bridal trousseau
Nicolás: —No, gracias. *Mientras* compras tu ajuar voy a while
            mirar los *escaparates* de las tiendas del centro. shop windows
            Recuerda que mi color *predilecto* es el amarillo. remember / favorite

Margarita: —*Ven, mi vida.* Quiero *enseñarte* mi ajuar.   come, my dear / to show you
Nicolás: —¡Margarita! Todo el ajuar es *de lana.* No hay woolen
            un solo artículo de seda o encaje.
Margarita: —Pero vamos al Canadá a *pasar* nuestra *luna de* to spend
            miel. Y allí *hace mucho frío.*   honeymoon / it's very cold
Nicolás: —¡Ay, Margarita!

[14-5] COMPRENSIÓN

1. ¿Adónde va Margarita?
2. ¿Acompaña Nicolás a Margarita?
3. ¿Adónde va Nicolás mientras Margarita escoge el ajuar de novia?
4. ¿Por qué compra Margarita artículos de lana?
5. ¿De qué tela hacen generalmente los vestidos de boda?

[14-6] DESCRIPCIÓN DEL DIBUJO

1. ¿Qué quiere la señora?
2. ¿Qué va a hacer con la tela?
3. ¿Qué cosas hay *detrás de* la *vendedora?*   behind / saleswoman
4. ¿Qué sabe Ud. coser?

[14-7] ESTUDIO DE PALABRAS

Many English words ending in *-ant* have Spanish cognates ending in **-ante**.

abundant	**abundante**	militant	**militante**
brilliant	**brillante**	pedant	**(el, la) pedante**
constant	**constante**	piquant	**picante**
dominant	**dominante**	redundant	**redundante**
exorbitant	**exorbitante**	resonant	**resonante**
exuberant	**exuberante**	stimulant	**(el) estimulante**
ignorant	**ignorante**	triumphant	**triunfante**

Ejercicio

Complete la frase con una de las palabras siguientes:

elefante	inmigrante	mutante	radiante
extravagante	importante	predominante	vigilante

1. una novia _____
2. una decisión _____
3. un precio _____
4. una planta _____
5. una madre _____
6. un hijo _____

[14-8] EXPRESIONES ÚTILES

SEWING   EL COSER

belt	**(el) cinturón**	padding	**(el) relleno**
clasp	**(el) broche**	pincushion	**(el) acerico**
collar	**(el) cuello**	pleat	**(el) pliegue**
crease	**(la) raya**	pocket	**(el) bolsillo**
cuff	**(el) doblez**	safety pin	**(el) alfiler de seguridad**
dart	**(la) sisa**	sleeve	**(la) manga**
fabric	**(la) tela**	straight pin	**(el) alfiler**
hem	**(el) dobladillo, (la) bastilla**	stitch	**(la) puntada, (el) punto**
iron	**(la) plancha**	tape measure	**(la) cinta de medir**
lining	**(el) forro**	waistline	**(el) talle**
mannequin	**(el) maniquí**		

Ejercicio

Escoja la palabra apropiada:

A.

1. el hilo
2. el dinero
3. el vestido de bodas
4. la seda
5. el estilo
6. delgado
7. el mantel
8. el acerico

B.

a. el bolsillo
b. la tela
c. el relleno
d. los alfileres
e. la aguja
f. el lino
g. el modelo
h. el raso

[14-9] GRAMÁTICA ESENCIAL

A. POSSESSIVE ADJECTIVES (UNSTRESSED FORMS)

SINGULAR POSSESSOR

mi libro	*my book*	**mis** libros	*my books*
mi poesía	*my poem*	**mis** poesías	*my poems*
tu vestido	*your dress*	**tus** vestidos	*your dresses*
tu sábana	*your sheet*	**tus** sábanas	*your sheets*
su hijo	*his, her, your son*	**sus** hijos	*his, her, your sons*
su hija	*his, her, your daughter*	**sus** hijas	*his, her, your daughters*

PLURAL POSSESSOR

nuestro carro	*our car*	**nuestros** carros	*our cars*
nuestra casa	*our house*	**nuestras** casas	*our houses*
vuestro balcón	*your balcony*	**vuestros** balcones	*your balconies*
vuestra toalla	*your towel*	**vuestras** toallas	*your towels*
su banco	*their, your bank*	**sus** bancos	*their, your banks*
su tienda	*their, your store*	**sus** tiendas	*their, your stores*

In Spanish, unlike English, the possessive adjective agrees in gender and number with the thing possessed, not with the possessor. The unstressed possessive adjective is usually repeated before each noun it modifies.

Mi hijo y su esposo están en la casa.
My son and your husband are in the house.

Mi hijo y mi esposo están en la casa.
My son and husband are in the house.

B. POSSESSIVE ADJECTIVES (STRESSED FORMS)

SINGULAR POSSESSOR

el libro **mío**	*my book*	los libros **míos**	*my books*
la poesía **mía**	*my poem*	las poesías **mías**	*my poems*
el vestido **tuyo**	*your dress*	los vestidos **tuyos**	*your dresses*
la sábana **tuya**	*your sheet*	las sábanas **tuyas**	*your sheets*
el hijo **suyo**	*his, her, your son*	los hijos **suyos**	*his, her, your sons*
la hija **suya**	*his, her, your daughter*	las hijas **suyas**	*his, her, your daughters*

PLURAL POSSESSOR

el carro **nuestro**	*our car*	los carros **nuestros**	*our cars*
la casa **nuestra**	*our house*	las casas **nuestras**	*our houses*
el balcón **vuestro**	*your balcony*	los balcones **vuestros**	*your balconies*
la toalla **vuestra**	*your towel*	las toallas **vuestras**	*your towels*
el banco **suyo**	*their, your bank*	los bancos **suyos**	*their, your banks*
la tienda **suya**	*their, your store*	las tiendas **suyas**	*their, your stores*

The stressed form of the possessive adjective always follows the noun it modifies and agrees with it in gender and number. The stressed form is used in exclamations, in direct address, and to emphasize the possessor.

¡Dios **mío**!	*My God!*
Ven acá, hija **mía**	*Come here, my daughter*
Es el dinero **mío**, no el dinero **tuyo**.	*It's my money, not your money.*

Ejercicios

A. *Diga en español:*

1. my engagement ring
2. your radio
3. his sleeve
4. our pillow case
5. our pillow cases
6. your iron
7. their bakery
8. their stocks
9. his camera
10. her scissors

B. *Exprese en español:*

1. My vacuum cleaner is an Electrolux, but her vacuum cleaner is a Hoover.
2. Their sweaters are cheap but our sweaters are expensive.
3. His house and his car are dirty.
4. My hair and your hair are blond.
5. I am pressing our sheet and your tablecloth.

[14-10] CONJUGACIÓN DEL VERBO «VENIR»

Yo **vengo** a las ocho.	I come at eight o'clock.
Tú **vienes** a las ocho.	You come at eight o'clock.
Él, Ella **viene** a las ocho.	He, She comes at eight o'clock.
Ud. **viene** a las ocho.	You come at eight o'clock.
Nosotros (-as) **venimos** a las ocho.	We come at eight o'clock.
Vosotros (-as) **venís** a las ocho.	You come at eight o'clock.
Ellos, Ellas **vienen** a las ocho.	They come at eight o'clock.
Uds. **vienen** a las ocho.	You come at eight o'clock.

Ejercicio

Sustituya los sujetos entre paréntesis:

1. Yo vengo a las ocho. (el carnicero, los panaderos)
2. Tú vienes a la playa. (los niños, su estudiante)
3. Andrés viene al hotel. (el turista, los médicos)
4. Nosotros venimos a la iglesia. (el sacerdote, las monjas)
5. Ellos vienen a comer temprano. (yo, tu madre y yo)

[14-11] PRONUNCIACIÓN

Spanish **c**

Repita:

ambulancia	celestial	cine	concepción	El Cid
cacique	censor	circular	contestación	hacienda
cáncer	central	Cirilo	diferencia	ocupación

Trabalenguas

Cariñosa Catalina come coco, carne y Coca-Cola constantemente.

[14-12] DICHOS Y REFRANES

Zapatero, a tus zapatos.
Shoemaker, stick to your last.

[14-13] CARICATURA

El amor es . . .

tejerle un suéter
que le siente.

[14-14] EL MENÚ PARA HOY

Carrots and Scallions	**Zanahorias y cebolletas**
Gazpacho	**Gazpacho**
Lamb Chops	**Chuletas de cordero**
Asparagus Salad	**Ensalada de espárragos**
Baked Apple	**Manzana asada**
Lemonade	**Limonada**

UNIT 15

La estación de bomberos   The Firehouse

[15–1] VOCABULARIO

Repita:

1. ambulance	**(la) ambulancia**	4. explosion	**(la) explosión**
2. asbestos	**(el) asbesto**	5. fire	**(el) incendio**[1]
3. ashes	**(las) cenizas**	6. fire alarm	**(la) alarma de incendios**

1. Also **el fuego**.

7. firebug	**(el) incendiario**	14. flame	**(la) llama**
8. fire engine	**(el) coche de bomberos**	15. hose	**(la) manguera**
9. fire escape	**(la) escalera de escape**	16. hydrant	**(la) boca de agua**
10. fire extinguisher	**(el) extintor**[2]	17. inflammable	**inflamable**
11. fire insurance	**(el) seguro contra incendio**	18. net	**(la) red**
12. fireman	**(el) bombero**	19. nozzle	**(la) boquilla**
13. fireproof	**a prueba de fuego**[3]	20. smoke	**(el) humo**

[15-2] VERBOS

Repita:

1. to attach the hose to the hydrant	**conectar la manguera a la boca de agua**
2. to call the ambulance	**llamar a la ambulancia**
3. to carry the victims on a stretcher	**llevar a las víctimas en una camilla**
4. to jump into the net	**saltar a la red**
5. to pour water on the flames	**echar agua a las llamas**
6. to put out the fire	**apagar el incendio**
7. to rescue the girl with a ladder	**salvar a la muchacha con una escala**
8. to respond to the alarm	**responder a la alarma**
9. to resuscitate the fireman	**resucitar al bombero**
10. to set off the fire alarm	**dar la alarma de incendio**

[15-3] MODELOS DE LENGUAJE

Repita:

1. . . . rushes to the fire.
   The fire engine rushes to the fire.
   The ambulance rushes to the fire.
   The firemen rush to the fire.

   . . . va de prisa al incendio.
   El coche de bomberos va de prisa al incendio.
   La ambulancia va de prisa al incendio.
   Los bomberos van de prisa al incendio.

2. . . . puts out the fire.
   The fire extinguisher puts out the fire.
   The fireman puts out the fire.
   The water from the hydrant puts out the fire.

   . . . apaga el incendio.
   El extintor apaga el incendio.
   El bombero apaga el incendio.
   El agua de la boca de agua apaga el incendio.

3. Many people die because of . . .
   Many people die because of an explosion.
   Many people die because of flames.
   Many people die because of smoke.

   Mucha gente muere a causa de . . .
   Mucha gente muere a causa de una explosión.
   Mucha gente muere a causa de las llamas.
   Mucha gente muere a causa del humo.

---

2. Also **el apagafuego.**   3. Also **incombustible.**

4. It's necessary . . .   Es necesario . . .
   It's necessary to get fire insurance.   Es necesario conseguir un seguro contra incendio.
   It's necessary to go out by the fire escape. Es necesario salir por la escalera de escape.
   It's necessary to sound the fire alarm.   Es necesario dar la alarma de incendio.

5. Bring . . .   Traiga . . .
   Bring the net.   Traiga la red.
   Bring the asbestos.   Traiga el asbesto.
   Bring the hose.   Traiga la manguera.

[15-4] DIÁLOGO

Esposa: —Hoy es el cumpleaños de mi madre.
Esposo: —¿Qué más hay de nuevo?
Esposa: —*No seas* tan sarcástico. La casa *en que* vives es de ella.   don't be/in which
Esposo: —Ya lo sé. *Me lo recuerdas* a cada momento.   you remind me
Esposa: —*¡Ingrato!* Tienes la mejor *suegra* del mundo.   ungrateful/mother-in-law
         ¡Cuidado con las cenizas del cigarrillo! ¡No queremos a
         los bomberos aquí!
Esposo: —¡No, no queremos ni bomberos, ni incendios, ni
         suegros!

[15-5] COMPRENSIÓN

1. ¿Qué fiesta celebran los esposos?
2. ¿Quién es sarcástico? ¿Sabe Ud. por qué?
3. ¿Por qué menciona a los bomberos la esposa?
4. ¿A quiénes no quiere el esposo?
5. Describa Ud. un incendio en su *vecindario*.   neighborhood

[15-6] DESCRIPCIÓN DEL DIBUJO

1. ¿Dónde hay un fuego?
2. ¿Quiénes observan el fuego?
3. ¿Qué van a hacer los bomberos?
4. ¿Por qué es serio *dejar* fósforos en manos de los niños?   to allow

[15-7] ESTUDIO DE PALABRAS

Some English words that end in the suffix -*ment* have Spanish cognates with the suffix -*miento*.

compartment	**(el) compartimiento**	disarmament	**(el) desarmamiento**
confinement	**(el) confinamiento**	discernment	**(el) discernimiento**
contentment	**(el) contentamiento**	enlistment	**(el) alistamiento**

Ejercicio

Escriba oraciones con las palabras arriba mencionadas.

[15-8] EXPRESIONES ÚTILES

THE CITY   LA CIUDAD

apartment	(el) apartamento, (el) piso	park	(el) parque
apartment house	(la) casa de apartamentos	parking lot	(el) parque de estacionamiento
bicycle	(la) bicicleta	parking meter	(el) reloj de estacionamiento
bridge	(el) puente	road signs	(las) señales de carretera
bus stop	(la) parada de ómnibus	school bus	(el) ómnibus de escuela
corner	(la) esquina	sidewalk	(la) acera
dead-end street	(el) callejón sin salida	station wagon	(la) camioneta
downtown	(el) centro	street	(la) calle
driveway	(la) entrada (para coches)	street cleaner	(el) basurero
factory	(la) fábrica	street light	(el) farol
garbage	(la) basura	street sprinkler	(el) carro de riego
garbage can	(el) cubo de basura	street sweeper	(la) barredera
garbage truck	(el) camión basurero	suburbs	(las) afueras
ghetto	(el) barrio	subway	(el) subterráneo, (el) metro
highway	(la) carretera	theatre	(el) teatro
incinerator	(el) incinerador	traffic light	(el) semáforo
monument	(el) monumento	truck	(el) camión
motorcycle	(la) motocicleta	tunnel	(el) túnel
movies	(el) cine	warehouse	(el) almacén
museum	(el) museo		

Ejercicio

Escoja la palabra o expresión apropiada para completar la oración:

1. El hombre va por el ómnibus a (la fábrica, la parada, la basura).
2. Carmen vive en (el barrio, la carretera, la entrada).
3. El chico en bicicleta viene por (la boca de agua, el puente, el camión basurero).
4. Consuelo trabaja en (el farol, la fábrica, el cubo de basura).
5. Llego al centro por (el callejón sin salida, la carretera, el apartamento).
6. Camino por (la barredera, la camioneta, la acera).
7. Los turistas visitan el (museo, reloj de estacionamiento, farol).
8. Él lava la carretera con (las señales de carretera, el parque, el carro de riego).
9. Muchos jóvenes tienen (una motocicleta, un túnel, un almacén).
10. Los novios van (a la barredera, al parque, al basurero).

[15-9] GRAMÁTICA ESENCIAL

A. POSSESSIVE PRONOUNS

SINGULAR POSSESSOR			PLURAL POSSESSOR		
el mío	la mía	mine	el nuestro	la nuestra	ours
los míos	las mías		los nuestros	las nuestras	
el tuyo	la tuya	yours	el vuestro	la vuestra	yours
los tuyos	las tuyas		los vuestros	las vuestras	
el suyo	la suya	his, hers, yours	el suyo	la suya	theirs, yours
los suyos	las suyas		los suyos	las suyas	

1. The possessive pronoun is composed of the definite article plus the possessive
adjective. It agrees in gender and number with the object possessed.

Yo llevo mi gato y Jorge lleva **el suyo**.	*I take my cat and George takes his.*
Él va con su amigo y yo voy con **el mío**.	*He goes with his friend and I go with mine.*
Escriba bien **los suyos**.	*Write yours well.*

2. The article is omitted after the verb **ser**.

Es mío.	*It's mine.*
Son suyos.	*They are yours.*
¿Es tuya o mía la bebida?	*Is the drink yours or mine?*

B. Lo + POSSESSIVE PRONOUN

Lo used with the masculine singular possessive pronouns indicates possession of an indefinite or
abstract idea or quality.

Lo **mío** es suyo.	*What's mine is yours.*
Déme lo **mío** con lo **suyo**.	*Give me mine with yours.*
Lo **tuyo** vale mucho y lo **nuestro** también.	*Yours is worth a lot and ours is also.*

C. CLARIFICATION OF el suyo

The definite article, agreeing with the thing possessed, + **de** + a prepositional pronoun
(**él, ella, ellos, ellas, Ud., Uds.**) or name is often used in place of the **el suyo** constructions in
order to clarify the identity of the possessor.

La señorita García es mi maestra y **la de ellos**.
Miss Garcia is my teacher and theirs.

Mis amigos y **los de él** son bomberos.
My friends and his are firemen.

Mi carro y **el de Carmen** están en el parque de estacionamiento.
My car and Carmen's are in the parking lot.

Ejercicios

A. Diga en español:

1. your fire and mine
2. It's yours (indefinite fam.).
3. his film and mine
4. my children and yours (fam.)

5. his money and hers
6. our vegetables and theirs
7. their shoes and his
8. her hose and ours

9. my dessert and yours (form.)
10. Are they our fabrics or his?

B. Exprese en español:

1. James says that his is the best automobile on the street.
2. Here is my glass and this one is yours.
3. Here is my money. Where is yours?

4. My son David is a fireman, but yours is a rabbi.
5. Our drink is Coca-Cola, but theirs is wine.

[15-10] CONJUGACIÓN DEL VERBO «VER»

Yo **veo** el espectáculo.
Tú **ves** el espectáculo.
Él, Ella **ve** el espectáculo.
Ud. **ve** el espectáculo.

I see the spectacle.
You see the spectacle.
He, She sees the spectacle.
You see the spectacle.

Nosotros (-as) **vemos** el espectáculo.
Vosotros (-as) **veis** el espectáculo.
Ellos, Ellas **ven** el espectáculo.
Uds. **ven** el espectáculo.

We see the spectacle.
You see the spectacle.
They see the spectacle.
You see the spectacle.

Ejercicio

Repita la oración en el singular o en el plural, según el caso:

1. El niño ve el espectáculo.
2. El doctor ve al paciente.
3. Yo veo la película.

4. Los bomberos ven el incendio.
5. El policía ve al prisionero.

[15-11] PRONUNCIACIÓN

Spanish **ch**

Repita:

cha-cha-cha	charro	Chichicastenango	chocolate	Pacheco
chalet	Checoeslovaquia	Chihuahua	cholo	Pancho Villa
Chapala	Chiapanecas	chirimoya	Cholula	rancho

Trabalenguas:

Chinos y charros de Chapultepec chiflan y chistean con los chicuelos de Chihuahua.

[15-12] DICHOS Y REFRANES

Lo tuyo, mío es, y lo mío, tuyo no.
What's yours is mine and what's mine is my own.

[15-13] CARICATURA

El amor es . . .

... helping him gather wood for winter fires.

Copyright 1970 LOS ANGELES TIMES

ayudarlo a traer la leña para la chimenea en el invierno.

[15-14] EL MENÚ PARA HOY

Apple Juice	**Jugo de manzana**
Two Soft-Boiled Eggs	**Dos huevos pasados por agua**
Fried Ham	**Jamón frito**
Toasted Roll	**Panecillo tostado**
Melon	**Melón**
Iced Coffee	**Café con hielo (Café helado)**

UNIT 16

La pescadería

The Fish Store

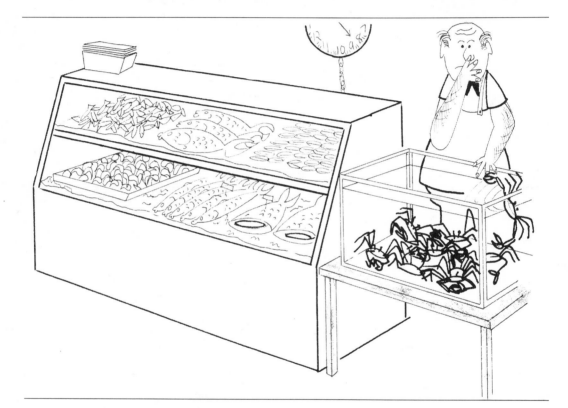

[16-1] VOCABULARIO

Repita:

1. anchovy	**(la) anchoa**	6. eel	**(la) anguila**
2. bass	**(la) lobina**	7. flounder	**(el) lenguado**
3. clam	**(la) almeja**	8. herring	**(el) arenque**
4. codfish	**(el) bacalao**	9. kingfish	**(el) serucho**
5. crab	**(el) cangrejo**	10. lobster	**(la) langosta**

11. mackerel	(la) caballa[1]	16. scallop	(la) venera
12. mussel	(el) mejillón[2]	17. shrimp	(el) camarón
13. oyster	(la) ostra[3]	18. swordfish	(el) pez espada
14. salmon	(el) salmón	19. trout	(la) trucha
15. sardine	(la) sardina	20. tuna	(el) atún

[16-2] VERBOS

Repita:

1. to boil the flounder	cocer el lenguado
2. to can the tuna	enlatar el atún
3. to clean the shrimp	limpiar los camarones
4. to freeze the swordfish	congelar el pez espada
5. to fry the oysters	freír las ostras
6. to open the clams	abrir las almejas
7. to salt the codfish	salar el bacalao
8. to scale the fish	escamar el pescado
9. to smoke the eels	ahumar las anguilas
10. to stuff the lobster	rellenar la langosta

[16-3] MODELOS DE LENGUAJE

Repita:

1. Please clean and stuff . . .
   Please clean and stuff the flounder.
   Please clean and stuff the mackerel.
   Please clean and stuff the codfish.

   Por favor limpie y rellene . . .
   Por favor limpie y rellene el lenguado.
   Por favor limpie y rellene la caballa.
   Por favor limpie y rellene el bacalao.

2. . . . are a delicious appetizer.
   Anchovies are a delicious appetizer.
   Shrimps are a delicious appetizer.
   Clams are a delicious appetizer.

   . . . son un aperitivo delicioso.
   Las anchoas son un aperitivo delicioso.
   Los camarones son un aperitivo delicioso.
   Las almejas son un aperitivo delicioso.

3. Fry . . .
   Fry the oysters.
   Fry the scallops.
   Fry the eels.

   Fría . . .
   Fría las ostras.
   Fría las veneras.
   Fría las anguilas.

---

1. Also **la macarela.**   2. Also **el chorito** (Am.).   3. Also **el ostión.**

4. . . . is a delicacy. Do you like it?

Lobster is a delicacy. Do you like it?

Oyster is a delicacy. Do you like it?

Crab is a delicacy. Do you like it?

. . . **es un manjar rico. ¿Le gusta?**

La langosta es un manjar rico. ¿Le gusta?

La ostra es un manjar rico. ¿Le gusta?

El cangrejo es un manjar rico. ¿Le gusta?

5. . . . is my favorite fish.

Tuna is my favorite fish.

Salmon is my favorite fish.

Swordfish is my favorite fish.

. . . **es mi pescado predilecto.**

El atún es mi pescado predilecto.

El salmón es mi pescado predilecto.

El pez espada es mi pescado predilecto.

[16-4] DIÁLOGO

Marité:	—Quiero veinte y cuatro almejas, dos *libras* de camarones y dos *langostinos*.	pounds prawns
Dependiente:	—*En seguida* señorita. Acaban de llegar unos pescados muy frescos.	right away
Marité:	—¿Está seguro? Los necesito para una paella especial.	
Dependiente:	—No digo *mentiras*. *Hace dos horas nadaban* en el océano. Más frescos no los hay.	lies / two hours ago they were swimming
Marité:	—¿Cuánto *le debo*?	do I owe you
Dependiente:	—Quince dólares.	
Marité:	—¡Qué *ladrón*! Para la *próxima* fiesta voy a servir arroz con pollo.	robber / next

[16-5] COMPRENSIÓN

1. ¿Qué compra Marité?
2. ¿Qué va a *cocinar*?   to cook
3. ¿Cómo sabe Ud. que los pescados son frescos?
4. ¿Por qué no va a servir Marité paella en la próxima fiesta?
5. ¿Cuál es el problema hoy en servir pescado?

[16-6] DESCRIPCIÓN DEL DIBUJO

1. ¿Qué hace el dependiente?
2. ¿Qué hace la langosta?
3. ¿Qué tipo de pescado hay en la pescadería?
4. ¿Quiere Ud. *ir de pesca* en el mar?   to go fishing

[16-7] ESTUDIO DE PALABRAS

Many English words ending in *-ine* have Spanish cognates ending in **-ino** or **-ina**.

aquamarine	(la) aguamarina	discipline	(la) disciplina
Argentine	(la) Argentina	doctrine	(la) doctrina
benzedrine	(la) bencedrina	gasoline	(la) gasolina
benzine	(la) bencina	marine	marino
brilliantine	(la) brillantina	medicine	(la) medicina
caffeine	(la) cafeína	mine	(la) mina
Caroline	Carolina	quinine	(la) quinina
concubine	(la) concubina	sardine	(la) sardina

Ejercicio

Complete la frase con una palabra apropiada del grupo siguiente:

benedictino	Benedictine	**salino**	saline
calamina	calamine	**sanguino**	sanguine
fino	fine		

1. la loción de _____
2. el misionero _____
3. el cadáver _____

4. la solución _____
5. los polvos _____

[16-8] EXPRESIONES ÚTILES

NAUTICAL TERMS   LOS TÉRMINOS NÁUTICOS

bow	(la) proa	hammock	(la) hamaca
bunk	(la) tarima	hold	(la) bodega
buoy	(la) boya	hull	(el) casco
cabin	(el) camarote	iceberg	(la) mole de hielo
captain	(el) capitán	keel	(la) quilla
chart	(la) carta de navegar	lifeboat	(el) bote salvavidas
compass	(el) compás	life jacket	(el) chaleco flotador
crew	(la) tripulación	life preserver	(el) salvavidas
cruise	(el) crucero	mast	(el) mástil
current	(la) corriente	ocean liner	(el) buque
deck	(la) cubierta		transoceánico
deck chair	(la) silla de cubierta	paddle	(el) canalete
first class	(la) primera clase	passenger	(el) pasajero
galley	(el) fogón	pier	(el) muelle

port	**(el) puerto**	shipwreck	**(el) naufragio**
porthole	**(la) portilla**	starboard	**(el) estribor**
port side	**(el) lado de babor**	stern	**(la) popa**
rowboat	**(el) bote de remos**	tide	**(la) marea**
sail	**(la) vela**	wave	**(la) ola**
sailboat	**(el) barco de vela**		

Ejercicio

Cierto o falso:

1. Podemos ver el horizonte por la portilla.
2. Vamos a Europa en primera clase.
3. La silla de cubierta da la dirección.
4. Las moles de hielo causan los naufragios.
5. Los pasajeros llevan los chalecos flotadores.

6. La tripulación está en la quilla.
7. Preparan las comidas en el fogón.
8. El capitán lee las cartas de navegar.
9. En un buque transoceánico no hay canaletes.
10. El bote de remos no tiene una popa.

[16–9] GRAMÁTICA ESENCIAL

A. DIRECT OBJECT PRONOUNS

SINGULAR		PLURAL	
me	me	**nos**	us
te	you (fam.)	**os**	you (fam.)
le	him, you (form.)	**los**	them, you (form.)
lo	him, you (form.), it		
la	her, you (form.), it	**las**	them, you (form.)

1. In Spain, **le** is preferred for the direct object when it represents a male person, and **lo** is preferred for a thing of masculine gender. In Spanish America, **lo** usually refers both to a male person and a thing of masculine gender.

2. The direct object pronoun precedes the conjugated verb and the negative command, but it follows **no**.

Lo quiere.	*She loves him.*
No lo deje Ud.	*Don't leave it.*

3. The direct object pronoun is attached to the affirmative command and may be attached to the present participle. It may also be attached to the infinitive when it is the object of the infinitive.

In the first two cases, a written accent is placed on the syllable of the verb which was stressed before the addition of the pronoun.

Cómalas después.   *Eat them later.*
Está **diciéndome** una mentira.   *He is telling me a lie.*
Quiero **cantarla.**   *I want to sing it.*

When the pronoun is the object of the conjugated verb and not the infinitive, it precedes the conjugated verb.

La veo venir.   *I see her coming.*

4. When an infinitive or present participle is preceded by a conjugated verb, the pronoun may either be attached to the infinitive or present participle, as described above, or may precede the conjugated verb.

Tu madre **desea verte.**   *Your mother wants to see you.*
Tu madre **te desea ver.**   *Your mother wants to see you.*
Están vendiéndolos ahora.   *They are selling them now.*
Los están vendiendo ahora.   *They are selling them now.*

Ejercicios

A. Diga en español:

1. Write the exercise. Write it.
2. Don't read the novel. Don't read it.
3. He is giving money. He is giving it.
4. Leave it.
5. I have the books. I have them.
6. We visit Henry. We visit him.
7. I want to see Rose. I want to see her.
8. They invite our family. They invite us.
9. Nobody knows me.
10. She loves you (fam.).

B. Exprese en español:

1. Florence has some shrimps for Tom and he is going to eat them.
2. To see you and to dine with you are a pleasure.
3. The students are waiting for him at school. Is he visiting you now?
4. Xavier says to her, "No, I don't love you."
5. I enjoy it better when she cooks it for me.

[16-10] CONJUGACIÓN DEL VERBO «PENSAR»

Yo **pienso** un rato.	*I think a while.*
Tú **piensas** un rato.	*You think a while.*
Él, Ella **piensa** un rato.	*He, She thinks a while.*
Ud. **piensa** un rato.	*You think a while.*
Nosotros (-as) **pensamos** un rato.	*We think a while.*
Vosotros (-as) **pensáis** un rato.	*You think a while.*
Ellos, Ellas **piensan** un rato.	*They think a while.*
Uds. **piensan** un rato.	*You think a while.*

Ejercicio

Forme oraciones con los sujetos indicados:

1. pensar un rato (yo, ella)
2. pensar en lo mío (mi madre, los corredores)
3. pensar en la fiesta (Graciela y yo, los niños)
4. pensar bien de él (el banquero, tú y mamá)
5. pensar en las épocas difíciles (los inmigrantes, el poeta)

[16-11] PRONUNCIACIÓN

Spanish **d**

Repita:

adobe	decimal	diagnosis	diploma	Dolores
Damián	decisión	digestión	director	Madrid
debate	diabetes	dimensión	dogma	San Diego

Trabalenguas:

Dudosos deudores domados dan dos dólares a Domingo.

[16-12] DICHOS Y REFRANES

Ayúdate tú y Dios te ayudará.
God helps those who help themselves.

[16–13] CARICATURA

... cleaning the fish he caught.

El amor es . . .

escamar el pescado que él cogió.

[16–14] EL MENÚ PARA HOY

Fruit Cocktail	**Macedonia de frutas**
Clam Chowder	**Potaje de almejas**
Fish Croquettes	**Croquetas de pescado**
Green Beans with Tomato Sauce	**Judías verdes con salsa de tomate**
Fresh Corn	**Maíz tierno**
White Wine	**Vino blanco**

UNIT 17

La florería¹   The Flower Shop

[17-1] VOCABULARIO

Repita:

1. bouquet   **(el) ramo**
2. bridal bouquet   **(el) ramo de novias**
3. bud   **(el) capullo**
4. bulb   **(el) bulbo**
5. centerpiece   **(el) centro de mesa**
6. fertilizer   **(el) fertilizante**
7. flower   **(la) flor**
8. flowerpot   **(la) maceta**
9. funeral piece   **(la) corona funeral**
10. gardener   **(el) jardinero**

11. greenhouse   **(el) invernadero**
12. hose   **(la) manguera**
13. lawn   **(el) césped**
14. plant   **(la) planta**
15. seed   **(la) semilla**
16. shrub   **(el) arbusto**
17. soil (ground)   **(la) tierra**
18. tree   **(el) árbol**
19. vase   **(el) búcaro**
20. weed   **(la) hierba mala**

1. Also **la floristería.**

[17-2] VERBOS

Repita:

1.	to cultivate the ground	cultivar la tierra
2.	to fertilize the garden	fertilizar el jardín
3.	to make a floral decoration	hacer una decoración floral
4.	to pick the flowers	recoger las flores
5.	to plant the seeds	sembrar las semillas
6.	to prune the trees	podar los árboles
7.	to remove the weeds	quitar la hierba mala
8.	to smell the flowers	oler las flores
9.	to transplant the shrubs with a shovel	trasplantar los arbustos con una pala
10.	to water the plants	regar las plantas

[17-3] MODELOS DE LENGUAJE

Repita:

1. Can you make a . . . for me?
   Can you make a bouquet of flowers for me?
   Can you make a bridal bouquet for me?
   Can you make a funeral piece for me?

   ¿Puede hacerme . . . ?
   ¿Puede hacerme un ramo de flores?

   ¿Puede hacerme un ramo de novias?
   ¿Puede hacerme una corona funeral?

2. Please send . . . to my home.
   Please send this plant to my home.
   Please send this shrub to my home.
   Please send the gardener to my home.

   Por favor mande . . . a mi casa.
   Por favor mande esta planta a mi casa.
   Por favor mande este arbusto a mi casa.
   Por favor mande al jardinero a mi casa.

3. . . . grow well in the spring.
   Bulbs grow well in the spring.
   Flowers grow well in the spring.
   Seeds grow well in the spring.

   . . . crecen bien en la primavera.
   Los bulbos crecen bien en la primavera.
   Las flores crecen bien en la primavera.
   Las semillas crecen bien en la primavera.

4. Be careful with that . . .
   Be careful with that hose.
   Be careful with that fertilizer.
   Be careful with that rake.

   Cuidado con ese . . .
   Cuidado con esa manguera.
   Cuidado con ese fertilizante.
   Cuidado con ese rastrillo.

5. Don't forget to water . . .
   Don't forget to water the garden.
   Don't forget to water the flowers.
   Don't forget to water the lawn.

   No se olvide de regar . . .
   No se olvide de regar el jardín.
   No se olvide de regar las flores.
   No se olvide de regar el césped.

[17-4] DIÁLOGO

Jardinero:	—¡Qué *placer* verla de nuevo, señora Cordero! ¿En qué puedo servirla?	pleasure
Sra. Cordero:	—Estoy de muy mal *humor*. La planta recién comprada está *muerta*.	mood dead
Jardinero:	—¿Cómo? ¿Está muerta? Es de las mejores plantas que tenemos en nuestro invernadero.	
Sra. Cordero:	—*Después de seguir* sus instrucciones *al pie de la letra me encuentro con* la *pérdida* de la planta. Con *cariño* cada noche *la pongo bajo* una lámpara de rayos ultravioleta.	after following / to the letter I am faced with / loss affection / I place it under
Jardinero:	—¡Lámpara de rayos ultravioleta! Con razón está muerta.	
Sra. Cordero:	—¿Y para qué decirme entonces que *le hace falta* mucho sol?	it needs

[17-5] COMPRENSIÓN

1. ¿Por qué está de mal humor la señora Cordero?
2. ¿De dónde viene la planta?
3. ¿Dónde pone la señora Cordero la planta todas las noches?
4. ¿Por qué está muerta la planta?
5. ¿Para qué sirve un invernadero?

[17-6] DESCRIPCIÓN DEL DIBUJO

1. ¿Qué compra el señor?
2. ¿Qué lleva en el *carrito*?   wagon
3. ¿Qué venden en esta florería?
4. ¿Por qué es un placer ir a una florería?

[17-7] ESTUDIO DE PALABRAS

Many English adjectives ending in *-ive* have Spanish cognates ending in **-ivo**.

active	**activo**	festive	**festivo**
alternative	**alternativo**	inclusive	**inclusivo**
collective	**colectivo**	primitive	**primitivo**
conclusive	**conclusivo**	sensitive	**sensitivo**
constructive	**constructivo**	superlative	**superlativo**
exclusive	**exclusivo**	tentative	**tentativo**

Ejercicio

Complete la frase con la palabra apropiada del grupo siguiente:

explosivo	explosive	**pasivo**	passive
expresivo	expressive	**positivo**	positive
extensivo	extensive	**posesivo**	possessive
intensivo	intensive	**productivo**	productive

1. una situación _____
2. el adjetivo _____
3. el grado _____
4. una hacienda _____
5. unas vacaciones _____
6. una palabra _____

[17-8] EXPRESIONES ÚTILES

A. FLOWERS   LAS FLORES

aster	(el) aster	lilac	(la) lila
azalea	(la) azalea	lily	(el) lirio, (la) azucena
begonia	(la) begonia	marigold	(el) clavelón
camellia	(la) camelia	narcissus	(el) narciso
carnation	(el) clavel	orchid	(la) orquídea
chrysanthemum	(el) crisantemo	petunia	(la) petunia
dahlia	(la) dalia	phlox	(el) flox
daisy	(la) margarita	poinsettia	(la) nochebuena, (la) flor de Pascua
delphinium	(la) espuela de caballero	poppy	(la) amapola
forget-me-not	(la) nomeolvides	rose	(la) rosa
gardenia	(la) gardenia	sunflower	(el) girasol
geranium	(el) geranio	tulip	(el) tulipán
hyacinth	(el) jacinto	violet	(la) violeta
jasmine	(el) jazmín	zinnia	(la) zinia
laurel	(el) laurel		

Ejercicio

Dé la flor apropiada para los días de fiesta norteamericanos:

1. La Pascua Florida
2. La Navidad
3. El Día de los Soldados Caídos
4. El Día de las Madres
5. El Día de San Valentín

B. THE FARM   LA GRANJA

alfalfa	(la) alfalfa	barley	(la) cebada
baler	(la) máquina embaladora	barn	(el) granero

chaff	(el) desperdicio	horse	(el) caballo
clover	(el) trébol	manure	(el) estiércol
corn	(el) maíz	market	(el) mercado
corral	(el) corral	mule	(el) mulo
cow	(la) vaca	oats	(la) avena
cultivator	(la) cultivadora	pasture	(el) pasto
dairy	(la) vaquería	pig	(el) cerdo
donkey	(el) burro	plow	(el) arado
duck	(el) pato	rabbit	(el) conejo
farmer	(el) granjero	reaper	(la) máquina segadora
farmhouse	(el) cortijo	rooster	(el) gallo
firewood	(la) leña	rye	(el) centeno
flock	(el) rebaño	scythe	(la) guadaña
flour	(la) harina	sheep	(las) ovejas
goat	(la) cabra	silo	(el) silo
goose	(el) ganso	stable	(el) establo
grain	(el) grano	straw	(la) paja
hay	(el) heno	thrasher	(la) trilladora
hayloft	(el) henil	tractor	(el) tractor
haystack	(el) pajar	turkey	(el) pavo
hen	(la) gallina	wagon	(el) carro
herd	(la) manada	wheat	(el) trigo

Ejercicio

Escoja la palabra apropiada:

A.

1. huevos de oro
2. huevos
3. el amanecer
4. la lana
5. la chimenea
6. el silo
7. el jamón
8. la leche

B.

a. el gallo
b. las gallinas
c. las ovejas
d. la vaca
e. el heno
f. el cerdo
g. el ganso
h. la leña

[17-9] GRAMÁTICA ESENCIAL

A. INDIRECT OBJECT PRONOUNS

SINGUALAR

me to, for me
te to, for you (fam.)
le to, for him
     to, for her
     to, for you (form.)
     to, for it

PLURAL

nos to, for us
os to, for you (fam.)
les to, for them (masc. & fem.)
      to, for you (form.)

1. The position of an indirect object pronoun in a sentence is identical to that of the direct object pronoun. When both the direct and indirect object pronouns are used in the same expression, the indirect precedes the direct.

Ana **me lo** da.	*Anna gives it to me.*
Ellos **nos lo** venden.	*They sell it to us.*
No **me la** manden Uds.	*Don't send it to me.*
No **me los** compren.	*Don't buy them for me.*
Él quiere prestár**noslo**.	*He wishes to lend it to us.*
Ella ofrece cantár**mela**.	*She offers to sing it to me.*
El carnicero está cortándo**nosla**.	*The butcher is cutting it for us.*
Léa**melo**.	*Read it to me.*
Quíte**noslo**.	*Take it from us.*

2. If both the direct and indirect object pronouns appear in the same expression in the third person (singular or plural), the indirect object **le** or **les** changes to **se**. This change is made for the sake of euphony.

Se las lleva a Ud.	*He takes them to you.*
No **se los** preste a él.	*Don't lend them to him.*
Ella quiere escribír**selo** a ella.	*She wishes to write it to her.*
Ella **se lo** quiere escribir.	*She wishes to write it to her.*
Díga**selo** a ellos.	*Tell it to them.*
Están lavándo**selos**.	*They are washing them for her.*
Se los están lavando.	*They are washing them for her.*

3. The indirect object pronoun **se** means *to him, to her, to you* (sing. or pl.), *to them,* and *to it.* In order to make clear the meaning of **se**, a redundant prepositional form of the pronoun is used. The expression **se lo da** has many possible meanings without clarification. The addition of the subject pronoun reduces them to six meanings: **Ella se lo da.** Clarification of the pronoun allows one possible interpretation:

Ella se lo da a él.	*She gives it to him.*
Se lo da **a él**.	*He, She, gives it to him.*
Se lo da **a ella**.	*He, She gives it to her.*
Se lo da **a Ud**.	*He, She gives it to you (sing.).*
Se lo da **a ellos**.	*He, She gives it to them.*
Se lo da **a ellas**.	*He, She gives it to them.*
Se lo da **a Uds**.	*He, She gives it to you (pl.).*
Se lo da **a él**.	*You give it to him.*
Se lo da **a ella**.	*You give it to her.*
Se lo da **a ellos**.	*You give it to them.*
Se lo da **a ellas**.	*You give it to them.*

Ejercicio

A. Exprese en español:

1. Give it to her.
2. Don't give it to him.
3. I am singing it for him.
4. He wants to lend it to me.
5. She is taking them to you.
6. They are selling it to us.
7. Wash it for him.
8. Don't open them for us.
9. They give it to them (masc.).
10. They give it to them (fem.).
11. Santa Claus has a present and he is going to give it to you.
12. He takes it to her and she says "thank you" to him.
13. The florist wants to buy it from him.
14. First he buys it for her and then she gives it to you.
15. Buy it for him. Don't buy it for us.

[17–10] CONJUGACIÓN DEL VERBO «VOLVER»

Yo **vuelvo** mañana.	I return tomorrow.
Tú **vuelves** mañana.	You return tomorrow.
Él, Ella **vuelve** mañana.	He, She returns tomorrow.
Ud. **vuelve** mañana.	You return tomorrow.
Nosotros (-as) **volvemos** mañana.	We return tomorrow.
Vosotros (-as) **volvéis** mañana.	You return tomorrow.
Ellos, Ellas **vuelven** mañana.	They return tomorrow.
Uds. **vuelven** mañana.	You return tomorrow.

Ejercicio

Complete la oración utilizando la forma apropiada del verbo **volver**:

1. El florista _____ en una hora.
2. Los bomberos _____ inmediatamente.
3. Pancho y yo _____ mañana.
4. ¿Cuándo _____ ella?
5. Tú y Luisa _____ del mercado.

[17–11] PRONUNCIACIÓN

Spanish **f**

Repita:

fandango	festival	fiesta	flora	fundamental
fatal	feudal	Finlandia	Florida	funeral
federal	Fiat	fiscal	fraternal	furor

Trabalenguas:

Famosos fanfarrones franceses fracasan frecuentemente en Francia.

[17-12] DICHOS Y REFRANES

Hay que bailar al son que le toquen.
One must adjust to a situation.

[17-13] CARICATURA

love is...

Copyright 1971 LOS ANGELES TIMES   2-15

. . . seeing that she has fresh flowers each week.

El amor es . . .

ver que ella tiene flores frescas cada semana.

[17-14] EL MENÚ PARA HOY

Apricot Juice	Jugo de albaricoque
Yankee-Bean Soup	Sopa de judías negras
Brain Omelet	Tortilla de sesos
Potato and Onion Salad	Ensalada de papas y cebolla
Biscuit	Bizcocho
Iced Tea	Té con hielo (Té frío)

UNIT 18

La tienda de muebles y de alfombras
The Furniture and Carpet Store

[18-1] VOCABULARIO

Repita:

1. armchair (el) sillón[1]
2. bed (la) cama
3. bookcase (el) estante para libros
4. buffet (el) aparador

1. Also **la butaca.**

5. carpet	(la) alfombra		13. mattress	(el) colchón
6. chair	(la) silla		14. rocking chair	(la) mecedora
7. china closet	(el) vajillero		15. rug	(la) alfombrilla
8. cocktail table	(la) mesa de coctel		16. serving cart	(el) carro de servir
9. desk	(el) escritorio		17. sofa	(el) sofá
10. dresser	(la) cómoda		18. spring	(el) resorte[3]
11. hassock	(el) cojín[2]		19. stool	(la) banqueta
12. magazine rack	(el) estante para revistas		20. table	(la) mesa

[18-2] VERBOS

Repita:

1. to clean out the dresser	limpiar la cómoda
2. to deliver the patio furniture	entregar los muebles para el patio
3. to finance the dining room set	financiar el juego de comedor
4. to lay the carpet	poner la alfombra
5. to make a down payment	hacer un depósito
6. to measure the room	medir la habitación
7. to pay on delivery	pagar cuando se reciba
8. to replace the spring and mattress	reponer el resorte y el colchón
9. to upholster the armchair	tapizar el sillón
10. to wax the table	encerar la mesa

[18-3] MODELOS DE LENGUAJE

Repita:

1. In the contest, the newlyweds win . . .
   In the contest, the newlyweds win a sofa.
   In the contest, the newlyweds win a serving cart.
   In the contest, the newlyweds win a cocktail table.

   En el concurso los recién casados ganan . . .
   En el concurso los recién casados ganan un sofá.
   En el concurso, los recién casados ganan un carro de servir.
   En el concurso, los recién casados ganan una mesa de coctel.

2. . . . is made of oak.
   The bookcase is made of oak.
   The table is made of oak.
   The desk is made of oak.

   . . . está hecho de roble.
   El estante para libros está hecho de roble.
   La mesa está hecha de roble.
   El escritorio está hecho de roble.

---

2. Also **el almohadón.**   3. Also **el muelle.**

3. . . . is old. Let's buy a new one.   . . . está viejo. Vamos a comprar uno nuevo.

The mattress is old. Let's buy a new one.   El colchón está viejo. Vamos a comprar uno nuevo.

The dresser is old. Let's buy a new one.   La cómoda está vieja. Vamos a comprar una nueva.

The carpet is old. Let's buy a new one.   La alfombra está vieja. Vamos a comprar una nueva.

4. . . . is damaged. Please replace it.   . . . está dañado. Por favor repóngalo.

The spring is damaged. Please replace it.   El muelle está dañado. Por favor repóngalo.

The china closet is damaged. Please replace it.   El vajillero está dañado. Por favor repóngalo.

The rocking chair is damaged. Please replace it.   La mecedora está dañada. Por favor repóngala.

5. The salesman shows us . . .   El vendedor nos enseña . . .

The salesman shows us a buffet.   El vendedor nos enseña un aparador.

The salesman shows us a chair.   El vendedor nos enseña una silla.

The salesman shows us a bed.   El vendedor nos enseña una cama.

[18-4] DIÁLOGO

Sra. Palma:	—Quiero comprar un *juego de cuarto* inmediatamente. Ya no puedo usar *el antiguo*.	set of furniture the old one
Dependiente:	—¡Ah, muy bien, señora! Tenemos varios *estilos* a precios muy baratos.	styles
Sra. Palma:	—Pues déme aquel juego de estilo mediterráneo. *Lo que* me interesa es *si* puede *enviarlo* hoy mismo. Aquí tiene mi tarjeta de crédito.	what / if / to send it
Dependiente:	—Claro que sí. Pero dígame, ¿por qué no puede usar ya su antiguo juego de cuarto?	
Sra. Palma:	—Por falta de pago.	
Dependiente:	—¡*Con razón tiene prisa!*	No wonder you're in a hurry!

[18-5] COMPRENSIÓN

1. ¿Qué quiere comprar la Sra. Palma?
2. ¿Qué estilo prefiere?
3. ¿Cómo va a pagar los muebles?
4. ¿Por qué necesita el juego de cuarto inmediatamente?
5. Es una buena idea comprar a crédito. ¿Por qué sí o por qué no?

[18-6] DESCRIPCIÓN DEL DIBUJO

1. ¿Dónde está *sentado* el señor?   seated
2. ¿Qué hace la chica?
3. ¿Qué aparece en el dibujo?
4. ¿Cree Ud. que los dos están *casados* o que son novios?   married

[18-7] ESTUDIO DE PALABRAS

Many English words with a *th* have Spanish cognates with a **t**.

Athens	**Atenas**	theme	**(el) tema**
Catherine	**Catalina**	Theodore	**Teodoro**
mathematics	**(las) matemáticas**	theorem	**(el) teorema**
method	**(el) método**	therapeutic	**terapéutico**
myth	**(el) mito**	thermal	**termal**
north	**(el) norte**	thermometer	**(el) termómetro**
rhythm	**(el) ritmo**	thrombosis	**(la) trombosis**
theatre	**(el) teatro**	throne	**(el) trono**

Ejercicio

¿Cuál es el cognado inglés de las palabras siguientes?

1. Itaca
2. teocéntrico
3. teocracia
4. teológico

5. teólogo
6. termoeléctrico
7. termos

8. Tesauro
9. tesis
10. tórax

[18-8] EXPRESIONES ÚTILES

THE HOME   EL HOGAR

antenna	**(la) antena**	door	**(la) puerta**
attic	**(el) desván**	doorknob	**(el) tirador de puerta**
balcony	**(el) balcón**	driveway	**(la) entrada para coches**
bathroom	**(el) cuarto de baño**	fence	**(la) cerca**
bathtub	**(la) bañadera**	freezer	**(el) congelador**
bedroom	**(la) alcoba, (el) dormitorio**	garage	**(el) garaje**
cellar	**(el) sótano**	garden	**(el) jardín**
clothes closet	**(el) armario**	gate	**(el) portillo**
dining room	**(el) comedor**	hall	**(el) pasillo**
doghouse	**(la) perrera**	kitchen	**(la) cocina**

lamp	(la) lámpara	sink	(el) sumidero
linoleum	(el) linóleo	staircase	(la) escalera
living room	(la) sala	stereo set	(el) estéreo
medicine cabinet	(el) armario botiquín	storm door	(la) contrapuerta
mirror	(el) espejo	storm window	(la) contravidriera
painting	(la) pintura	study (den)	(el) cuarto de estudio,
pantry	(la) despensa		(el) gabinete
piano	(el) piano	toilet	(el) inodoro, (el) retrete
picture	(el) cuadro		(el) excusado
recreation room	(la) sala de recreo	toilet bowl	(la) taza del inodoro
screen	(la) alambrera	vestibule	(el) vestíbulo
shower	(la) ducha	wallpaper	(el) papel de empapelar
shutter	(la) contraventana	window	(la) ventana

Ejercicio

Complete la oración:

1. En la cocina hay _____, _____ y _____ .
2. En el dormitorio hay _____, _____ y _____ .
3. En el jardín hay _____ y _____ .
4. En el baño hay _____ y _____ .
5. En la sala de recreo hay _____ y _____ .
6. Afuera de la casa hay _____, _____ y _____ .

[18–9] GRAMÁTICA ESENCIAL

A. REFLEXIVE PRONOUNS

SINGULAR

me	myself
te	yourself (fam.)
se	himself, herself, yourself (form.), itself

PLURAL

nos	ourselves
os	yourselves (fam.)
se	themselves, yourselves (form.)

1. A reflexive pronoun is an object pronoun which refers to the subject of the verb. In a reflexive construction, the subject performs the action of the verb to itself. Many verbs in Spanish are generally used with reflexive pronouns.

Me lavo la cara.   *I wash my face.*
Se sienta.   *He sits down.*

2. Reflexive pronouns precede all other object pronouns and, like object pronouns, are attached to infinitives, present participles, and affirmative commands.

Ella **se lava** la cara.	*She washes her face.*
Ella **se la lava.**	*She washes it.*
Se me acerca.	*He approaches me.*
Quiere **bañarse** en el río.	*He wants to bathe in the river.*
Estamos **limpiándonos** el polvo.	*We are cleaning off the dust.*
Levántese Ud.	*Get up.*
No se levante Ud.	*Don't get up.*

3. When the reflexive pronoun is used with some verbs, a change in meaning occurs.

hacer	to make, to do
hacerse	to become

Hago mucho trabajo.	*I do a lot of work.*
Quiere **hacerse** abogado.	*He wants to become a lawyer.*

poner	to place
ponerse	to become

Pongo el centavo en la máquina.	*I put the penny in the machine.*
Se pone triste.	*He becomes sad.*

hallar	to find
hallarse	to find oneself

Hallo tranquilidad en el bosque.	*I find tranquility in the woods.*
Me hallo contento con mis ganancias.	*I find myself happy with my earnings.*

4. Some non-reflexive intransitive verbs use the reflexive pronoun to indicate emphasis or a special interest on the part of the subject in the action or state of the verb.

Yo **me voy** al campo.	*I am going to the country.*
Quédese Ud. aquí.	*Stay here.*
Nos marchamos después del almuerzo.	*We are leaving after lunch.*

5. Reciprocal action between two or more subjects is indicated with reflexive pronouns.

Él y ella se saludan amablemente.	*He and she greet each other amiably.*
Tú y yo nos queremos como buenos amigos.	*You and I love each other as good friends.*

6. In reflexive constructions, the possessive adjective is replaced by the definite article.

Él se lava **los** pies.	*He washes his feet.*
Ella se lava **el** pelo.	*She washes her hair.*

Ejercicio

Exprese en español:

1. I comb my hair.
2. You wash your face.
3. He gets up.
4. We go away.
5. John and Mary love each other.
6. Albert washes his face, eats his breakfast, and goes to work each day at eight o'clock.
7. The old man becomes nervous, combs his hair, and gets up from the chair.
8. The girls look at themselves in the mirror and put on their lipstick and powder.
9. Father bathes each morning at seven thirty and shaves his beard.
10. She becomes very sad and approaches me with her problems.

[18-10] CONJUGACIÓN DEL VERBO «SENTARSE»

Yo **me siento** en el sofá.   I sit down on the sofa.
Tú **te sientas** en el sofá.   You sit down on the sofa.
Él, Ella **se sienta** en el sofá.   He, She sits down on the sofa.
Ud. **se sienta** en el sofá.   You sit down on the sofa.

Nosotros (-as) **nos sentamos** en el sofá.   We sit down on the sofa.
Vosotros (-as) **os sentáis** en el sofá.   You sit down on the sofa.
Ellos, Ellas **se sientan** en el sofá.   They sit down on the sofa.
Uds. **se sientan** en el sofá.   You sit down on the sofa.

Ejercicio

Complete las oraciones con la forma apropiada del verbo **sentarse:**

1. Mi padre _____ en el sillón.
2. Los niños _____ en la alfombra.
3. Pepe y yo _____ en las banquetas.
4. ¿Dónde quieres _____ ?
5. Su abuela _____ en la mecedora.

[18-11] PRONUNCIACIÓN

Spanish **g** before **a, o, u,** and consonants

Repita:

gala	gaucho	glandular	gorila	grave
Galileo	gazpacho	Gloria	gradual	Guadalupe
gastritis	glacial	golf	granular	gusto

g before **e**, **i**

gelatina	**generador**	**genérico**	**gigante**	**gimnasio**
genealogía	**general**	**Gibraltar**	**Gilberto**	**gitano**
generación	**generalísimo**			

Trabalenguas:

Gabriela y Gloria guardan los ganados en la ganadería.

[18-12] DICHOS Y REFRANES

Una vez engañan al prudente, y al necio veinte.
You only have to tell a wise man once, but a fool never learns.

[18-13] CARICATURA

love is...

... *letting him have the comfort-able chair.*

Copyright 1971 LOS ANGELES TIMES

El amor es . . .

concederle la butaca más cómoda.

[18-14] EL MENÚ PARA HOY

Turkey Soup	**Sopa de pavo**
Spaghetti	**Tallarines**
Meatballs	**Albóndigas**
Stuffed Peppers	**Pimientos rellenos**
Bordeaux Wine	**Vino rojo de Burdeos**

UNIT 19

La ferretería, la maderería y los materiales de construcción

Hardware Store, Lumber Yard, and Building Supplies

[19-1] VOCABULARIO

Repita:

1. ax	(el) hacha[1]	11. paintbrush	(la) brocha
2. brick	(el) ladrillo	12. plaster	(el) yeso
3. cement	(el) cemento	13. plywood	(la) madera laminada
4. chisel	(el) formón	14. sandpaper	(el) papel de lija
5. drill	(el) taladro	15. saw	(el) serrucho
6. hammer	(el) martillo	16. screw	(el) tornillo
7. moulding	(la) moldadura	17. screwdriver	(el) destornillador
8. nail	(el) clavo	18. turpentine	(el) aguarrás
9. nut and bolt	(la) tuerca y (el) tornillo	19. varnish	(el) barniz
10. paint	(la) pintura	20. wallpaper	(el) papel de empapelar

[19-2] VERBOS

Repita:

1. to mix the cement	**mezclar el cemento**
2. to nail the cabinet	**clavar el gabinete**
3. to paint the ceiling	**pintar el techo**
4. to plaster the wall	**enyesar la pared**
5. to sandpaper the wood	**lijar la madera**
6. to saw the plywood	**serruchar la madera laminada**
7. to screw the hinge	**atornillar la bisagra**
8. to set the bricks	**colocar los ladrillos**
9. to varnish the door	**barnizar la puerta**
10. to wallpaper the room	**empapelar el cuarto**

[19-3] MODELOS DE LENGUAJE

Repita:

1. The bricklayer lays . . .   El albañil pone . . .
   The bricklayer lays the brick.   El albañil pone el ladrillo.
   The bricklayer lays the cement blocks.   El albañil pone los bloques de cemento.
   The bricklayer lays the slate.   El albañil pone la pizarra.

---

1. But **las hachas.**

2. The carpenter nails . . .   El carpintero clava . . .
   The carpenter nails the planks.   **El carpintero clava los tablones.**
   The carpenter nails the plywood.   **El carpintero clava la madera laminada.**
   The carpenter nails the window.   **El carpintero clava la ventana.**

3. Carry . . . in a wheelbarrow.   **Lleve . . . en una carretilla.**
   Carry the sand in a wheelbarrow.   **Lleve la arena en una carretilla.**
   Carry the plaster in a wheelbarrow.   **Lleve el yeso en una carretilla.**
   Carry the gravel in a wheelbarrow.   **Lleve la grava en una carretilla.**

4. The toolbox contains . . .   **La caja de herramientas contiene . . .**
   The toolbox contains a wrench.   **La caja de herramientas contiene una llave.**
   The toolbox contains a hammer.   **La caja de herramientas contiene un martillo.**
   The toolbox contains a drill.   **La caja de herramientas contiene un taladro.**

5. . . . protects the house.   **. . . protege la casa.**
   Tarpaper protects the house.   **El papel embreado protege la casa.**
   Gutters protect the house.   **Las canales protegen la casa.**
   Roof tiles protect the house.   **Las tejas protegen la casa.**

[19–4] DIÁLOGO

Maderero:	—¿Qué necesita, señor?	lumberman
Campesino:	—Unas *tablas*, cinco libras de clavos y un litro de barniz para mi *infeliz* mujer.	farmer / boards poor
Maderero:	—¿Es alta su mujer? ¿Es *gorda*? ¿Cuántas libras *pesa*?	fat does she weigh
Campesino:	—Es alta y delgadita. ¿Por qué me pregunta tantas cosas personales?	
Maderero:	—Necesito saber *la medida* de su mujer para darle tablas suficientemente grandes para construir su *ataúd*.	the size coffin
Campesino:	—¡*No sea* Ud. loco! Gracias a Dios, mi mujer *aún* vive. ¡Las tablas son para *construir* un gabinete en la cocina!	don't be / still build

[19–5] COMPRENSIÓN

1. ¿Qué busca el campesino?
2. ¿Cuáles son las tres preguntas personales del maderero?
3. ¿Cómo reacciona el esposo?
4. ¿Por qué necesita tablas?
5. ¿Qué va a construir Ud. este año?

[19-6] DESCRIPCIÓN DEL DIBUJO

1. ¿Dónde están los clavos?
2. ¿Qué está *construyendo* el dependiente?   building
3. ¿Qué materiales de construcción está utilizando?
4. ¿Quién pinta su cuarto?

[19-7] ESTUDIO DE PALABRAS

Many English words beginning with *s* have Spanish cognates beginning with **es.**

scandalous	**escandaloso**	squadron	**(el) escuadrón**
scenery	**(el) escenario**	stable	**(el) establo**
skeleton	**(el) esqueleto**	stomach	**(el) estómago**
Spanish	**español**	strait	**(el) estrecho**
spectator	**(el) espectador**	strict	**estricto**
spinach	**(las) espinacas**	student	**(el, la) estudiante**
spiritual	**espiritual**	stupid	**estúpido**
spy	**(el, la) espía**	style	**(el) estilo**

Ejercicio

Exprese en inglés:

1. la *escuela* elemental
2. un *estudiante* brillante
3. la *estación* de ómnibus
4. el *estado* artificial
5. un *estudio* independiente
6. el *estadio* olímpico
7. el *espacio* sin límites
8. la *esfera* celeste

[19-8] EXPRESIONES ÚTILES

TREES   LOS ÁRBOLES

balsam	**(el) bálsamo**	fir	**(el) pinabete**
bamboo	**(el) bambú**	hemlock	**(la) cicuta**
beech	**(el) haya** (fem.)	linden	**(el) tilo**
birch	**(el) abedul**	magnolia	**(la) magnolia**
cedar	**(el) cedro**	mahogany	**(la) caoba**
chestnut	**(el) castaño**	maple	**(el) arce**
cottonwood	**(el) chopo de Virginia**	mimosa	**(la) mimosa**
dogwood	**(el) cornejo**	mountain ash	**(el) serbal de los cazadores**
ebony	**(el) ébano**	oak	**(el) roble**
elm	**(el) olmo**	olive	**(el) olivo**
eucalyptus	**(el) eucalipto**	palm	**(la) palma**

pecan	**(la) pacana**	spruce	**(el) abeto rojo del Norte**
pine	**(el) pino**	sycamore	**(el) sicómoro**
poplar	**(el) álamo**	walnut	**(el) nogal**
sequoia	**(la) secoya**	weeping willow	**(el) sauce llorón**

Ejercicio

Escoja los árboles que se relacionen con cinco de los lugares geográficos siguientes:

1. Virginia
2. Vermont
3. el Japón
4. el Ecuador
5. Alemania
6. el Brasil
7. España
8. Italia
9. Oregón
10. Georgia
11. la Florida
12. Nueva York

[19-9] GRAMÁTICA ESENCIAL

A. PREPOSITIONAL PRONOUNS

SINGULAR

para **mí**	*for me*
para **ti**	*for you*
para **él**	*for him, for it (masc.)*
para **ella**	*for her, for it (fem.)*
para **Ud.**	*for you*
para **ello**	*for it (neuter)*

PLURAL

para **nosotros (-as)**	*for us*
para **vosotros (-as)**	*for you*
para **ellos**	*for them*
para **ellas**	*for them*
para **Uds.**	*for you*

1. The prepositional pronoun is used as the object of a preposition. It may also be used in a redundant construction to emphasize or clarify the meaning of a direct or indirect object pronoun.

Papá está comprando un radio **para nosotros.**	*Papa is buying a radio for us.*
El cartero trae unas cartas **para ella.**	*The mailman brings some letters for her.*
Hablo **de ellos** ahora.	*I am speaking of them now.*
Alguien **le** llama **a él.**	*Somebody is calling him.*
Te quiere **a ti.**	*He loves you.*

2. The preposition **entre** is an exception and uses a subject pronoun as its object.

Entre tú y yo no hay problemas.	*Between you and me there are no problems.*

3. The pronouns **mí** and **ti** combine with the preposition **con** to form **conmigo** and **contigo**.

Ella va **conmigo** al teatro.	*She goes with me to the theatre.*
No hay problemas **contigo.**	*There aren't any problems with you.*

B. REFLEXIVE PREPOSITIONAL PRONOUNS

SINGULAR

para **mí**	*for myself*		
para **ti**	*for yourself*		
para **sí**	*for himself*		
	for herself		
	for yourself		
	for itself		

PLURAL

para **nosotros (-as)**	*for ourselves*
para **vosotros (-as)**	*for yourselves*
para **sí**	*for themselves*
	for yourselves

1. The reflexive prepositional pronouns have the same forms as the prepositional pronouns with the exception of the third person singular and plural.

Habla **para sí.**	*He is talking to himself.*
Él hace esto **por sí.**	*He does this for himself.*

2. The reflexive prepositional pronoun **sí** combines with the preposition **con** to form **consigo.**

Ella tiene el dinero **consigo.**	*She has the money with her.*

3. **Mismo (-a, -os, -as)** may be used with the reflexive prepositional pronouns for emphasis. It agrees in gender and number with the pronoun.

Tú lo haces **para ti mismo.**	*You do it for yourself.*
Ellos trabajan **para sí mismos.**	*They work for themselves.*

C. TABLE OF PERSONAL PRONOUNS

SUBJECT SINGULAR	DIRECT OBJECT	INDIRECT OBJECT	REFLEXIVE	PREPOSITIONAL	REFLEXIVE PREPOSITIONAL
1. **yo**	**me**	**me**	**me**	**mí**	**mí**
2. **tú**	**te**	**te**	**te**	**ti**	**ti**
3. **él**	**(le) lo**	**le**	**se**	**él**	**sí**
ella	**la**	**le**	**se**	**ella**	**sí**
usted	**(le) lo, la**	**le**	**se**	**usted**	**sí**
ello	**lo**	**le**	**se**	**ello**	**sí**

PLURAL					
1. **nosotros (-as)**	**nos**	**nos**	**nos**	**nosotros (-as)**	**nosotros (-as)**
2. **vosotros (-as)**	**os**	**os**	**os**	**vosotros (-as)**	**vosotros (-as)**
3. **ellos**	**los**	**les**	**se**	**ellos**	**sí**
ellas	**las**	**les**	**se**	**ellas**	**sí**
ustedes	**los, las**	**les**	**se**	**ustedes**	**sí**

Ejercicios

A. Diga en español:

1. for herself
2. for themselves
3. for ourselves
4. for yourself (fam.)
5. for yourself (form.)

6. I do it for myself.
7. He speaks to himself.
8. Work for yourselves.
9. That beautiful girl believes in herself.
10. They think only of themselves.

B. Exprese en español:

1. I have cookies for her.
2. The money is for you (fam.).
3. My brother lives near me.
4. The child sits down with us.
5. Do you know her?
6. Don't eat the potatoes with it.
7. Paul receives a present from them.

8. These pies are for me but those near you (fam.) are for us.
9. He loves her but he never sends flowers to her.
10. Helen and Virginia are with me in the hardware store. Is the baby with you?

[19-10] CONJUGACIÓN DEL VERBO «DORMIR»

Yo **duermo** la siesta.
Tú **duermes** la siesta.
Él, Ella **duerme** la siesta.
Ud. **duerme** la siesta.

Nosotros (-as) **dormimos** la siesta.
Vosotros (-as) **dormís** la siesta.
Ellos, Ellas **duermen** la siesta.
Uds. **duermen** la siesta.

I sleep the siesta. (I take a siesta.)
You sleep the siesta.
He, She sleeps the siesta.
You sleep the siesta.

We sleep the siesta.
You sleep the siesta.
They sleep the siesta.
You sleep the siesta.

Ejercicio

Use la forma apropiada del verbo **dormir**:

1. Pancho _____ la siesta cerca de un cacto.
2. Los bomberos nunca _____ en la estación de bomberos.
3. No me gusta _____ en ese motel.
4. El soldado y yo _____ todo el domingo.
5. No puedo _____ ; tengo que ir a la maderería.

[19-11] PRONUNCIACIÓN

Spanish **h**

Repita:

hepatitis	hombre	Honolulú	horizontal	hotel
hernia	Homero	honor	horrible	humor
héroe	Honduras	honorable	hospital	Víctor Hugo

Trabalenguas:

Habaneros hábiles hablan a hombres honrados de Holanda.

[19-12] DICHOS Y REFRANES

Quiere al prójimo como a ti mismo.
Love your neighbor as yourself.

[19-13] CARICATURA

love is...

... economizing by papering the wall yourself.

Copyright 1971 LOS ANGELES TIMES

El amor es . . .

*economizar
empapelando la pared
tú mismo.*

[19-14] EL MENÚ PARA HOY

Fish Chowder	Sopa (potaje) de pescado
Cheese-Filled Turnover	Empanada de queso
Codfish Fritters	Frituras de bacalao
Fried Eggplant	Berenjena frita
Fruit Salad	Ensalada de frutas
Glass of Whiskey	Copita de whisky

UNIT 20

El hotel y el motel

The Hotel and Motel

[20-1] VOCABULARIO

Repita:

1. air-conditioned room   **(el) cuarto con aire acondicionado**
2. baggage   **(el) equipaje**
3. ballroom   **(el) salón de baile**
4. bellboy   **(el) botones**
5. chambermaid   **(la) camarera**
6. cocktail lounge   **(el) salón de coctel**
7. elevator   **(el) ascensor**[1]

---

1. Also **el elevador.**

8. garage	**(el) garaje**	15. reservation desk	**(la) carpeta**
9. heater	**(el) calentador**	16. room number	**(el) número del cuarto**
10. key	**(la) llave**	17. room service	**(el) servicio de las**
11. lobby	**(el) vestíbulo**		**habitaciones**
12. oceanfront view	**(la) vista al mar**	18. soap	**(el) jabón**
13. parking area	**(la) zona de parqueo**[2]	19. suitcase	**(la) maleta**
14. rates	**(la) tarifa**	20. swimming pool	**(la) piscina**

[20-2] VERBS

Repita:

1. to check the lock	**chequear la cerradura**
2. to confirm your reservation	**confirmar la reservación**
3. to dine on the terrace	**comer en la terraza**
4. to follow the bellboy	**seguir al botones**
5. to have breakfast in bed	**desayunarse en (la) cama**
6. to pay the bill	**pagar la cuenta**
7. to phone for room service	**llamar al servicio de las habitaciones**
8. to raise the thermostat	**subir el termóstato**
9. to register at the desk	**inscribirse en la carpeta**[3]
10. to swim in the pool	**nadar en la piscina**

[20-3] MODELOS DE LENGUAJE

Repita:

1. . . . will arrive shortly
    The baggage will arrive shortly.
    The bellboy will arrive shortly.
    The elevator will arrive shortly.

    . . . llega pronto.
    El equipaje llega pronto.
    El botones llega pronto.
    El ascensor llega pronto.

2. I'll meet you in . . .
    I'll meet you in the ballroom.
    I'll meet you in the cocktail lounge.
    I'll meet you in the lobby.

    Te encuentro en . . .
    Te encuentro en el salón de baile.
    Te encuentro en el salón de coctel.
    Te encuentro en el vestíbulo.

3. Does the motel have . . . ?
    Does the motel have an oceanfront view?
    Does the motel have air-conditioned rooms?
    Does the motel have a swimming pool?

    ¿Tiene el motel . . . ?
    ¿Tiene el motel vista al mar?
    ¿Tiene el motel cuartos con aire acondicionado?
    ¿Tiene piscina el motel?

---

2. Also **la zona de aparcamiento.**   3. Also **inscribirse en la dirección.**

4. Ask the bellboy for . . .   **Pídale . . . al botones.**
   Ask the bellboy for the keys.   **Pídale las llaves al botones.**
   Ask the bellboy for the room number.   **Pídale el número del cuarto al botones.**
   Ask the bellboy for room service.   **Pídale el servicio de las habitaciones al botones.**

5. . . . takes care of . . .   **. . . se ocupa de . . .**
   The chambermaid takes care of your   **La camarera se ocupa de su**
     soap.   **jabón.**
   The desk takes care of your bill.   **La carpeta se ocupa de su cuenta.**
   The bellboy takes care of your heater. **El botones se ocupa de su calentador.**

[20-4] DIÁLOGO

Jipi: —¿Cuanto cuesta ir de aquí al Hotel San Carlos?
Taxista: —Un dólar.
Jipi: —¿Y cuánto me cobra por el equipaje?
Taxista: —Eso va *gratis.*   free
Jipi: —Pues entonces hágame el favor y lléveme el equipaje.
        Yo voy *a pie.*   on foot
Taxista: —¡Estos jóvenes de hoy día!

[20-5] COMPRENSIÓN

1. ¿Adónde quiere ir el jipi?
2. ¿Qué pregunta el jipi al entrar en el taxi?
3. ¿Cuánto quiere cobrarle el taxista?
4. ¿Por qué decide no tomar el taxi?
5. ¿Cree Ud. que los taxistas son amables?

[20-6] DESCRIPCIÓN DEL DIBUJO

1. ¿Qué pide el señor?
2. ¿Dónde está su equipaje?
3. ¿Cómo llega uno al tercer *piso*?   floor
4. Describa la vida de un *hombre de negocios* que siempre   businessman
   tiene que viajar.   has to travel

[20-7] ESTUDIO DE PALABRAS

The letter *y* in many English words is often the equivalent of **i** in Spanish cognates.

anonymous	**anónimo**	myth	**(el) mito**
crystal	**(el) cristal**	mythology	**(la) mitología**
cylinder	**(el) cilindro**	nylon	**(el) nilón**
encyclopedia	**(la) enciclopedia**	oxygen	**(el) oxígeno**
motorcycle	**(la) motocicleta**	rhyme	**(la) rima**
my	**mi**	symptom	**(el) síntoma**
myriad	**(la) miríada**	Tony	**Toni**
mystic	**(el) místico**	xylophone	**(el) xilófono**

Ejercicio

Complete las oraciones:

1. _____ es mi compañero de cuarto.
2. Me falta _____ .
3. Santa Teresa es _____ .

4. Mi hijo tiene un piano y mi hija tiene un _____ .
5. Mi carro tiene ocho _____ .

[20-8] EXPRESIONES ÚTILES

A. PUBLIC SIGNS   LOS ANUNCIOS

Beware of Dog	**Cuidado con el perro**	Lavatory	**Lavabos**
Camping Prohibited	**Prohibido hacer camping**		**Lavatorio**
Cashier	**Caja**	Men	**Señores**
Closed	**Cerrado**		**Hombres**
Danger	**Peligro**		**Caballeros**
Do Not Bend	**No doblar**	No Bathing	**Prohibido bañarse**
Don't Touch	**No tocar**	No Smoking	**Se prohibe fumar**
Entrance	**Entrada**		**Prohibido fumar**
Exit	**Salida**	No Spitting	**Se prohibe escupir**
For Rent	**Se alquila**		**Prohibido escupir**
For Sale	**Se vende**	Notice	**Aviso**
Information	**Información**	Office	**Oficina**
Keep Out	**Se prohibe la entrada**	Women	**Señoras**
			Damas

Ejercicio

¿Cuál anuncio ve Ud. en . . .

1. el teatro?
2. el supermercado?
3. la maderería?

4. una casa?
5. el aeropuerto?

B. THE BATHROOM   EL CUARTO DE BAÑO

after shave lotion	(la) loción de afeitarse	razor blade	(la) hojita de afeitar
bath mat	(la) alfombra de baño	shaver	(la) máquina de afeitar
bath powder	(los) polvos de baño	shaving brush	(la) brocha de afeitar
bath sponge	(la) esponja de baño	shaving cream	(la) crema de afeitar
bath towel	(la) toalla de baño	shaving soap	(el) jabón para la barba
bathtub	(la) bañadera	shower	(la) ducha
comb	(el) peine	shower curtain	(la) cortina de la ducha
cosmetics	(los) cosméticos	soap bubbles	(las) burbujas de jabón
deodorant	(el) desodorante	tiles	(los) azulejos
disinfectant	(el) desinfectante	toilet	(el) inodoro
facecloth		toilet bowl	(la) cubeta del inodoro
(washcloth)	(el) paño para lavarse	toilet tissue	(el) papel higiénico
hairbrush	(el) cepillo de cabeza	toothbrush	(el) cepillo para los dientes
hair tonic	(el) tónico para el cabello	toothpaste	(la) pasta dentrífica
hamper	(el) cesto grande	towel	(la) toalla
medicine cabinet	(el) armario botiquín	towel rack	(el) toallero
mirror	(el) espejo	vanity table	(el) tocador
razor	(la) navaja de afeitar		

Ejercicio

Dé un sustantivo que se relacione con las cosas siguientes:

1. la afeitada	3. la cara	5. la ducha	7. un mal olor
2. el baño	4. los dientes	6. la medicina	8. el pelo

[20–9] GRAMÁTICA ESENCIAL

A. PARA

The preposition **para** is used in the following situations to express:

1. Destination.

Trae unos juguetes **para los muchachos.**	*He brings some toys for the children.*
Los Morales salen **para México** en avión.	*The Morales leave for Mexico by plane.*
La carta es **para mí.**	*The letter is for me.*

2. Purpose or use.

Estas químicas son **para un experimento.**	*These chemicals are for an experiment.*
Usan ladrillos **para construir** la casa.	*They use bricks to construct the house.*
Voy a la florería **para comprar** orquídeas.	*I am going to the florist to buy orchids.*

3. Comparisons or contrasts.

Su padrino no está mal **para su edad.**	*His godfather is not bad for his age.*
Para uno tan rico, vive en una casa muy pobre.	*For one so rich, he lives in a very poor house.*
Para ser español, hablas bien el inglés.	*For a Spaniard, you speak English well.*

4. A definite point in future time.

El postre es **para mañana.**	*The dessert is for tomorrow.*
Va a terminar el proyecto **para el sábado.**	*He is going to finish the project for Saturday.*
Déjelo **para el invierno próximo.**	*Leave it for next winter.*

5. After **estar** to state something about to happen.

Los jóvenes **están para casarse.**	*The young people are about to get married.*
Está para nevar.	*It is about to snow.*

B. POR

The preposition **por** is used in the following situations:

1. To express exchange, price, terms, unit of measure, rate, or multiplication.

Compre Ud. este cuadro **por cien dólares.**	*Buy this picture for a hundred dollars.*
Deseo cambiar esta falda **por ésa.**	*I want to exchange this skirt for that one.*
Tres **por tres** son nueve.	*Three times three are nine.*

2. To express duration of time.

Estudio **por dos horas** cada noche.	*I study for two hours each night.*
Está sufriendo **por muchos años.**	*He is suffering for many years.*
Podemos descansar **por un rato.**	*We can rest for a while.*

3. To express the cause, motive, or reason for an action.

La castigan **por desobediente.**	*They punish her for being disobedient.*
No trabaja en esa fábrica **por razones conocidas.**	*He doesn't work in that factory for known reasons.*
No puedo pagar la renta **por falta de pesos.**	*I can't pay the rent for lack of pesos.*

4. To express the means, manner, or instrument by which something is done.

Mandan los papeles **por correo.**	*They send the papers by mail.*
Por ese camino Ud. llega a la pirámide.	*By that road you arrive at the pyramid.*

5. Indefinite or vague location.

Los ratones corren **por el sótano.**	*The rats run through the cellar.*
Por aquí no hay nadie.	*There is nobody around here.*

Buscan al perro perdido **por todas partes.**   *They are looking everywhere for the lost dog.*
El tren pasa **por el túnel.**   *The train passes through the tunnel.*

6. To express on *account of, for the sake of, in behalf of.*

Muere **por su familia.**   *He dies for his family.*
Voy al fin del mundo **por Carmen.**   *I am going to the ends of the earth for Carmen.*

Ejercicios

A. Diga en español:

1. This engagement ring is for you.
2. He is young for his age.
3. The work is for tomorrow.
4. Leave it for next week.
5. Two times two are four.
6. They work in order to live.
7. I can buy the painting for $150.
8. Send the book by mail.
9. He is about to arrive.
10. We return by five o'clock.

B. Exprese en español:

1. In order to build a new house, we are going to ask for a mortgage.
2. The cake is for tomorrow, but for now, you may eat the cookies.
3. She is youthful for her age, but he is about to die.
4. I am doing this for you, not for him.
5. For someone so young, he is very intelligent.

[20–10] CONJUGACIÓN DEL VERBO «MORIR»

Yo **muero** mil veces.   I die a thousand times.
Tú **mueres** mil veces.   You die a thousand times.
Él, Ella **muere** mil veces.   He, She dies a thousand times.
Ud. **muere** mil veces.   You die a thousand times.

Nosotros (-as) **morimos** mil veces.   We die a thousand times.
Vosotros (-as) **morís** mil veces.   You die a thousand times.
Ellos, Ellas **mueren** mil veces.   They die a thousand times.
Uds. **mueren** mil veces.   You die a thousand times.

Ejercicio

Complete las oraciones empleando el verbo **morir** *y un objeto apropiado:*

1. Los soldados . . .
2. El paciente . . .
3. Las víctimas del fuego . . .
4. El asesino . . .
5. Yo . . .

[20-11] PRONUNCIACIÓN

Spanish **j**

Repita:

Don Juan	**Jalisco**	**Jerez**	**jota**	**Júpiter**
jade	**Jamaica**	**Jesús**	**Juanita**	**La Jolla**
jai alai	**Japón**	**jipijapa**	**juez**	**reloj**

Trabalenguas:

Jefes y jóvenes de Jipijapa se juntan para jarabe.

[20-12] DICHOS Y REFRANES

Para aprender, nunca es tarde.
It's never too late to learn.

[20-13] CARICATURA

El amor es . . .

ser capaz de darse
el uno al otro.

[20-14] EL MENÚ PARA HOY

Shrimp Cocktail	**Coctel de camarones**
Casserole of Lima Beans	**Habas verdes en cacerola**
Soft-shell Crabs	**Cangrejos en conchas**
Rice with Shellfish	**Arroz con mariscos**
Fig Newton	**Tarta de higos**
Claret Wine	**Vino clarete**

UNIT 21

La heladería y la dulcería[1]
The Ice Cream Parlor and Confectionery

[21-1] VOCABULARIO

Repita:

1. bubble gum   **(el) chicle de burbuja**
2. candy   **(el) dulce**
3. cherry   **(la) cereza**
4. chocolate   **(el) chocolate**

---

1. Also **la confitería.**

192

5. flavor	**(el) sabor**	13. lollipop	**(la) paleta**
6. fudge	**(el) dulce de chocolate y nueces**	14. malted milk	**(la) leche malteada**
		15. nut	**(la) nuez**
7. ice cream	**(el) helado**	16. pistachio	**(el) pistacho**
8. ice cream cone	**(el) barquillo de helado**	17. sherbet	**(el) sorbete**
9. ice cream soda	**(la) gaseosa con helado**[2]	18. strawberry	**(la) fresa**
10. lemon drop	**(la) pastilla de limón**	19. vanilla	**(la) vainilla**
11. lemonade	**(la) limonada**	20. whipped cream	**(la) crema batida**[3]
12. licorice	**(el) orozuz**		

[21-2] VERBOS

Repita:

1. to drink a Coca-Cola	**tomar una Coca-Cola**
2. to freeze the ice cream	**congelar el helado**
3. to like orangeade	**gustarle a uno la naranjada**
4. to melt (ice)	**derretir (el hielo)**
5. to pick out the candy with nuts	**escoger los dulces con nueces**
6. to pour seltzer water	**servir el agua de seltz**
7. to prefer pineapple sherbet	**preferir el sorbete de piña**
8. to send a box of caramels	**enviar una caja de caramelos**
9. to sip with a straw	**sorber con una pajita**
10. to taste the mints	**probar las mentas**

[21-3] MODELOS DE LENGUAJE

Repita:

1. Serve me . . .
   Serve me a chocolate ice cream.
   Serve me an ice cream soda.
   Serve me a malted milk.

   Sírvame . . .
   Sírvame un helado de chocolate.
   Sírvame una gaseosa con helado.
   Sírvame una leche malteada.

2. Is there more . . . ?
   Is there more pistachio ice cream?
   Is there more strawberry ice cream?
   Is there more vanilla ice cream?

   ¿Hay más . . . ?
   ¿Hay más helado de pistacho?
   ¿Hay más helado de fresas?
   ¿Hay más helado de vainilla?

---

2. Also **la soda.**   3. Also **la nata.**

3. Top it with . . .   Póngale . . .
   Top it with whipped cream.   Póngale crema batida.
   Top it with nuts.   Póngale nueces.
   Top it with a cherry.   Póngale una cereza.

4. Children like . . .   A los niños les gustan . . .
   Children like lollipops.   A los niños les gustan las paletas.
   Children like licorice.   A los niños les gusta el orozuz.
   Children like bubble gum.   A los niños les gusta el chicle de burbuja.

5. I think I'll have . . .   Creo que voy a tomar . . .
   I think I'll have a sherbet.   Creo que voy a tomar un sorbete.
   I think I'll have a shake.   Creo que voy a tomar una batida.
   I think I'll have a lemonade.   Creo que voy a tomar una limonada.

[21-4] DIÁLOGO

Cliente: —Quiero ver al dueño inmediatamente.
Empleado: —¿Qué *sucede*?   employee / is happening
Cliente: —Hay una *mosca* en mi helado.   fly
Empleado: —Y ¿para qué quiere ver al dueño?
Cliente: —¿Para qué? Pues para *quejarme*.   to complain
Empleado: —¡Para quejarse! Pero si no le *he cobrado* por la mosca.   have charged . . . for

[21-5] COMPRENSIÓN

1. ¿A quién pide ver el cliente?
2. ¿Por qué lo quiere ver?
3. ¿Qué actitud *toma* el empleado?   takes
4. ¿Qué contesta el empleado?
5. ¿Qué sabor de helado le gusta a Ud.?

[21-6] DESCRIPCIÓN DEL DIBUJO

1. ¿Dónde están los tres jóvenes?
2. ¿Qué toman?
3. ¿Cómo *se sienten*?   do they feel
4. ¿Qué sorbete prefiere Ud?

[21-7] ESTUDIO DE PALABRAS

Many English words with the prefix *dis* have Spanish cognates with the prefix *des*.

disappearance	**(la) desaparición**	disloyalty	**(la) deslealtad**
discovery	**(el) descubrimiento**	disobedience	**(la) desobediencia**
disdain	**(el) desdén**	disorder	**(el) desorden**
disillusionment	**(la) desilusión**	disproportion	**(la) desproporción**
disinterest	**(el) desinterés**	dishonor	**(la) deshonra**

Ejercicio

Use los adjetivos siguientes en oraciones españolas:

1. desventajoso	(disadvantageous)	4. descortés	(discourteous)
2. desagradable	(disagreeable)	5. desorganizado	(disorganized)
3. descorazonado	(discouraged)	6. desposeído	(dispossessed)

[21-8] EXPRESIONES ÚTILES

WORDS OF LOVE

boyfriend	**(el) novio**
bridal suite	**(la) cámara nupcial**
bride	**(la) novia**
card	**(la) tarjeta**
courtship	**(el) cortejo**
cruise	**(el) viaje por mar**
	(el) crucero
dance	**(el) baile**
date	**(la) cita**
dinner	**(la) cena**
embrace	**(el) abrazo**
engagement	**(el) compromiso**
engagement ring	**(el) anillo de compromiso**
fickle person	**(una) persona inconstante**
flirt	**(la) coqueta**
	(el) galanteador
flirtation	**(el) galanteo**
fraternity pin	**(el) broche de la fraternidad**

LAS PALABRAS DE AMOR

girl friend	**(la) novia**
groom	**(el) novio**
honeymoon	**(la) luna de miel**
kiss	**(el) beso**
love letter	**(la) carta de amor**
love sonnet	**(el) soneto de amor**
marriage	**(el) casamiento**
movies	**(el) cine**
park bench	**(el) banco de parque**
party	**(la) fiesta**
picture	**(la) foto**
sex appeal	**(la) atracción sexual**
telephone call	**(la) llamada telefónica**
theater	**(el) teatro**
wedding	**(la) boda**
wedding invitation	**(la) invitación de boda**
wedding ring	**(el) anillo de boda**

Ejercicio

Escoja la expresión apropiada:

1. la cámara nupcial
2. los bombones
3. los cocteles
4. el anillo de compromiso
5. el viaje por mar
6. la luna de miel
7. los sonetos de amor
8. el cine
9. la invitación de boda
10. la cena
11. las flores

a. las Cataratas del Niágara
b. el hotel
c. el océano
d. los dulces
e. el arroz con pollo
f. la tarjeta
g. el diamante
h. el ron
i. la poesía
j. John Wayne
k. el ramo de novias

[21-9] GRAMÁTICA ESENCIAL

A. RELATIVE PRONOUNS

The commonly used Spanish relative pronouns are listed below. The relative pronoun may not be omitted in Spanish as it often is in English.

que	(invariable) who, whom, which, that
quien(es)	who, whom, he who
el (la) que	that which, who, the one who
los (las) que	those, which, who, those who
lo que	(neuter) which, what
el (la) cual	which, who
los (las) cuales	which, who
lo cual	(neuter) which, that, what

1. The invariable **que** is the most common of the relative pronouns. It may be used as the subject or object and may refer to persons or things. After a preposition **que** refers only to things.

Te presento a Magdalena, Gloria e Isabel, **que** son mis primas.
I present to you Magdalen, Gloria, and Isabel, who are my cousins.

Saludos a tus vecinos **que** viven en la esquina.
Greetings to your neighbors that live on the corner.

La casa en **que** vives es cómoda.
The house in which you live is comfortable.

2. **Quienes** always refers to persons even after prepositions. As the object of a verb it is used with the personal "**a.**"

Mis alumnos, **quienes** son muy perezosos, van a sufrir un examen hoy.
My pupils, who are very lazy, are going to take an examination today.

Quien no se aventura, no pasa el mar.
He who doesn't adventure doesn't cross the sea. (Nothing ventured, nothing gained.)

No sé **a quién** vamos a visitar.
I don't know whom we are going to visit.

3. The definite articles are used with the relative **que** to avoid repetition of nouns.

Estos zapatos y **los que** están en la caja me quedan bien.
These shoes and those that are in the box fit me.

Voy a comprar las manzanas rojas y también **las que** todavía están verdes.
I am going to buy the red apples and also those that are still green.

The definite articles are also used with **que** to distinguish the gender and number of the antecedent, thus avoiding ambiguity in sentences that have two possible antecedents.

Va al baile con la hermana del francés, **la que** le interesa mucho.
He is going to the dance with the Frenchman's sister, who interests him a great deal.

El amigo de Patricia, **el que** está en Europa, regresa mañana.
Patricia's friend, who is in Europe, will return tomorrow.

El que may be used instead of **quien** to begin a sentence.

El que no se aventura, no pasa el mar.
He who doesn't adventure, doesn't cross the sea.

4. The definite articles are also used with **cual(es)** to refer to persons or things in order to avoid ambiguity in sentences that have two possible antecedents. These forms are not used to begin a Spanish sentence.

El hijo de Emilia, **el cual** trabaja en el almacén de ropa, está casado con mi hija.
Emily's son, who works in the department store, is married to my daughter.

5. **Lo que** and **lo cual** are the neuter relative pronouns. They refer to a statement or previously mentioned idea.

El aumento de salario es **lo que (lo cual)** me interesa.
The increase in salary is what interests me.

B. THE RELATIVE POSSESSIVE ADJECTIVE «CUYO»

Cuyo (-a, -os, -as) is the relative possessive adjective and agrees in gender and number with the thing possessed (usually the noun that immediately follows). Cuyo corresponds to the English *whose, of whom, of which.*

Esa chica, **cuyo** hermano es mi amigo, es muy linda.
That girl, whose brother is my friend, is very pretty.

Daniel, **cuya** madre es mi abuela, está en el hospital.
Daniel, whose mother is my grandmother, is in the hospital.

Esos helados en el mostrador, **cuyos** sabores son deliciosos, son muy caros.
Those ice creams on the counter, whose flavors are delicious, are very expensive.

Ejercicios

A. Diga en español:

1. The baker who works at night . . .
2. He who seeks . . .
3. To whom you write . . .
4. Frank, whose house is wooden . . .
5. Cherries, the fruit that you prefer . . .
6. The girl to whom you are speaking . . .
7. The doctor who is here . . .
8. Bernard's sister, who works there . . .

B. Exprese en español:

1. The teacher who comes from Argentina speaks English very well.
2. Those students who study a great deal are going to receive an A.
3. The father-in-law to whom you are writing is a very nice man.
4. Anthony, whose mother is in Italy, is going to visit Rome next year.
5. The sofa, which is more comfortable than the rocking chair, is very inexpensive.

[21-10] CONJUGACIÓN DEL VERBO «TRAER»

Yo **traigo** la leña.	I carry the wood.
Tú **traes** la leña.	You carry the wood.
Él, Ella **trae** la leña.	He, She carries the wood.
Ud. **trae** la leña.	You carry the wood.
Nosotros (-as) **traemos** la leña.	We carry the wood.
Vosotros (-as) **traéis** la leña.	You carry the wood.
Ellos, Ellas **traen** la leña.	They carry the wood.
Uds. **traen** la leña.	You carry the wood.

Ejercicio

Complete las oraciones:

1. El heladero siempre nos _____ helado.
2. ¡ _____ los libros a clase!
3. Mis padres _____ la comida a casa.
4. El carnicero me _____ carne fresca.
5. El bombero y yo _____ el perro herido al dueño.

[21-11] PRONUNCIACIÓN

Repita:

kilociclo	**kilómetro**	**kiosko**	**Kremlín**
kilogramo	**kimono**	**koala**	**kriptón**

Trabalenguas:

Ka se encuentra en kilo, kilómetro y kilogramo.

[21-12] DICHOS Y REFRANES

Quien busca, halla.
He who seeks, finds.

[21-13] CARICATURA

love is...

*. . . two straws in
the ice cream soda.*

Copyright 1971 LOS ANGELES TIMES

El amor es . . .

*dos pajillas
en la misma soda.*

[21–14] EL MENÚ PARA HOY

Mixed Nuts	**Nueces variadas**
Squid in Natural Juices	**Calamares en su tinta**
Savoy Cabbage	**Berza común**
Fried Mushrooms with Onions	**Setas fritas**[4] **con cebollas**
Avocado Salad	**Ensalada de aguacate**
Cherry Pie	**Pastel de cerezas**
Tequila	**Tequila**

---

4. Also **Champiñones fritos.**

UNIT 22

La joyería y la relojería
The Jewelry and Watch Shop

[22-1] VOCABULARIO

Repita:

1. amethyst   **(la) amatista**
2. aquamarine   **(la) aguamarina**
3. brooch   **(el) broche**
4. cameo   **(el) camafeo**
5. charm bracelet **(el) brazalete de dijes**
6. diamond   **(el) diamante**

7. earring	(el) arete, (el) pendiente	14. sapphire	(el) zafiro
8. engagement ring	(el) anillo de compromiso	15. setting	(la) montadura
9. 14 kt. gold	(el) oro de catorce quilates	16. silver	(la) plata
		17. topaz	(el) topacio
10. jade	(el) jade	18. watch band	(la) pulsera de reloj
11. opal	(el) ópalo	19. wedding ring	(el) anillo de boda
12. platinum	(el) platino	20. wrist watch	(el) reloj de pulsera
13. ruby	(el) rubí		

[22-2] VERBOS

Repita:

1. to appraise the diamonds	valorar los diamantes
2. to break the crystal of the watch	romper el cristal del reloj
3. to clean the wrist watch	limpiar el reloj de pulsera
4. to give an engagement ring	regalar un anillo de compromiso
5. to insure the jewels	asegurar las joyas
6. to like the cameo	gustarle a uno el camafeo
7. to look at costume jewelry	mirar las joyas de fantasía
8. to place the wedding ring on her finger	poner el anillo de boda en su dedo
9. to repair the necklace	reparar el collar
10. to want a gold bracelet	querer un brazalete de oro

[22-3] MODELOS DE LENGUAJE

Repita:

1. I hate . . .
   I hate charm bracelets.
   I hate earrings.
   I hate brooches.

   Odio . . .
   Odio los brazaletes de dijes.
   Odio los aretes.
   Odio los pasadores.

2. Don't you know . . .
   Don't you know a sapphire is blue?
   Don't you know a ruby is red?
   Don't you know jade is green?

   ¿No sabe Ud. . . .?
   ¿No sabe Ud. que un zafiro es azul?
   ¿No sabe Ud. que un rubí es rojo?
   ¿No sabe Ud. que el jade es verde?

3. She is happy with her . . .
   She is happy with her engagement ring.
   She is happy with her wrist watch.
   She is happy with her cameo.

   Ella está contenta con su . . .
   Ella está contenta con su anillo de compromiso.
   Ella está contenta con su reloj de pulsera.
   Ella está contenta con su camafeo.

4. I want to set . . . in this ring.   Quiero montar . . . en este anillo.
   I want to set a topaz in this ring.   Quiero montar un topacio en este anillo.
   I want to set an amethyst in this ring.   Quiero montar una amatista en este anillo.
   I want to set an aquamarine in this ring. Quiero montar una aguamarina en este anillo.

5. May I exchange . . .?   ¿Puedo cambiar . . .?
   May I exchange the wedding ring?   ¿Puedo cambiar el anillo de boda?
   May I exchange the watch band?   ¿Puedo cambiar la pulsera de reloj?
   May I exchange the platinum ring?   ¿Puedo cambiar el anillo de platino?

[22-4] DIÁLOGO

Hombre:	—Acabo de darle una pulsera de oro a mi esposa	
	por ser el día de nuestro aniversario.	because it is
Invitado:	—Ella *debe de ser* una mujer fantástica.	guest / must be
	Seguro que cocina muy bien.	I'm sure that
Hombre:	—No, todo lo contrario. Es muy mala *cocinera*.	cook
Invitado:	—Yo personalmente prefiero *besar* a mi mujer *en vez de* comer.	to kiss / instead of
Hombre:	—¿A qué *se debe eso*? ¿Es ella muy atractiva?	is that owed
Invitado:	—No, todo lo *opuesto*; porque ella también es mala cocinera.	opposite

[22-5] COMPRENSIÓN

1. ¿Qué acaba de darle a la esposa el hombre?
2. ¿Cuándo le da el señor la pulsera de oro a su esposa?
3. ¿Qué dice el invitado?
4. ¿*Qué tal* cocina la esposa del hombre?   how
5. ¿Sabe Ud. cocinar?

[22-6] DESCRIPCIÓN DEL DIBUJO

1. ¿Es bonita o fea la señorita?
2. ¿Qué quiere comprar ella?
3. Identifique cinco joyas que el relojero tiene de venta.
4. ¿Cómo es el precio del oro en el mercado de hoy?

[22-7] ESTUDIO DE PALABRAS

Many English words with a double consonant have Spanish cognates with a single consonant.

appetite	**(el) apetito**	massage	**(el) masaje**
battery	**(la) batería**	necessary	**necesario**
centennial	**(el) centenario**	occupation	**(la) ocupación**
commission	**(la) comisión**	offensive	**(la) ofensiva**
different	**diferente**	passive	**pasivo**
fission	**(la) fisión**	possible	**posible**
grippe	**(la) gripe**	rebellion	**(la) rebelión**
Hellenic	**helénico**	symmetry	**(la) simetría**
lottery	**(la) lotería**	tennis	**(el) tenis**

Ejercicio

Complete las oraciones utilizando las palabras siguientes:

la acomodación	accomodation	**inteligente**	intelligent
la asociación	association	**el misionero**	missionary
la atención	attention	**la oferta**	offer
la batalla	battle	**el pudín**	pudding
la hamaca	hammock	**la sílaba**	syllable

1. _____ de los estudiantes
2. _____ de Waterloo
3. la religiosidad del _____
4. _____ del marinero
5. _____ en el hotel
6. las ideas de las personas _____
7. el sabor del _____
8. la pronunciación de _____
9. _____ del cliente

[22-8] EXPRESIONES ÚTILES

A. THE SIGNS OF THE ZODIAC   LOS SIGNOS DEL ZODÍACO

Aries	Regido por Marte	Nacidos del 21 de marzo al 20 de abril.
Tauro	Regido por Venus	Nacidos del 21 de abril al 21 de mayo.
Géminis	Regido por Mercurio	Nacidos del 22 de mayo al 21 de junio.
Cáncer	Regido por la Luna	Nacidos del 22 de junio al 22 de julio.
Leo	Regido por el Sol	Nacidos del 23 de julio al 22 de agosto.
Virgo	Regido por Mercurio	Nacidos del 23 de agosto al 22 de septiembre.
Libra	Regido por Venus	Nacidos del 23 de septiembre al 22 de octubre.
Escorpio	Regido por Plutón	Nacidos del 23 de octubre al 22 de noviembre.
Sagitario	Regido por Júpiter	Nacidos del 23 de noviembre al 21 de diciembre.
Capricornio	Regido por Saturno	Nacidos del 22 de diciembre al 20 de enero.
Acuario	Regido por Urano	Nacidos del 21 de enero al 19 de febrero.
Piscis	Regido por Marte	Nacidos del 20 de febrero al 20 de marzo.

Ejercicio

Escriba los signos del zodíaco de las siguientes fechas:

1. December 3
2. September 2
3. May 19

4. January 7
5. July 24

B. WEDDING ANNIVERSARY GIFTS

un año
dos años
tres años
cuatro años
cinco años
seis años
siete años
ocho años
nueve años
diez años
once años
doce años
trece años
catorce años
quince años
veinte años
veinticinco años
treinta años
treinta y cinco años
cuarenta años
cuarenta y cinco años
cincuenta años
cincuenta y cinco años
setenta y cinco años

LOS REGALOS DEL ANIVERSARIO DE BODA

(el) papel	paper
(el) algodón	cotton
(el) cuero	leather
(las) frutas, (las) flores	fruits, flowers
(la) madera	wood
(el) azúcar, (los) bombones	sugar, candy
(la) lana, (el) cobre	wool, copper
(el) bronce, (la) alfarería	bronze, pottery
(el) sauce	willow
(el) estaño	tin
(el) acero	steel
(la) seda, (el) lino	silk, linen
(el) lino	linen
(el) marfil	ivory
(el) cristal	crystal
(la) porcelana	china
(la) plata	silver
(la) perla	pearl
(los) corales	coral
(el) rubí	ruby
(el) zafiro	sapphire
(el) oro	gold
(la) esmeralda	emerald
(el) diamante	diamond

Ejercicio

Escoja un regalo apropiado para el aniversario de:

1. un año _____
2. cinco años _____
3. diez años _____

4. veinticinco años _____
5. cincuenta años _____

[22-9] GRAMÁTICA ESENCIAL

A. INTERROGATIVE PRONOUNS

1. The forms of the interrogative pronouns are the same as those of the relative pronouns, with the addition of an accent mark and without the definite articles before **que** and **cual**.

¿Qué . . .?	¿**Qué** compras en la tienda?	*What are you buying in the store?*
¿Cuál . . .?	¿**Cuál** de los perros es tuyo?	*Which of the dogs is yours?*
¿Cuáles . . .?	¿**Cuáles** paquetes son tuyos?	*Which packages are yours?*
¿Quién . . .?	¿**Quién** se atreve a comer ese plato?	*Who dares to eat that dish?*
¿Quiénes . . .?	¿**Quiénes** son esos muchachos?	*Who are those boys?*
¿Cuánto (-a, -os, -as) . . .?	¿**Cuántos** van a la playa?	*How many are going to the beach?*

2. Question marks are not used in indirect questions, but the accent is still required on the interrogative pronoun.

Dígame **qué** va a comprar en la tienda.　　　*Tell me what you are going to buy in the store.*

B. EXCLAMATORY PRONOUNS

Exclamatory pronouns employ the same forms as the interrogative pronouns. Exclamation points precede and follow the sentence instead of question marks to indicate surprise, doubt, or some other strong emotion.

1.　¡Qué . . .!　　　　　　　　　　*What a . . .! How . . .!*
　　¡**Qué** hombre tan guapo!　　　*What a handsome man!*
　　¡**Qué** mujer más linda!　　　 *What a beautiful woman!*
　　¡**Qué** vista!　　　　　　　　 *What a view!*
　　¡**Qué** bueno!　　　　　　　　*How good!*
　　¡**Qué** bien!　　　　　　　　 *How well!*

When **qué** is used with a noun modified by an adjective, **tan** or **más** is included in the expression.

2.　¡Cuánto (-a, -os, -as) . . .!　　*How much . . .! How many . . .!*
　　¡**Cuánta** gente!　　　　　　 *How many people!*
　　¡**Cuántos** vienen!　　　　　 *How many are coming!*
　　¡**Cuánto** tengo!　　　　　　 *How much I have!*

C. INTERJECTIONS

1. Interjections commonly used in conversation

¡**Abajo**!	Down with . . .!	¡**Alerta**!	Keep alert!
¡**Adelante**!	Straight ahead!	¡**Alto**!	Halt!

¡Anda!	Go on!	¡Hombre!	Man!
¡Ay!	Ouch!	¡Huy!	Phew!
¡Bobo!	Fool!	¡Ja, ja!	Ha, ha!
¡Caballero!	Sir!	¡Mire! (-a)	Look!
¡Caramba!	Heck!	¡Muera . . .!	Death to . . .!
¡Cáspita!	Can you imagine!	¡Oiga! (¡Oye!)	Listen!
¡Claro!	Of course!	¡Ojo!	Attention!
¡Cuidado!	Be careful!	¡Olé!	Bravo!, Encore!
¡Chas!	Oops!, Boom!	¡Quita!	Stop!
¡Chist!	Sh-sh!, Be quiet!	¡Señor!	My dear fellow!
¡Diantre!	The deuce!	¡Silencio!	Silence!
¡Diga!	Tell me!	¡Socorro!	Help!
¡Ea!	Come!	¡Upa!	Upsy daisy! (to lift)
¡Eh!	Hey!	¡Vamos!	Come on!
¡Fuego!	Fire!	¡Vaya!	Of course!, Indeed!
¡Fuera!	Out!	¡Viva . . .!	Long live . . .!
¡Hola!	Hello!	¡Ya!	I see!, Indeed!

2. Interjections used with animals

¡arre!	giddap!	¡mis, mis!	puss, puss!
¡bee!, bah!	bah! (lamb or goat)	¡mu-u!	moo!
¡firme!	steady!	¡quiquiriquí	cock-a-doodle-do!
¡guau, guau!	bow wow!	¡so!	whoa!
¡miau!	meow!	¡zape!	scat!

3. Divine interjections

Divine interjections are commonly used in Spanish with no blasphemous intent. A literal translation does not convey a precise meaning of these words.

¡Ave María!	¡Jesús!	¡Cielos!
¡Ave María Purísima!	¡Virgen santísima!	¡Válgame Dios!
¡Cristo!	¡Dios!	¡Jesucristo!

4. Any combination of words in Spanish that expresses exhortation, surprise, disgust, fear, joy, sorrow, desire, anger, or other intense personal emotion that is spontaneously expressed is considered an exclamatory construction.

¡Salga de ahí ahora mismo!	Get out of there right now!
¡Pobre hombre!	Poor man!
¡Castañas!, ¡Maní!	Chestnuts!, Peanuts!
¡Piña deliciosa! ¡A la buena piña!	Delicious pineapple! Come get your pineapple!
¡Me alegra verte!	I'm happy to see you!

Ejercicios

A. Diga en español:

1. What is this?
2. Whom do you pay?
3. Who are the tourists?
4. How many persons are here?
5. How sweet it is!

6. Silence, please!
7. Be careful, fool!
8. Help!
9. Gosh! What a stupid man!
10. Long live the Queen!

B. Exprese en español:

1. Which of the two students is your girl friend? That one. Man! What a doll!
2. How many of that group are going to college?
3. I don't know how many are going to the ice cream parlor.
4. Children! Stop! Don't go near the fire! Pfft!
5. Heavens! Another D in Spanish. The deuce with it!
6. Ouch! These chairs are not comfortable. I should say not!

[22-10] CONJUGACIÓN DEL VERBO «SALIR»

Yo **salgo** a las ocho.
Tú **sales** a las ocho.
Él, Ella **sale** a las ocho.
Ud. **sale** a las ocho.

Nosotros **salimos** a las ocho.
Vosotros **salís** a las ocho.
Ellos, Ellas **salen** a las ocho.
Uds. **salen** a las ocho.

I leave at eight o'clock.
You leave at eight o'clock.
He, She leaves at eight o'clock.
You leave at eight o'clock.

We leave at eight o'clock.
You leave at eight o'clock.
They leave at eight o'clock.
You leave at eight o'clock.

Ejercicio

Forme oraciones con los sujetos indicados y la forma apropiada del verbo **salir:**

1. salir ahora (Juan y yo, el relojero)
2. salir temprano (nosotros, los mecánicos)
3. salir a las cinco (Ud., el empleado)

4. salir con tu padre (tú, yo)
5. salir antes de comer (ellos, los bomberos)

[22-11] PRONUNCIACIÓN

Spanish l

Repita:

labor	latín	legal	león	lintel
Las Vegas	laurel	legión	liberal	local
Lana	lava	Leningrado	limbo	loco

Trabalenguas:

Lupe y Lola lavan el linóleo.

[22-12] DICHOS Y REFRANES

No es señor el que lo es, sino el que lo sabe ser.
He is not a gentleman who is one, but who knows how to be one.

[22-13] CARICATURA

love is...

...when a life-time doesn't seem enough.

Copyright 1971 LOS ANGELES TIMES

El amor es . . .

cuando toda una vida
no es suficiente
para quererse.

[22-14] EL MENÚ PARA HOY

Ham and Sausage Soup	**Sopa de jamón y chorizo**
Roast Young Goat	**Cabrito al horno**
Stuffed Cabbage	**Repollo relleno**
Spanish Omelet	**Tortilla española**
Bananas with Cream	**Plátanos con crema**
Pineapple and Coconut Drink	**Piña colada**

UNIT 23

La tienda de ropa femenina
The Ladies' Clothing Store

[23-1] VOCABULARIO

Repita:

1. bathing suit	**(el) traje de baño**	6. evening gown	**(el) traje de noche**
2. blouse	**(la) blusa**	7. footwear	**(el) calzado**
3. bra	**(el) sostén**	8. girdle	**(la) faja**
4. coat	**(el) abrigo**[1]	9. gloves	**(los) guantes**
5. dress	**(el) vestido**	10. half slip	**(la) enagua**

1. Also **el sobretodo.**

11.	nightgown	**(el) camisón**	16. slacks	**(los) pantalones**
12.	pajamas	**(el) pijama**	17. slip	**(la) combinación**
13.	panties	**(las) bragas**	18. stockings	**(las) medias**
14.	raincoat	**(el) impermeable**	19. sweater	**(el) jersey**[2]
15.	skirt	**(la) falda**	20. umbrella	**(el) paraguas**

[23-2] VERBOS

Repita:

1.	to ask for stockings	**pedir medias**
2.	to exchange the bathrobe	**cambiar la bata**
3.	to hem the dress	**hacer el dobladillo del vestido**
4.	to like the pocketbook	**gustarle a una la cartera**
5.	to look at the hat in the mirror	**mirar el sombrero en el espejo**
6.	to look for a bra	**buscar un sostén**
7.	to pick out an evening gown from the rack	**escoger un traje de noche del perchero**
8.	to return the pajamas	**devolver el pijama**
9.	to sew the skirt	**coser la falda**
10.	to try on the slip	**probarse la enagua**

[23-3] MODELOS DE LENGUAJE

Repita:

1. Do you have woolen . . .?
   Do you have woolen skirts?
   Do you have a woolen sweater?
   Do you have woolen gloves?

   ¿Tiene Ud. . . . de lana?
   ¿Tiene Ud. faldas de lana?
   ¿Tiene Ud. un jersey de lana?
   ¿Tiene Ud. guantes de lana?

2. Would you show me nylon . . .?
   Would you show me a nylon nightgown?
   Would you show me nylon stockings?
   Would you show me nylon panties?

   ¿Pudiera mostrarme . . . de nilón?
   ¿Pudiera mostrarme un camisón de nilón?
   ¿Pudiera mostrarme medias de nilón?
   ¿Pudiera mostrarme bragas de nilón?

3. Is it a cotton . . .?
   Is it a cotton blouse?
   Is it a cotton dress?

   ¿Es . . . de algodón?
   ¿Es una blusa de algodón?
   ¿Es un vestido de algodón?

---

2. Also **el suéter.**

4. I'll buy these silk . . .   Compro estos . . . de seda.
   I'll buy these silk half slips.   Compro estas enaguas de seda.
   I'll buy these silk evening gowns.   Compro estos trajes de noche de seda.
   I'll buy these silk dresses.   Compro estos vestidos de seda.

5. Do you have . . . in my size?   ¿Tiene . . . en mi talla?
   Do you have a girdle in my size?   ¿Tiene una faja en mi talla?
   Do you have an evening gown in my size?   ¿Tiene un traje de noche en mi talla?

6. I don't see any . . . in my size.   No veo ningún . . . en mi talla.
   I don't see any coat in my size.   No veo ningún abrigo en mi talla.
   I don't see any raincoat in my size.   No veo ningún impermeable en mi talla.

[23-4] DIÁLOGO

Esposa: —¿Te gusta mi vestido nuevo?
Esposo: —Sí, *me parece* muy elegante. *Te hace lucir* mucho   looks to me / it makes you look
         más joven.
Esposa: —Gracias, *cariño.* Me lo voy a poner la próxima vez   dear
         que *vayamos* al teatro.   we go
Esposo: —¡Qué coincidencia! Acabo de comprar dos
         entradas para el teatro.   tickets
Esposa: —¡Oh, qué fantástico! Voy a empezar a
         vestirme.   to get dressed
Esposo: —Buena idea. Las entradas son para mañana por la
         noche.

[23-5] COMPRENSIÓN

1. ¿Qué acaba de comprar la esposa?
2. ¿Le gusta al marido el vestido?
3. ¿Cuándo piensa ella ponérselo?
4. ¿Por qué piensa el esposo que es buena idea vestirse con un día de anticipación?
5. ¿Le gusta a Ud. el teatro? ¿Por qué?

[23-6] DESCRIPCIÓN DEL DIBUJO

1. ¿Qué hace la señora?
2. Describa Ud. el vestido que ella tiene en la mano.
3. ¿Dónde están los otros vestidos?
4. ¿Por qué sufren los hombres cuando acompañan a sus esposas en las compras de ropa femenina?

[23-7] ESTUDIO DE PALABRAS

The *o*, *oo*, or *ou* in many English words are often the equivalents of **u** or **ue** in Spanish cognates.

accord	(el) acuerdo	discovery	(el) descubrimiento
account	(la) cuenta	discourse	(el) discurso
announcer	(el) anunciador	force	(la) fuerza
censorship	(la) censura	knot	(el) nudo
cross	(la) cruz	post	(el) puesto
custom	(la) costumbre	secondary school	(la) escuela secundaria
discount	(el) descuento	South America	(la) Suramérica (Sudamérica)

Ejercicio

Use en una oración:

1. la blusa de seda
2. una idea común
3. el descubridor hispánico
4. la fuente
5. el mes de octubre
6. uno por uno
7. el champú

[23-8] EXPRESIONES ÚTILES

A. WORDS TO DESCRIBE A WOMAN

PALABRAS PARA DESCRIBIR A UNA MUJER

artistic	**artística**	modest	**modesta**
beautiful	**hermosa**	naked	**desnuda**
busy	**ocupada**	nervous	**nerviosa**
cheerful	**alegre**	passionate	**apasionada**
clean	**limpia**	peaceful	**tranquila**
coquettish	**coqueta**	proud	**orgullosa**
divorced	**divorciada**	religious	**religiosa**
frivolous	**frívola**	sinful	**pecadora**
frugal	**frugal**	sociable	**sociable**
humble	**humilde**	stunning	**elegante**
immature	**inmatura**	suspicious	**sospechosa**
inhibited	**inhibida**	understanding	**comprensiva**
intelligent	**inteligente**	virtuous	**virtuosa**
kind	**benévola**	wicked	**maliciosa**
loyal	**leal**	willing	**complaciente**
marvellous	**maravillosa**	witty	**chistosa, aguda**
melodramatic	**melodramática**	youthful	**juvenil**

Ejercicio

Dé un adjetivo apropiado para describir a los siguientes personajes femeninos:

1. Lucille Ball
2. Pearl Bailey
3. Madame Curie
4. Doris Day
5. Angie Dickenson
6. Phyllis Diller
7. Jane Fonda
8. Helen Hayes
9. Joan of Arc
10. Helen Keller
11. Gypsy Rose Lee
12. Golda Meir
13. Ethel Merman
14. Jacqueline Kennedy Onassis
15. Elizabeth Taylor
16. Raquel Welch

B. CORRESPONDING MALE AND FEMALE NAMES

LOS CORRESPONDIENTES NOMBRES MASCULINO Y FEMENINO

Adolfo	Adolfa (o Adolfina)	José	Josefa (o Josefina)
Alberto	Alberta (o Albertina)	Juan	Juana, Juanita
Andrés	Andrea	Laurencio	Laurencia
Ángel	Ángela (o Angelina)	León	Leona
Antonio	Antonia	Miguel	Micaela
Carlos	Carlota	Pablo	Paula (o Paulina)
Clemente	Clementa (o Clementina)	Ramón	Ramona
Cristóbal	Cristina (o Cristobalina)	Roberto	Roberta
Felipe	Felipa	Rogelio	Rogelia
Florencio	Florencia	Tomás	Tomasa (o Tomasina)
Guillermo	Guillermina	Vicente	Vicentina
Gabriel	Gabriela	Víctor	Victoria (o Victorina)

Ejercicio

Exprese en español el femenino de los siguientes nombres masculinos:

1. Claudio
2. Ernesto
3. Félix
4. Gerardo
5. Enrique
6. Julio
7. Luis
8. Patricio

C. TYPICAL SPANISH NAMES FOR WOMEN

TÍPICOS NOMBRES ESPAÑOLES DE LAS MUJERES

Amalia	Daniela	Justina	Pensativa
Asunción	Dominga	Luz	Pilar
Candelaria	Esmeralda	Maricarmen	Providencia
Caridad	Esperanza	Mariela	Valentina
Casilda	Eulalia	Nicola	Zenobia
Consuelo	Isidora	Nina	

D. NICKNAMES FOR WOMEN

Adela	Chela	María Teresa	Marité
Concepción	Concha	María	Maruja, Maruca,
Dolores	Lola, Lolita		Mariquita, Marisol
Gertrudis	Tula, Tulita	Soledad	Solita
Guadalupe	Lupe	Mercedes	Cheché
Magdalena	Magda	Guillermina	Mina

APODOS DE LAS MUJERES

[23-9] GRAMÁTICA ESENCIAL

A. INFINITIVES

1. Infinitives may be used as subjects or objects and may directly follow conjugated verbs when there is no change in subject.

Vivir bien es agradable.	*To live well is pleasant.*
Quiero **regresar** a casa.	*I want to return home.*
Los turistas deciden **ir** a Roma.	*The tourists decide to go to Rome.*
¡Esto sí es **vivir**!	*This is really living!*

2. The infinitive is employed as the object of prepositions.

Necesitamos comer para **vivir**.
One must eat in order to live.

Después de **satisfacer** las deudas, nunca jamás voy a **trabajar**.
After I satisfy my debts, I am never going to work again.

3. **Al** plus an infinitive expresses the English *on, when, upon* plus a verb.

Al entrar se sienta a la mesa.
On entering he sits at the table.

Al terminar el curso vas a recibir un automóvil.
When you finish the course you are going to receive an automobile.

4. In Spanish, the infinitive preceded by the definite article **el** is used as a verbal noun. The present participle is used as a verbal noun in English.

El nadar es mi deporte favorito.   *Swimming is my favorite sport.*

5. The infinitive preceded by **a** is often used as a command.

¡**A trabajar**, compadre!	*Get to work, friend!*
¡**A nadar**!	*Let's go swimming!*

B. INFINITIVES USED WITH PREPOSITIONS

The prepositions most often used with infinitives are **con, a, de,** and **en.**

1. **Con** is commonly used with the following verbs:

bastar con	to be enough	**contentarse con**	to be content with
contar con	to count on	**soñar con**	to dream of
casarse con	to marry	**tropezar con**	to stumble on, run into
comprometerse con	to become engaged to		

Basta con eso.   *Enough of that.*
Yo **cuento con** tu amistad.   *I'm counting on your friendship.*

2. **A** is commonly used with the following verbs:

acertar a	to succed in	**incitar a**	to incite
acostumbrarse a	to accustom oneself to	**invitar a**	to invite
aprender a	to learn to	**ir a**	to go to
apresurarse a	to be in a hurry to	**llegar a**	to arrive at
asistir a	to attend	**negarse a**	to deny oneself
asomarse a	to lean out of	**obligarse a**	to oblige oneself to
atreverse a	to dare to	**oponerse a**	to oppose
ayudar a	to help	**parecerse a**	to resemble
comenzar a	to begin	**persuadir a**	to persuade
decidirse a	to decide on	**prestarse a**	to lend oneself
disponerse a	to be disposed to	**renunciar a**	to renounce
empezar a	to begin to	**resignarse a**	to resign oneself to
enseñar a	to teach to		

Se atreve a subir esa montaña.   *He dares to climb that mountain.*
Ella **renuncia a** las tentaciones del diablo.   *She renounces the temptations of the devil.*

3. **De** is commonly used with the following verbs:

acabar de + inf.	to have just + inf.	**cesar de**	to cease
acordarse de	to remember	**despedirse de**	to take leave of
alegrarse de	to be happy with	**disfrutar de**	to enjoy
alejarse de	to move away from	**enamorarse de**	to fall in love with
arrepentirse de	to repent	**encargarse de**	to take charge of
asombrarse de	to be surprised	**enterarse de**	to find out about
burlarse de	to make fun of	**equivocarse de**	to be mistaken (wrong) in
cansarse de	to be tired of		
carecer de	to lack	**extrañarse de**	to be surprised at

gozar de	to enjoy	**quejarse de**	to complain
olvidarse de	to forget	**tratar de**	to try to

El presidente **se burla del** incidente.   *The president makes fun of the incident.*
El paciente **trata de** caminar.   *The patient tries to walk.*

4. **En** is commonly used with the following verbs:

acordar en	to reach an accord about	**molestarse en**	to be bothered with
confiar en	to confide in	**ocuparse en**	to busy oneself in
consentir en	to consent to	**pensar en**	to think of
convenir en	to agree to	**persistir en**	to persist in
empeñarse en	to persist in	**quedarse en**	to remain in
entrar en	to enter into	**tardar en**	to be late in
fijarse en	to pay attention to	**vacilar en**	to vacilate in
insistir en	to insist on		

Insiste Benjamín **en** pagar la cuenta.   *Benjamin insists on paying the bill.*
Nunca **confía** Alicia **en** su madre.   *Alice never confides in her mother*

Ejercicios

A. Diga en español:

1. to eat well
2. I like to eat spinach.
3. He wants to see you.
4. We decide to go.
5. on entering the building
6. after starting the work
7. when I decided to invite you
8. Getting married is a good idea.
9. My grandfather likes to tell stories.
10. Enjoy life!

B. Exprese en español:

1. Enough of that language.
2. I want to marry María.
3. I'm surprised at him.
4. He is opposed to that question.
5. We bump into the teacher every day.
6. I have just done my work.
7. You are wrong in that idea.
8. Pay attention to the lesson, and don't make fun of him.
9. She resembles her daughter.
10. He insists on reading that romantic novel about the old lady who marries her gardener.
11. We repent being wrong in our actions.
12. You are late in arriving and you remain in the office for only half a day.

[23-10] CONJUGACIÓN DEL VERBO «CABER»

Yo **quepo** en el ascensor.	I fit in the elevator.
Tú **cabes** en el ascensor.	You fit in the elevator.
Él, Ella **cabe** en el ascensor.	He, She fits in the elevator.
Ud. **cabe** en el ascensor.	You fit in the elevator.
Nosotros (-as) **cabemos** en el ascensor.	We fit in the elevator.
Vosotros (-as) **cabéis** en el ascensor.	You fit in the elevator.
Ellos, Ellas **caben** en el ascensor.	They fit in the elevator.
Uds. **caben** en el ascensor.	You fit in the elevator

Ejercicio

Exprese en español:

1. I fit in the elevator.
2. The dress fits in the box.
3. The fat lady does not fit in the chair.

4. We cannot fit in that bus.
5. George and I fit well in the small car.

[23-11] PRONUNCIACIÓN

Spanish **ll**

Repita:

Amarillo	**Callao**	**cordillera**	**llano**	**olla**
armadillo	**chinchilla**	**Guillermo**	**Mallorca**	**Pancho Villa**
caballero	**collar**	**llama**	**mantequilla**	**Sevilla**

Trabalenguas:

Llaneros llorosos llaman las llamas del llano.

[23-12] DICHOS Y REFRANES

Ver es creer.
Seeing is believing.

[23-13] CARICATURA

El amor es . . .

no permitirle salir
con una microminifalda.

[23-14] EL MENÚ PARA HOY

Potato Soup	**Sopa de patata**
Veal Cutlet a la Milanesa	**Filete de ternera a la milanesa**
Red Cabbage	**Repollo morado**
Brussels Sprouts	**Col de Bruselas**
Apple Turnover	**Empanada de manzana**
Instant Coffee	**Café instantáneo**

UNIT 24

La oficina del abogado y la corte
The Law Office and the Court

[24–1] VOCABULARIO

Repita:

1. affidavit	**(la) declaración jurada**	3. contract	**(el) contrato**
2. appeal	**(la) apelación**	4. court	**(la) corte**[1]

1. Also **el juzgado**.

5. defendant	**(el) acusado**	13. justice	**(la) justicia**
6. divorce	**(el) divorcio**	14. law	**(la) ley**
7. evidence	**(la) evidencia**[2]	15. perjury	**(el) perjurio**
8. Family Court	**(la) Corte de Familia**[3]	16. plaintiff	**(el) demandante**
9. (the) guilty one	**(el, la) culpable**	17. sentence	**(la) sentencia**
10. (the) innocent one	**(el, la) inocente**	18. subpoena	**(la) citación**
11. judge	**(el) juez**	19. Supreme Court	**(la) Corte Suprema**[4]
12. jury	**(el) jurado**	20. witness	**(el) testigo**

[24-2] VERBOS

Repita:

1. to address the jury	**dirigir la palabra al jurado**
2. to answer the allegations	**contestar las alegaciones**
3. to appear in court	**presentarse en la corte**
4. to defend the accused	**defender al acusado**
5. to get a divorce	**obtener un divorcio**
6. to make out a will	**hacer testamento**
7. to plead guilty	**declararse culpable**
8. to prosecute the case	**proseguir el juicio**
9. to represent the client	**representar al cliente**
10. to swear in the witness	**tomar el juramento del testigo**

[24-3] MODELOS DE LENGUAJE

Repita:

1. . . . appears in court.	**. . . se presenta en la corte.**
The defendant appears in court.	**El acusado se presenta en la corte.**
The plaintiff appears in court.	**El demandante se presenta en la corte.**
The witness appears in court.	**El testigo se presenta en la corte.**
2. . . . signs the appeal.	**. . . firma la apelación.**
The judge signs the appeal.	**El juez firma la apelación.**
The Judge of the Supreme Court signs the appeal.	**El Juez de la Corte Suprema firma la apelación.**
The Judge of the Criminal Court signs the appeal.	**El Juez del Juzgado Criminal**[5] **firma la apelación.**

---

2. proof **la prueba.**   3. Non-existent in Spanish-speaking countries.   4. Better known in some Spanish-speaking countries as **el Tribunal Supremo de Justicia.**   5. Also **el Juzgado de Primera Instancia.**

3. The lawyer represents him . . .   El abogado lo representa . . .
   The lawyer represents him in a divorce case.   El abogado lo representa en un caso de divorcio.
   The lawyer represents him in a contract case.   El abogado lo representa en un caso de contrato.

   The lawyer represents him in a perjury case.   El abogado lo representa en un caso de perjurio.

4. The jury hears . . .   El jurado escucha . . .
   The jury hears the law.   El jurado escucha la ley.
   The jury hears the evidence.   El jurado escucha la evidencia.
   The jury hears the reading of the affidavit.   El jurado escucha la lectura de la declaración jurada.

5. The judge hears the . . .   El juez escucha al . . .
   The judge hears the witness.   El juez escucha al testigo.
   The judge hears the defendant.   El juez escucha al acusado.
   The judge hears the plaintiff.   El juez escucha al demandante.

[24–4] DIÁLOGO

Abogado: —¿En qué puedo servirlo?
Campesino: —Necesito hacerle una *consulta*.   consultation
Abogado: —Encantado. Estoy a sus órdenes.
            ¿De qué *se trata*?   is it about
Campesino: —Pues . . . Hay un señor que me *debe* dinero, y cada   owes
            vez que le pido el dinero *me manda al diablo*.   he sends me to the devil
Abogado: —¿Y usted qué hace?
Campesino: —Vengo *en seguida* a verlo a Ud.   immediately

[24–5] COMPRENSIÓN

1. ¿Para qué quiere el campesino ver al abogado?
2. ¿Qué le deben al campesino?
3. Cuando pide su dinero, ¿qué le dice el señor?
4. ¿Qué hace él entonces?
5. ¿Conoce Ud.[6] algún abogado?

---

6. The personal a is generally not used when the direct object is an indefinite person.

[24-6] DESCRIPCIÓN DEL DIBUJO

1. ¿Quién habla al juez?
2. ¿Qué hace el juez?

3. ¿Qué hace el criminal?
4. ¿Por qué es necesario ir a la corte?

[24-7] ESTUDIO DE PALABRAS

Many English words that end in -or have Spanish cognates that also end in -or.

ambassador	**(el) embajador**	inventor	**(el) inventor**
candor	**(el) candor**	investigator	**(el) investigador**
conductor	**(el) conductor**	liberator	**(el) libertador**
dictator	**(el) dictador**	major	**(el) mayor**
exterior	**(el) exterior**	minor	**(el) menor**
governor	**(el) gobernador**	perpetrator	**(el) perpetrador**
interior	**(el) interior**	senator	**(el) senador**

Ejercicio

Complete las frases con las palabras siguientes:

el actor	actor	**el sector**	sector	**el vector**	vector
el horror	horror	**el tenor**	tenor	**el vendedor**	vendor
el instigador	instigator	**el terror**	terror	**Víctor**	Victor
el mentor	mentor				

1. _____ de mi tesis
2. _____ de la ópera
3. _____ noroeste

4. _____ del suicidio
5. la esposa de _____
6. _____ de la guerra

7. _____ de Hollywood
8. _____ del problema
9. _____ del crimen

[24-8] EXPRESIONES ÚTILES

GOVERNMENT OFFICIALS

ambassador	**(el) embajador**
assemblyman, (-woman)	**(el, la) asambleísta**
cabinet officer	**(el) oficial del gabinete**
chancellor	**(el) canciller**
chief executive	**(el) jefe del estado**
commissioner	**(el) comisionado**

LOS OFICIALES DEL GOBIERNO

congressman, (-woman)	**(el, la) congresista**
consul	**(el) cónsul**
councilman, (-woman)	**(el) consejal**
delegate	**(el) delegado**
deputy	**(el) diputado**
dictator	**(el) dictador**

emissary	(el) emisario	prince	(el) príncipe
emperor	(el) emperador	princess	(la) princesa
governor	(el) gobernador	queen	(la) reina
king	(el) rey	representative	(el) representante
marshal	(el) mariscal	secretary	(el, la) secretario (-a)
mayor	(el) alcalde	senator	(el, la) senador (-a)
minister	(el) ministro	supervisor	(el) inspector
premier	(el) primer ministro	treasurer	(el, la) tesorero (-a)
president	(el) presidente	vice-president	(el) vicepresidente

Ejercicio

Complete las oraciones siguientes:

1. El representante de un gobierno en el extranjero es _____ .
2. El consejero del presidente es _____ .
3. Un miembro del concejo municipal es un _____ .
4. El argentino Juan Perón es un _____ .
5. El hombre que se encarga de los asuntos financieros es _____ .
6. El jefe de la ciudad de Nueva York es el _____ .
7. El jefe del estado de California es _____ .
8. Fernando es el _____ de Aragón.
9. El hijo del rey es _____ .
10. La esposa del rey es _____ .

[24-9] GRAMÁTICA ESENCIAL

A. PRESENT PARTICIPLE

1 . The present participle is formed by adding **-ando** to the stem of first conjugation (**-ar**) verbs and **-iendo** to the stem of second (**-er**) and third conjugation (**-ir**) verbs. Is is an invariable construction and always ends in **-o**.

tomar: tomando   taking   **comer: comiendo**   eating   **vivir: viviendo**   living

2. Some verbs have irregular present participles.

caer:	**cayendo**	falling		**leer:**	**leyendo**	reading
creer:	**creyendo**	believing		**poder:**	**pudiendo**	being able to
decir:	**diciendo**	telling		**venir:**	**viniendo**	coming
ir:	**yendo**	going				

3. The Spanish present participle expresses means, manner, cause, or condition and maintains an adverbial posture or function.

Quitándose el abrigo, empieza a dictar inmediatamente a su estenógrafo.
Taking of his coat, he immediately begins to dictate to his stenographer.

Escuchando bien, vas a entender.
By listening closely, you will understand.

4. The present participle is used in the progressive tenses.

Estoy escribiendo una carta.
I am writing a letter.

Los alumnos **están leyendo** una novela de Cervantes.
The students are reading a novel of Cervantes.

5. The verbs **seguir** and **continuar** are used with the present participle and not the infinitive, as in English.

Emilio **sigue viviendo** en el barrio.
Emil continues to live in the ghetto.

Continúan manejando el coche por las tierras de Andalucía.
They continue to drive the car through the lands of Andalusia.

B. COORDINATING CONJUNCTIONS

The principal coordinating conjunctions are **y** (*and*); **e** (*and*); **pero** (*but*); **sino** (*but*); **o** (*or*); and **u** (*or*).

1. The conjunction **y** becomes **e** before words that begin with an **i** or **hi**.

Padre **e** hijo están en la cárcel.
Father and son are in jail.

Necesito una aguja **e** hilo para coser la camisa.
I need a needle and thread to sew the shirt.

2. **Sino** means *but, but on the contrary*, or simply *on the contrary*. It is used to contrast or contradict a preceding negative statement.

El edificio no es de piedra **sino** de ladrillo.
The building is not (made) of stone but of brick.

No es Douglas **sino** Eduardo quien está en la piscina.
It isn't Douglas but Edward who is in the swimming pool.

3. **O** becomes **u** before words that begin with **o** or **ho**.

No diga Ud. adiós **u** hola a esa persona ignorante.
Don't say good-bye or hello to that ignorant person.

¿Hay siete **u** ocho congresistas allí?
Are there seven or eight congressmen there?

Ejercicios

A. *Diga en español:*

1. We are learning Spanish.
2. They are eating.
3. The boys are drinking beer.
4. Dancing is popular.
5. washing the dishes
6. taking off her dress
7. telling the truth
8. coming and going
9. thinking of you (fam.)
10. cooking the bacon
11. yesterday or today
12. ruby or opal
13. father and son
14. bread and butter
15. schools and churches
16. not yellow but blue
17. not this but that
18. Anna and Ines
19. Joseph or Olga
20. overcoats and raincoats

B. *Exprese en español:*

1. Henrietta is not going to stay in Madrid or Olmedo.
2. Is it a girl or a boy? It's not a girl but a boy.
3. Patricia doesn't want to go to Madrid but to London and Athens.
4. She doesn't want to go by sea but by air.
5. Robert's wrist watch is not gold but silver, and his sweater is not green but red.
6. The tourists are sitting in the cafe, eating paella, and drinking wine.
7. The students are studying, reading, writing, and counting numbers.
8. By believing in himself and enjoying life, my father still lives at ninety years of age.

[24-10] CONJUGACIÓN DE LOS VERBOS «CONTINUAR» Y «SEGUIR»

A. **continuar el programa**

Yo **continúo** el programa.
Tú **continúas** el programa.
Él, Ella **continúa** el programa.
Ud. **continúa** el programa.

to continue the program

I continue the program.
You continue the program.
He, She continues the program.
You continue the program.

Nosotros (-as) **continuamos** el programa.   We continue the program.
Vosotros (-as) **continuáis** el programa.   You continue the program.
Ellos, Ellas **continúan** el programa.   They continue the program.
Uds. **continúan** el programa.   You continue the program.

Ejercicio

Dé la forma apropriada del verbo **continuar:**

1. Ellos _____ el trabajo.
2. Paco _____ la lección.
3. Yo _____ la construcción de la casa.

4. Nosotros _____ la operación.
5. Ud. _____ la fiesta.

B. **seguir al líder**   to follow the leader

Yo **sigo** al líder.   I follow the leader.
Tú **sigues** al líder.   You follow the leader.
Él, Ella **sigue** al líder.   He, She follows the leader.
Ud. **sigue** al líder.   You follow the leader.

Nosotros (-as) **seguimos** al líder.   We follow the leader.
Vosotros (-as) **seguís** al líder.   You follow the leader.
Ellos, Ellas **siguen** al líder.   They follow the leader.
Uds. **siguen** al líder.   You follow the leader.

Ejercicio

Dé la forma apropiada del verbo **seguir:**

1. Nosotros _____ al líder.
2. Yo _____ a mi esposo.
3. Los chóferes _____ autobuses.

4. El soldado _____ al general.
5. Tú y yo _____ al profesor.

[24–11] PRONUNCIACIÓN

Spanish **m**

Repita:

maestro	María	material	Maya	mestizo
mango	marimba	matrimonial	melodrama	mineral
Marco Polo	Martín	máximum	memorial	Santa Mónica

Trabalenguas:

Mañana mamá montará la mula mansa en Monterrey.

[24–12] DICHOS Y REFRANES

Unos llorando y otros cantando, así va el mundo rodando.
Some win and some lose; that's the name of the game of life.

[24–13] CARICATURA

El amor es . . .

. . . letting her drive the car before it's insured.

dejarle manejar el coche antes de asegurarlo.

[24-14] EL MENÚ PARA HOY

Hamburger	**Hamburguesa**
Cole Slaw	**Ensalada de col**
Macaroni Salad	**Ensalada de macarrones**
Pickles	**Pepinillos**
Pastry Puff	**Hojaldre**
Pepsi-Cola	**Pepsi-Cola**

UNIT 25

Los consultorios del dentista y del médico y el hospital

The Dentist's and Doctor's Offices and the Hospital

[25-1] VOCABULARIO

Repita:

1. bedpan	**(la) silleta**	12. operating room	**(la) sala de operaciones**
2. blood transfusion	**(la) transfusión de sangre**	13. pain	**(el) dolor**
3. crutches	**(las) muletas**	14. pain killer	**(la) pastilla para el dolor**
4. dentist	**(el) dentista**	15. patient	**(el, la) paciente**
5. doctor	**(el) médico**	16. sleeping pill	
6. emergency room	**(la) sala de emergencia**	(tablet)	**(la) pastilla para dormir**
7. examination	**(el) chequeo físico**	17. stitches	**(los) puntos**
8. injection	**(la) inyección**	18. surgeon	**(el) cirujano**
9. intern	**(el) interno**	19. wheelchair	**(la) silla de ruedas**
10. maternity	**(la) maternidad**	20. X-ray	**(la) radiografía**[1]
11. nurse	**(la) enfermera**		

[25-2] VERBOS

Repita:

1. to be pregnant	**estar encinta**
2. to call the doctor	**llamar al médico**
3. to clean your teeth	**limpiarse los dientes**
4. to extract the wisdom tooth	**extraer la muela del juicio**
5. to fill the cavities	**empastar las caries**
6. to have a bloody nose	**sangrar(le) a uno la nariz**
7. to have a headache	**tener dolor de cabeza**
8. to need stitches	**necesitar puntos**
9. to suffer a stomachache	**padecer del dolor de estómago**
10. to take the temperature	**tomar la temperatura**

[25-3] MODELOS DE LENGUAJE

Repita:

1. . . . examines the patient.	**. . . examina al paciente.**
The intern examines the patient.	**El interno examina al paciente.**
The surgeon examines the patient.	**El cirujano examina al paciente.**
The dentist examines the patient.	**El dentista examina al paciente.**

---

1. Also **el rayo X (equis)**.

2. The patient requires . . .   El paciente necesita . . .
   The patient requires X-rays.   El paciente necesita radiografías.
   The patient requires an examination.   El paciente necesita un chequeo físico.
   The patient requires medicine.   El paciente necesita medicamento.

3. Take her to . . .   Llévela a . . .
   Take her to the emergency room.   Llévela a la sala de emergencia.
   Take her to the operating room.   Llévela a la sala de operaciones.
   Take her to the maternity ward.   Llévela a la sala de maternidad.

4. The doctor gives . . .   El médico da . . .
   The doctor gives a blood transfusion.   El médico da una transfusión de sangre.
   The doctor gives a prescription.   El médico da una receta.
   The doctor gives an injection.   El médico da una inyección.

5. The nurse removes . . . from the patient's   La enfermera quita . . . del cuarto del paciente.
   room.
   The nurse removes the bedpan from the   La enfermera quita la silleta del cuarto del
   patient's room.   paciente.
   The nurse removes the sleeping pills from   La enfermera quita las pastillas para dormir del
   the patient's room.   cuarto del paciente.
   The nurse removes the pain killers from the   La enfermera quita las pastillas para el dolor del
   patient's room.   cuarto del paciente.

[25-4] DIÁLOGO

Paciente: —Doctor, *no me opere de nuevo la pierna.*   don't operate again on my leg
           Ya van cinco operaciones.   already you have completed
Médico: —Dos días buscando la *bala* y no la podemos encontrar   bullet
           en la *herida*. No *me explico* esto.   wound / understand
Paciente: —¿Qué buscan Uds.?
Médico: —Buscamos la bala.
Paciente: —Haberlo dicho antes. La tengo en el *bolsillo*.   pocket
Médico: —¡*Ahora sí que lo mato*!   now I'll certainly kill you

[25-5] COMPRENSIÓN

1. ¿Cuántas operaciones sufre el paciente?
2. ¿Cuántos días pasa el médico en busca de la bala?
3. ¿Qué es lo que no puede explicarse el médico?
4. ¿Dónde tiene la bala el paciente?
5. Describa Ud. sus días en el hospital.

[25-6] DESCRIPCIÓN DEL DIBUJO

1. ¿Qué recibe el paciente?
2. ¿Quién habla con el enfermo?
3. ¿Por qué *tiene suerte* el señor?   is lucky
4. ¿Qué hay sobre las *mesillas* de los pacientes en el hospital?   night tables

[25-7] ESTUDIO DE PALABRAS

Many English words that end in *-ar* have Spanish cognates that also end in *-ar*.

altar	**(el) altar**	lunar	**lunar**
angular	**angular**	popular	**popular**
bar	**(el) bar**	radar	**(el) radar**
circular	**circular**	scholar	**(el) escolar**
czar	**(el) zar**	semicircular	**semicircular**
familiar	**familiar**	solar	**solar**
Gibraltar	**Gibraltar**	triangular	**triangular**
quadrangular	**cuadrangular**	vehicular	**vehicular**

Ejercicio

Complete las frases utilizando las palabras siguientes:

binocular	molar	Oscar	regular
dólar	ocular	polar	secular

1. El señor necesita _____ para ver los caballos.
2. Juan tiene dos mil _____ en el banco.
3. Le duele un _____ .
4. Es el nervio _____ que causa la enfermedad de los ojos.
5. _____ es mi colega.
6. Los soldados están en una expedición _____ .
7. La maestra _____ está ausente.
8. Es un padre _____ de la iglesia de Miraflores.

[25-8] EXPRESIONES ÚTILES

A. EXTERNAL PARTS OF THE BODY

LAS PARTES EXTERNAS DEL CUERPO HUMANO

ankle	**(el) tobillo**	breast	**(el) pecho**
arm	**(el) brazo**	buttocks	**(las) nalgas**
back	**(la) espalda**	cheek	**(la) mejilla**

chest	(el) pecho	knee	(la) rodilla
chin	(la) barba	knuckle	(el) nudillo
ear	(la) oreja	leg	(la) pierna
elbow	(el) codo	lip	(el) labio
eye	(el) ojo	neck	(el) cuello
eyebrow	(la) ceja	nose	(la) nariz
eyelash	(la) pestaña	shoulder	(el) hombro
face	(la) cara	skin	(la) piel
finger	(el) dedo	thigh	(el) muslo
foot	(el) pie	throat	(la) garganta
forehead	(la) frente	thumb	(el) pulgar
hand	(la) mano	toe	(el) dedo del pie
head	(la) cabeza	waist	(la) cintura
hip	(la) cadera	wrist	(la) muñeca

B. INTERNAL PARTS OF THE BODY   LAS PARTES INTERNAS DEL CUERPO HUMANO

artery	(la) arteria	pancreas	(el) páncreas
blood	(la) sangre	pelvis	(la) pelvis
bone	(el) hueso	pupil	(la) pupila
brain	(el) cerebro	rectum	(el) recto
gums	(las) encías	retina	(la) retina
gall bladder	(la) vesícula biliar	sinus	(el) seno
heart	(el) corazón	skeleton	(el) esqueleto
hormone	(la) hormona	spinal chord	(la) médula espinal
intestines	(los) intestinos	spine	(la) espina dorsal
kidney	(el) riñón	spleen	(el) bazo
ligament	(el) ligamento	stomach	(el) estómago
liver	(el) hígado	tears	(las) lágrimas
lung	(el) pulmón	tongue	(la) lengua
muscle	(el) músculo	tonsil	(la) amígdala
nerve	(el) nervio	vein	(la) vena
ovary	(el) ovario		

Ejercicio

A. Complete las oraciones:

1. Para besar utilizamos . . .
2. Para caminar utilizamos . . .
3. Para escribir utilizamos . . .
4. Para hablar utilizamos . . .
5. Para oír utilizamos . . .

6. Para oler utilizamos . . .
7. Para pensar utilizamos . . .
8. Para respirar utilizamos . . .
9. Para sentir utilizamos . . .
10. Para ver utilizamos . . .

B. *Identifique las partes del cuerpo del «caballero de la triste figura», Don Quijote de la Mancha:*

1. _____

2. _____

3. _____

4. _____

5. _____

6. _____

7. _____

8. _____

9. _____

10. _____

11. _____

12. _____

13. _____

14. _____

15. _____

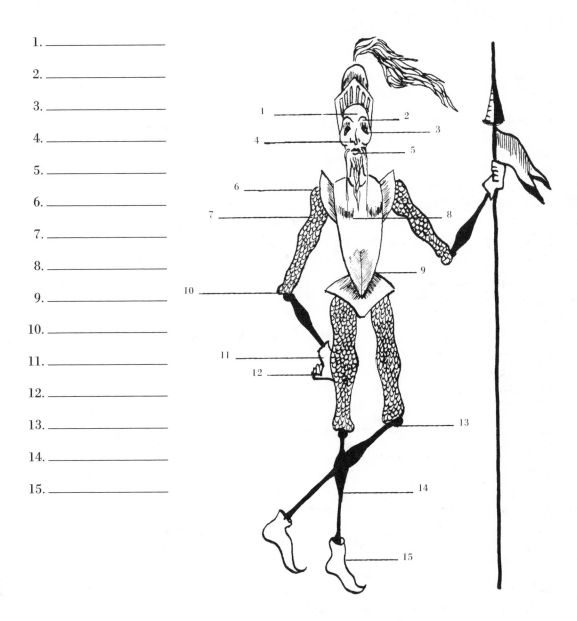

[25-9] GRAMÁTICA ESENCIAL

A. IMPERFECT TENSE

hablar	aprender	escribir
hablaba	aprendía	escribía
hablabas	aprendías	escribías
hablaba	aprendía	escribía
hablábamos	aprendíamos	escribíamos
hablabais	aprendíais	escribíais
hablaban	aprendían	escribían

1. The imperfect tense is formed by dropping the infinitive ending and adding -aba, -abas, -aba, -ábamos, -abais, -aban for -ar verbs, and -ía, -ías, -ía, -íamos, -íais, -ían for -er or -ir verbs. The imperfect expresses the English *was* or *were* plus a present participle, and *used to* plus an infinitive.

Los cadetes **aprendían** a volar aviones en la Fuerza Aérea.
The cadets were learning to fly airplanes in the Air Force.

En el verano los amantes **escribían** palabras románticas en la arena.
In the summer the lovers used to write romantic words in the sand.

2. The imperfect tense is used to express a state or condition in the past, or an action that was continuous, habitual, or recurrent in the past.

Había mucha gente en la fiesta.
There were many people at the party.

Los agricultores siempre **cultivaban** los campos en la primavera.
The farmers always cultivated the lands in the spring.

Leonardo y su hermano Raúl **tomaban** helado todas las noches mientras **miraban** la televisión.
Leonard and his brother Raúl used to eat ice cream every night while they watched television.

3. The imperfect tense is used to describe persons or things in the past.

Raimundo **era** inteligente e industrioso.   *Raymond was intelligent and industrious.*
El trabajo no **estaba** terminado todavía.   *The work was not completed yet.*

4. The verbs **ir**, **ser**, and **ver** have irregular forms in the imperfect tense.

ir   to go: **iba, ibas, iba, íbamos, ibais, iban**
ser   to be: **era, eras, era, éramos, erais, eran**
ver   to see: **veía, veías, veía, veíamos, veíais, veían**

Esos jóvenes **iban** a misa todos los domingos cuando eran pequeños.
Those young people used to go to mass every Sunday when they were small.

Veíamos a Laurencio a menudo en sus paseos diarios por el Malecón.
We used to see Lawrence often on his daily walks along the Malecón.

The imperfect of **hay** is **había** (*there was, there were*).

Había nubes en el cielo.   *There were clouds in the sky.*

5. The imperfect of **estar** plus a present participle form the past progressive tense.

Ella **estaba cortándose** las uñas de los pies en el cuarto de baño.
She was cutting her toenails in the bathroom.

Los huelguistas **estaban gritando** obscenidades.
The strikers were shouting obscenities.

Ejercicios

A. Exprese en español:

1. They were learning to read and write.
2. We were eating and drinking.
3. The students used to arrive late for class.
4. I was walking and singing.
5. The spinach was cooked in a cream sauce.
6. They were drinking the soda with a straw.
7. He used to work in an ice-cream factory.
8. The workers cultivated the ground every spring.
9. The soldier was looking at the airplane in the sky.
10. The butcher was cutting the meat and selling it to his customers.

B. Dé el equivalente en español:

1. The children got up at eight o'clock every morning and ate their breakfast.
2. Victor was singing in the bathroom and Katherine was singing in the bedroom.
3. I was reading a novel and my cousin was baking a cake.
4. The husband and wife were living happily in Mexico.
5. My girlfriend always used to wear a red skirt and a black sweater.
6. Their son and daughter were in the cafe drinking lemonade.
7. The President used to speak to the people on radio and television.
8. My grandson visited us every Christmas and decorated the house with lights and flowers.
9. Many widows used to help us in the hospital, working as receptionists and stenographers.
10. Her brother-in-law swam in the family pool every Sunday.
11. When I was married I used to go to the movies every week and it was very expensive.

12. In church the American ladies wore hats but Spanish women went without them.
13. The grandmother was talking to her granddaughter, telling her that she was interested in her new boyfriend.
14. I used to see my nurse in the cafeteria every afternoon. Was she beautiful!
15. Christina and Jim walked along the beach and looked for shells in the white sand.

[25-10] CONJUGACIÓN DEL VERBO «VALER»

Yo **valgo** una fortuna.	I am worth a fortune.
Tú **vales** una fortuna.	You are worth a fortune.
Él, Ella **vale** una fortuna.	He, She is worth a fortune.
Ud. **vale** una fortuna.	You are worth a fortune.
Nosotros (-as) **valemos** una fortuna.	We are worth a fortune.
Vosotros (-as) **valéis** una fortuna.	You are worth a fortune.
Ellos, Ellas **valen** una fortuna.	They are worth a fortune.
Uds. **valen** una fortuna.	You are worth a fortune.

Ejercicio

Dé un sujeto apropiado:

1. . . . valen veinticinco centavos.
2. . . . valen cinco dólares.
3. . . . valen cien dólares.

4. . . . valen un peso.
5. . . . vale un beso.

[25-11] PRONUNCIACIÓN

Spanish **n**

Repita:

Napoleón	**negro**	**Nina**	**nominal**	**Nueva York**
nasal	**neutral**	**noble**	**notable**	**Numancia**
natural	**Niágara**	**nocturnal**	**novena**	**numeral**

Trabalenguas:

Niños no nadan nunca en Nicaragua.

[25-12] DICHOS Y REFRANES

Cuando tenía dinero me llamaban don Tomás; y ahora que no lo tengo, me llaman Tomás, no más.
Wealth commands respect.

[25-13] CARICATURA

love is ...

... playing nurse to him when he's ill.

Copyright 1971 LOS ANGELES TIMES

El amor es . . .

hacer de enfermera cuando él está enfermo.

[25-14] EL MENÚ PARA HOY

Crab-Meat Cocktail
Roast Duckling
Orange Sauce
Salad with French Dressing
Crullers
Vanilla Ice Cream
Mineral Water

Coctel de cangrejo
Pato al horno
Salsa de naranja
Ensalada con aliño francés
Buñuelos
Helado de vainilla
Agua mineral

UNIT 26

La tienda de ropa de caballeros
The Men's Clothing Store

[26–1] VOCABULARIO

Repita:

1. belt   **(el) cinturón**
2. cuff links   **(los) gemelos**
3. hat   **(el) sombrero**
4. jacket   **(la) chaqueta**

5. necktie   **(la) corbata**
6. overalls   **(los) zaragüelles**
7. robe   **(la) bata de casa**
8. scarf   **(la) bufanda**

9.	shirt	(la) camisa	15.	suit	(el) traje
10.	shorts	(los) calzoncillos	16.	tie clasp	(el) pasador de corbata
11.	slacks	(los) pantalones	17.	tuxedo	(el) traje de etiqueta
12.	slippers	(las) zapatillas[1]	18.	undershirt	(la) camiseta
13.	socks	(los) calcetines	19.	uniform	(el) uniforme
14.	sport shirt	(la) camisa sport	20.	vest	(el) chaleco

[26-2] VERBOS

Repita:

1.	to alter the suit	arreglar el traje
2.	to charge the clothing	comprar la ropa a crédito
3.	to desire a sweater	desear un jersey
4.	to exchange the shorts	cambiar los calzoncillos
5.	to gift-wrap the cuff links	envolver los gemelos para regalo
6.	to match the tie with the shirt	hacer juego de la corbata con la camisa
7.	to rent a tuxedo	alquilar un traje de etiqueta
8.	to shorten the slacks	acortar los pantalones
9.	to try on an overcoat	probarse un abrigo
10.	to wear a vest	llevar un chaleco

[26-3] MODELOS DE LENGUAJE

Repita:

1. I need . . .
   I need a suit.
   I need slacks.
   I need a shirt.
   I need socks.

   Necesito . . .
   Necesito un traje.
   Necesito pantalones.
   Necesito una camisa.
   Necesito calcetines.

2. Do you sell . . . ?
   Do you sell belts?
   Do you sell slippers?
   Do you sell neckties?

   ¿Vende Ud. . . . ?
   ¿Vende Ud. cinturones?
   ¿Vende Ud. zapatillas?
   ¿Vende Ud. corbatas?

3. What size are these . . . ?
   What size are these shorts?
   What size are these undershirts?
   What size are these sport shirts?

   ¿De qué tamaño son estos . . . ?
   ¿De qué tamaño son estos calzoncillos?
   ¿De qué tamaño son estas camisetas?
   ¿De qué tamaño son estas camisas sport?

---

1. Also **las pantuflas.**

4. How much is . . . ?   ¿Cuánto vale . . . ?
   How much is this vest?   ¿Cuánto vale este chaleco?
   How much is this shirt?   ¿Cuánto vale esta camisa?

5. . . . very expensive.   . . . muy caros.
   The tuxedos are very expensive.   Los trajes de etiqueta son muy caros.
   Tha jackets are very expensive.   Las chaquetas son muy caras.
   The robes are very expensive.   Las batas son muy caras.

[26-4] DIÁLOGO

Tendero: —*Bienvenido* señor.   shopkeeper / welcome
Cliente: —Quiero comprar dos camisas.
Tendero: —Tiene Ud. *suerte. Hoy llegaron* dos *docenas* de la   luck / today . . . arrived / dozen
          última moda. Aquí están. ¿Cuál es la *medida* de su   latest style / size
          cuello?   collar
Cliente: —Esas camisas rojas son para las mujeres. *Me disculpa,*   you will forgive me
          pero *parece* que estoy en una tienda de modas femeninas.   it seems
Tendero: —Está Ud. *equivocado.* Mi tienda se especializa en ropa   in error
          de caballeros que desean ser elegantes.
Cliente: —Primero el pelo largo, ahora camisas de señora.
          Seguramente en el futuro *no se va* a poder distinguir entre   surely / one is not going
          los hombres y las mujeres.

[26-5] COMPRENSIÓN

1. ¿Qué clase de camisas busca el cliente?
2. ¿Por qué tiene suerte?
3. Describa las camisas que vende el tendero.
4. ¿Por qué se disculpa el cliente?
5. ¿Tiene Ud. problemas en distinguir entre señores y señoritas?

[26-6] DESCRIPCIÓN DEL DIBUJO

1. ¿Cuántos individuos aparecen en el dibujo?
2. Describa al cliente.
3. ¿Qué quiere comprar el señor?
4. ¿Qué tipo de ropa llevan los muchachos de hoy día?

[26-7] ESTUDIO DE PALABRAS

Many English words that end in -ous have Spanish cognates that end in -oso.

amorous	**amoroso**	malicious	**malicioso**
anxious	**ansioso**	marvelous	**maravilloso**
curious	**curioso**	mountainous	**montañoso**
delicious	**delicioso**	mysterious	**misterioso**
fabulous	**fabuloso**	nervous	**nervioso**
famous	**famoso**	numerous	**numeroso**
furious	**furioso**	precious	**precioso**
generous	**generoso**	vigorous	**vigoroso**
glorious	**glorioso**	virtuous	**virtuoso**

Ejercicio

Complete las frases:

1. un experimento _____
2. un incidente _____
3. un cuento _____
4. un caballero _____

5. un león _____
6. una mujer _____
7. una joya _____

8. una comida _____
9. una tierra _____
10. un héroe _____

[26-8] EXPRESIONES ÚTILES

A. WORDS TO DESCRIBE A MAN

PALABRAS PARA DESCRIBIR A UN HOMBRE

abrupt	**abrupto**	foolish	**necio**
affectionate	**cariñoso**	foreign	**extranjero**
aggressive	**agresivo**	gregarious	**gregario**
calm	**tranquilo**	handsome	**guapo**
celebrated	**célebre**	honorable	**honrado**
charitable	**caritativo**	ignorant	**ignorante**
competent	**competente**	industrious	**industrioso**
controversial	**polémico**	lazy	**perezoso**
crazy	**loco**	magnanimous	**magnánimo**
daring	**atrevido**	malicious	**malicioso**
drunken	**borracho**	mature	**maduro**
dynamic	**dinámico**	modern	**moderno**
eccentric	**excéntrico**	noble	**noble**
fearful	**medroso**	old	**viejo**

prosperous	**próspero**	short	**bajo**
reasonable	**razonable**	strong	**fuerte**
rich	**rico**	tall	**alto**
roguish	**pícaro**	valiant	**valiente**
sensuous	**sensual**	warlike	**guerrero**

Ejercicio

Dé un adjetivo apropiado para los siguientes hombres:

1. Richard Burton
2. Charles Chaplin
3. Winston Churchill
4. Dwight Eisenhower
5. Francisco Franco
6. Frankenstein
7. Sigmund Freud
8. Ernest Hemingway
9. Adolf Hitler
10. Bob Hope
11. John Kennedy
12. Martin Luther King
13. Robert E. Lee
14. Abraham Lincoln
15. Douglas MacArthur
16. Richard Nixon
17. Dean Martin
18. Tarzan
19. Mark Twain
20. George Washington

B. TYPICAL SPANISH NAMES FOR MEN
TÍPICOS NOMBRES ESPAÑOLES PARA HOMBRES

Adelberto	Celestino	Eusebio	Marcelino
Alonso	Diego	Florencio	Raúl
Artemio	Eliseo	Ismael	Silvio

C. MEN'S NICKNAMES
APODOS DE LOS HOMBRES

Eduardo	Edí
Manuel	Manolo, Manolito
Francisco	Paco, Paquito, Pancho, Panchito, Frasquito
Gustavo	Tavo
José	Pepe, Pepito, Pepillo, Pepín
Juan	Juanito, Yoní
Pedro	Perico, Perucho
Antonio	Tonio, Tonito, Toñito

D. NICKNAMES FOR MEN AND WOMEN
MOTES PARA HOMBRES Y MUJERES

American	**Americano, Gringo**	Boy	**Chico**
Baldy	**Calvito**	Crazy One	**Loco**
Big Boy	**Muchachón**	Doctor	**Doctor**
Blondie	**Rubiecita**	Dolly	**Muñequita**
Boss	**Jefe**	Fatty	**Gordito**

Fool	**Bobo**	Pugnose	**Chato**
Friend	**Amigo**	Red	**Pelirrojo**
Funny One	**Chistoso**	Shameless One	**Sinvergüenza**
Gimpy	**Cojo**	Skinny	**Flaquito**
Grey-Haired One	**Canoso**	Slob	**Sucio**
Lover	**Don Juan**	Stupid	**Estúpido**
Monk	**Monje**	Sweetheart	**Corazoncito**
Nice Guy	**Simpático**	Thief	**Ladrón**
Old Lady	**Viejecita**	Troublemaker	**Buscapleitos**
Precious	**Preciosa**	Witch	**Bruja**

Ejercicio

Dé un mote a los personajes siguientes:

1. Yul Brynner
2. Twiggy
3. Bob Hope
4. Don Quijote

5. Tom Jones
6. Sancho Panza
7. Grace Kelly

8. Robin Hood
9. Frankenstein
10. Red Skelton

[26-9] GRAMÁTICA ESENCIAL

A. PRETERITE TENSE

hablar	**aprender**	**escribir**
hablé	aprendí	escribí
hablaste	aprendiste	escribiste
habló	aprendió	escribió
hablamos	aprendimos	escribimos
hablasteis	aprendisteis	escribisteis
hablaron	aprendieron	escribieron

1. The preterite tense endings are added to the stem of the infinitive. Notice that the endings for **-er** and **-ir** verbs are the same. The Spanish preterite corresponds to the English simple past: *did* plus the verb.

2. The preterite is used to express (1) an action that is definitely past or completed, with no emphasis on the duration of the action; (2) a series of actions complete in themselves or viewed as a whole. The preterite is the only simple past tense that expresses a complete action.

Anoche **hablé** con mi compañero de cuarto.
Last night I spoke (did speak) to my roommate.

Mi hermano **aprendió** el español en diez lecciones.
My brother learned (did learn) Spanish in ten lessons.

La víctima del accidente **escribió** una carta a la compañía de seguros.
The victim of the accident wrote a letter to the insurance company.

Contestaste bien cuando te lo **preguntaron.**
You answered well when they asked you (about it).

Ejercicio

Exprese en español:

1. Mother prepared supper.
2. I did work in a flower shop last year.
3. Yesterday Henry walked for two hours.
4. My godfather bought the newspaper.
5. That boy loved football.
6. We drove the car to Acapulco.
7. The captain stayed at the dinner for ten minutes.
8. The old lady ate the paella.
9. The boys did drink rum all night long.
10. Did they study for the test?
11. He altered the suit, sewed the jacket, and shortened the slacks.
12. He paid for the trousers, the tie, and the pajamas, but the owner of the store did not send the clothes to his home.
13. I loved you when we got married but I hate you now.
14. My grandmother knitted me a pair of gloves, a sweater, and a scarf, but I didn't like any of them because they were woolen.

[26-10] CONJUGACIÓN DEL VERBO «TRADUCIR»

Yo **traduzco** la oración.	I translate the sentence.
Tú **traduces** la oración.	You translate the sentence.
Él, Ella **traduce** la oración.	He, She translates the sentence.
Ud. **traduce** la oración.	You translate the sentence.
Nosotros (-as) **traducimos** la oración.	We translate the sentence.
Vosotros (-as) **traducís** la oración.	You translate the sentence.
Ellos, Ellas **traducen** la oración.	They translate the sentence.
Uds. **traducen** la oración.	You translate the sentence.

Ejercicio

1. El profesor _____ el poema.
2. ¿ _____ tú la lección de español?
3. Miguel y yo _____ el capítulo.
4. Los estudiantes _____ el menú al español.
5. Yo siempre _____ bien.

[26-11] PRONUNCIACIÓN

Spanish ñ

Repita:

añil	cañón	dueño	montaña	pequeño
baño	daño	engaño	niño	señor
caña de azúcar	doña	mañana	otoño	vicuña

Trabalenguas:

Niñas cariñosas con caña comen buñuelos.

[26-12] DICHOS Y REFRANES

Mal vivió el que sólo para sí vivió.
The greatest selfishness is living only for oneself.

[26-13] CARICATURA

love is…

…letting him choose his tie him- self.

Copyright 1971 LOS ANGELES TIMES

El amor es …

dejarle elegir su corbata.

[26-14] EL MENÚ PARA HOY

Half Grapefruit	**Media toronja**
Shellfish Soup	**Sopa de mariscos**
Veal Roast	**Asado de ternera**
String-Bean Salad	**Ensalada de habichuelas**
Flaming Apple Dessert	**Manzana flamante**
Champagne	**Champaña (o champán)**

UNIT 27

La tienda de animales domesticados
The Pet Shop

[27-1] VOCABULARIO

Repita:

1. cage   **(la) jaula**
2. canary   **(el) canario**
3. cat food   **(la) comida para gatos**

4. clipping   **(el) recorte**
5. dog collar   **(el) collar**
6. dog food   **(la) comida para perros**

7. hamster	(la) marmota	14. parakeet	(el) perico
8. kennel	(la) perrera	15. parrot	(el) loro[1]
9. kitten	(el) gatito	16. puppy	(el) cachorro
10. leash	(la) traílla	17. shots	(las) inyecciones
11. license	(la) licencia	18. tank	(el) tanque
12. monkey	(el) mono	19. tropical fish	(los) peces tropicales
13. muzzle	(el) bozal	20. veterinarian	(el) veterinario

[27–2] VERBOS

Repita:

1. to bathe the puppy	bañar al cachorro
2. to board the cat	alojar al gato
3. to clip the nails	cortar las uñas
4. to close the canary cage	cerrar la jaula del canario
5. to enjoy the antics of the monkey	disfrutar de las gracias del mono
6. to feed the animals	dar de comer a los animales
7. to play with the kittens	jugar con los gatitos
8. to put on the leash	colocar la traílla
9. to walk the dog	sacar a pasear al perro
10. to watch the tropical fish and snails	mirar los peces tropicales y los caracoles

[27–3] MODELOS DE LENGUAJE

Repita:

1. Feed . . .   Dé de comer . . .
   Feed the canary.   Dé de comer al canario.
   Feed the hamster.   Dé de comer a la marmota.
   Feed the tropical fish.   Dé de comer a los peces tropicales.

2. I like . . .   Me gustan . . .
   I like the kittens.   Me gustan los gatitos.
   I like the puppies.   Me gustan los cachorros.
   I like the monkeys.   Me gustan los monos.

3. The law requires . . .   La ley requiere . . .
   The law requires a license.   La ley requiere una licencia.
   The law requires a muzzle.   La ley requiere un bozal.
   The law requires a leash.   La ley requiere una traílla.

---

1. Also **la cotorra.**

4. Put the animal . . .
   Put the animal in the cage.
   Put the animal in the kennel.
   Put the animal in the tank.

Pon el animal . . .
Pon el animal en la jaula.
Pon el animal en la perrera.
Pon el animal en el tanque.

5. This . . . doesn't eat . . . food.
   This cat doesn't eat cat food.
   This dog doesn't eat dog food.
   This parrot doesn't eat parrot food.

Este . . . no come comida para . . .
Este gato no come comida para gatos.
Este perro no come comida para perros.
Este loro no come comida para loros.

[27-4] DIÁLOGO

Hijo: —José, el hijo del panadero, *te anda buscando*.   is looking for you
Padre: —¿Para qué?
Hijo: —Porque quiere comprar un *borrico*.   donkey
Padre: —¿Qué le *dijiste*?   did you tell
Hijo: —Que no sabía donde estabas.
Padre: —Gracias por el *elogio*.   compliment

[27-5] COMPRENSIÓN

1. ¿Quién es José?
2. ¿Para qué quiere ver al padre?
3. ¿Qué respondió el hijo?
4. ¿Cree Ud. que el padre se ofende ante la respuesta de su hijo?
5. ¿Tiene Ud. una mascota?

[27-6] DESCRIPCIÓN DEL DIBUJO

1. ¿Qué hace la señorita?
2. ¿Qué animales venden en esta tienda?
3. Describa el tanque.
4. ¿Qué cosas están sobre el mostrador?
5. ¿Tiene Ud. un gato o un perro en casa? ¿Cómo se llama?

[27-7] ESTUDIO DE PALABRAS

English words ending in -ary generally have Spanish cognates ending -ario.

adversary	(el) adversario	monetary	monetario
anniversary	(el) aniversario	notary	(el) notario
arbitrary	arbitrario	salary	(el) salario
contrary	contrario	secondary	secundario
corollary	(el) corolario	secretary	(el) secretario
coronary	coronario	sedentary	sedentario
dictionary	(el) diccionario	tributary	(el) tributario

Ejercicio

Complete las frases con las palabras siguientes:

el comentario	commentary	el diario	diary
imaginario	imaginary	el ovario	ovary
parlamentario	parliamentary	planetario	planetary
sanguinario	sanguinary	sanitario	sanitary
temporario	temporary	contrario	contrary

1. _____ de César
2. _____ de la planta
3. un cuento _____
4. _____ de la chica
5. el procedimiento _____
6. una misión _____
7. una escena _____
8. una enfermedad _____
9. una botella _____
10. una idea _____

[27-8] EXPRESIONES ÚTILES

REPTILES AND ANIMALS

LOS REPTILES Y LOS ANIMALES

alligator	(el) caimán	crocodile	(el) cocodrilo
alpaca	(la) alpaca	deer	(el) ciervo
antelope	(el) antílope	elephant	(el) elefante
ape	(el) mono	fly	(la) mosca
bear	(el) oso	fox	(el) zorro
beaver	(el) castor	frog	(la) rana
buffalo	(el) búfalo	giraffe	(la) jirafa
camel	(el) camello	gorilla	(el) gorila
chimpanzee	(el) chimpancé	guinea pig	(el) conejillo de Indias
chinchilla	(la) chinchilla	hippopotamus	(el) hipopótamo
chipmunk	(la) ardilla listada	jaguar	(el) jaguar
coyote	(el) coyote	kangaroo	(el) canguro

leopard	(el) leopardo	reindeer	(el) reno
lion	(el) león	rhinoceros	(el) rinoceronte
lizard	(el) lagarto	seal	(la) foca
llama	(la) llama	sea lion	(el) león marino
mink	(el) visón	sloth	(la) perezosa
monkey	(el) mono	snake	(la) culebra
moose	(el) alce (de América)	squirrel	(la) ardilla
mosquito	(el) mosquito	tiger	(el) tigre
opossum	(la) zarigüeya	turtle	(la) tortuga
ostrich	(el) avestruz	vicuña	(la) vicuña
panther	(la) pantera	walrus	(la) morsa
penguin	(el) pingüino	whale	(la) ballena
porcupine	(el) puerco espín	wildcat	(el) gato montés
prairie dog	(el) perro de las praderas	wolf	(el) lobo
puma	(la) puma	zebra	(la) cebra
raccoon	(el) mapache		

Ejercicio

Dé un animal apropiado:

1. los árboles
2. los Andes
3. blanco y negro
4. el mar

5. el animal más grande
6. muy alto
7. el desierto

8. el Ártico
9. Santa Claus
10. un abrigo

[27-9] GRAMÁTICA ESENCIAL

A. IRREGULAR PRETERITE FORMS

1. Irregular verbs in the preterite

dar	ser, ir	traer
di	fui	traje
diste	fuiste	trajiste
dio	fue	trajo
dimos	fuimos	trajimos
disteis	fuisteis	trajisteis
dieron	fueron	trajeron

Although **dar** is an **-ar** verb, it uses the **-er** and **-ir** endings in the preterite. **Ser** and **ir** have the same forms in the preterite. The meaning can be distinguished by the context.

| El estudiante **fue** a la clase. | *The student went to class.* |
| El estudiante **fue** brillante ayer. | *The student was brilliant yesterday.* |

Note that the **i** of the ending is dropped in the third person plural of **traer**.

2. Irregular verbs in the preterite with an **i** stem

decir	hacer	querer	venir
dije	hice	quise	vine
dijiste	hiciste	quisiste	viniste
dijo	hizo	quiso	vino
dijimos	hicimos	quisimos	vinimos
dijisteis	hicisteis	quisisteis	vinisteis
dijeron	hicieron	quisieron	vinieron

The stress falls on the stem in the first and third persons singular of **i**-stem preterites. There are no written accents as in the regular preterite endings. Note that the **i** of the ending is dropped in the third person plural of **decir**. The third person singular of **hacer** is spelled with a **z**.

3. Irregular verbs in the preterite with a **u** stem

estar	poder	poner	saber	tener
estuve	pude	puse	supe	tuve
estuviste	pudiste	pusiste	supiste	tuviste
estuvo	pudo	puso	supo	tuvo
estuvimos	pudimos	pusimos	supimos	tuvimos
estuvisteis	pudisteis	pusisteis	supisteis	tuvisteis
estuvieron	pudieron	pusieron	supieron	tuvieron

The endings of **u**-stem preterites are the same as those of **i**-stem preterites.

4. Verbs with spelling changes in the preterite

buscar	comenzar	empezar	llegar
busqué	comencé	empecé	llegué
buscaste	comenzaste	empezaste	llegaste
buscó	comenzó	empezó	llegó
buscamos	comenzamos	empezamos	llegamos
buscasteis	comenzasteis	empezasteis	llegasteis
buscaron	comenzaron	empezaron	llegaron

Before the ending **-é** of the first person singular of the preterite:
verbs ending in **-car** change the **c** to **qu**;
verbs ending in **-gar** change the **g** to **gu**;
verbs ending in **-zar** change the **z** to **c**.

Ejercicio

Complete en español:

1. Yo (*told*) el cuento del carnicero.
2. Mi hermano (*did*) todo el trabajo en la fábrica.
3. Los invitados (*came*) temprano a mi fiesta de cumpleaños.
4. Tú (*had*) mucho dinero esta mañana.
5. Nosotros (*brought*) una botella de vino.
6. Yo lo (*looked for*) ayer en la casa de correos.
7. Alfonso y Carmen (*went*) al cine.
8. Ud. (*were*) estudiante el año pasado.
9. Yo (*began*) el experimento.
10. Ellos (*were*) en la Corte a las dos.

[27-10] CONJUGACIÓN DEL VERBO «DIRIGIR»

Yo **dirijo** la comedia.	I direct the play.
Tú **diriges** la comedia.	You direct the play.
Él, Ella **dirige** la comedia.	He, She directs the play.
Ud. **dirige** la comedia.	You direct the play.
Nosotros (-as) **dirigimos** la comedia.	We direct the play.
Vosotros (-as) **dirigís** la comedia.	You direct the play.
Ellos, Ellas **dirigen** la comedia.	They direct the play.
Uds. **dirigen** la comedia.	You direct the play.

Ejercicio

Complete las oraciones con la forma apropiada del verbo **dirigir:**

1. Yo _____ el drama.
2. Miguel, el policía, _____ a la gente a la estación de servicio.
3. Los senadores _____ la palabra al Congreso.
4. Tú _____ demasiado la atención a los animales.
5. El artista _____ su energía a la pintura.

[27-11] PRONUNCIACIÓN

Spanish **p**

Repita:

paciente	petición	político	precioso	problema
pacífico	polen	polución	precipitación	pródigo
pedagogía	polígamo	posible	prelado	próspero

Trabalenguas:

Pedro, Pérez y Paredes, pobres pintores portugueses, pintan paisajes preciosos.

[27-12] DICHOS Y REFRANES

Quien de pleitos se libró, gran ventura logró.
Happiness is freeing oneself from disputes.

[27-13] CARICATURA

El amor es . . .

darle un cachorro
para hacerle compañía en casa.

[27-14] EL MENÚ PARA HOY

Lobster Thermidor
Green Beans French Style
Salad with Russian Dressing
Strawberry Ice Cream
Ginger Ale (Ginger Beer)

Langosta "thermidor"
Habichuelas verdes a la francesa
Ensalada con aliño ruso
Helado de fresa
Cerveza de jengibre

UNIT 28

La farmacia   The Pharmacy

[28-1] VOCABULARIO

Repita:

1. alcohol   **(el) alcohol**
2. antacid   **(el) antiácido**
3. antiseptic   **(el) antiséptico**

4. aspirin   **(la) aspirina**
5. bandage   **(la) venda**
6. bandaid   **(la) curita**

7. cough drop	(la) pastilla para la tos	14. ointment	(la) pomada[2]
8. drug	(el) medicamento[1]	15. penicillin	(la) penicilina
9. eye drops	(las) gotas para los ojos	16. pill	(la) píldora
10. gauze	(la) gasa	17. prescription	(la) receta
11. hydrogen peroxide	(el) agua oxigenada	18. tablet	(la) pastilla
12. iodine	(el) yodo	19. tranquilizer	(el) calmante[3]
13. medicine	(la) medicina	20. vitamin	(la) vitamina

[28-2] VERBOS

Repita:

1. to apply an ice bag	aplicar una bolsa de hielo
2. to buy a toothbrush	comprar un cepillo para los dientes
3. to consult with the doctor	consultar con el médico
4. to fill the prescription	despachar la receta
5. to give a drug	dar una droga
6. to renew the prescription	renovar la receta
7. to sterilize the cut	esterilizar la herida
8. to swallow the pills	tragar las píldoras
9. to use a hot-water bottle	usar una bolsa de agua caliente
10. to wait for the medicine	esperar por la medicina

[28-3] MODELOS DE LENGUAJE

Repita:

1. Can you sell me a package of . . . ?　　¿Puede venderme un paquete de . . . ?
   Can you sell me a package of gauze?　　¿Puede venderme un paquete de gasa?
   Can you sell me a package of bandages?　　¿Puede venderme un paquete de vendas?
   Can you sell me a package of bandaids?　　¿Puede venderme un paquete de curitas?

2. Give me a bottle of . . .　　Déme una botella de . . .
   Give me a bottle of alcohol.　　Déme una botella de alcohol.
   Give me a bottle of iodine.　　Déme una botella de yodo.
   Give me a bottle of hydrogen peroxide.　　Déme una botella de agua oxigenada.

3. My doctor prescribes . . .　　Mi doctor me receta . . .
   My doctor prescribes eye drops.　　Mi doctor me receta gotas para los ojos.
   My doctor prescribes a tranquilizer.　　Mi doctor me receta un calmante.
   My doctor prescribes penicillin.　　Mi doctor me receta penicilina.

---

1. Also **la droga.**   2. Also **el ungüento.**   3. Also **el tranquilizador.**

4. I have . . . I need . . .
   I have a headache. I need aspirin.
   I have a stomachache. I need an
     antacid.
   I have a cut. I need an antiseptic.
   I have a cold. I need cough drops.

Tengo . . . Necesito . . .
Tengo dolor de cabeza. Necesito aspirina.
**Tengo dolor de estómago. Necesito un
  antiácido.**
Tengo una herida. Necesito un antiséptico.
Tengo un resfriado. Necesito pastillas para la tos.

5. Take . . . every four hours.
   Take one tablet every four hours.
   Take one pill every four hours.
   Take a vitamin pill every four hours.

Tome . . . cada cuatro horas.
Tome una pastilla cada cuatro horas.
Tome una píldora cada cuatro horas.
**Tome una píldora de vitaminas cada cuatro
  horas.**

[28-4] DIÁLOGO

Farmacéutico: —¿Qué le *sucede* señor?   pharmacist / is happening
Paciente: —Oh, me siento muy enfermo. Tengo un dolor
                   muy *fuerte* en el estómago.   strong
Farmacéutico: —Le voy a dar algo para remediar su mal.
Paciente: —Ud. es muy amable.
Farmacéutico: —*No se preocupe.* Si esta medicina no da *resultado*,   don't worry / good results
                   vuelva mañana, y le doy algo *mejor*.   come back / better
Paciente: —¿Y no me puede dar ese algo mejor ahora?

[28-5] COMPRENSIÓN

1. ¿Dónde tiene lugar este diálogo?
2. ¿Qué le sucede al paciente?
3. ¿Qué le dice el farmacéutico?
4. ¿Cuál es la reacción del paciente?
5. ¿Le gustaría a Ud. ser farmacéutico?

[28-6] DESCRIPCIÓN DEL DIBUJO

1. ¿Qué prepara el farmacéutico?
2. ¿Cuánto cuesta el algodón antiséptico?
3. ¿Qué cosas están sobre los estantes de la farmacia?
4. ¿Por qué es difícil abrir una farmacia nueva?

[28-7] ESTUDIO DE PALABRAS

Many English words ending in *-ory* have Spanish cognates ending in **-orio**.

condemnatory	**condenatorio**	purgatory	**(el) purgatorio**
conservatory	**(el) conservatorio**	reformatory	**(el) reformatorio**
depilatory	**(el) depilatorio**	sensory	**sensorio**
laboratory	**(el) laboratorio**	suppository	**(el) supositorio**
obligatory	**obligatorio**	territory	**(el) territorio**
preparatory	**preparatorio**	transitory	**transitorio**

Ejercicio

Complete la oración con una de las palabras arriba mencionadas:

1. Tiene plantas en su _____ .
2. _____ de lenguas
3. _____ de los indios

4. Hoy no es _____ entrar en el servicio militar.
5. El chico malo está en _____ .

[28-8] EXPRESIONES ÚTILES

AILMENTS		LAS ENFERMEDADES	
allergy	**(la) alergia**	hepatitis	**(la) hepatitis**
anemia	**(la) anemia**	hernia	**(la) hernia**
appendicitis	**(la) apendicitis**	high blood pressure	**(la) hipertensión arterial**
bursitis	**(la) bursitis**	infection	**(la) infección**
cancer	**(el) cáncer**	influenza	**(la) influenza**
chicken pox	**(las) viruelas locas**	laryngitis	**(la) laringitis**
cholera	**(la) cólera**	malaria	**(la) malaria**
cold	**(el) resfriado**	measles	**(el) sarampión**
cramp	**(el) calambre**	mumps	**(la) papera**
diabetes	**(la) diabetes**	nervous breakdown	**(el) colapso nervioso**
diphtheria	**(la) difteria**	nervousness	**(la) nerviosidad**
dizziness	**(el) vértigo**	paralysis	**(la) parálisis**
epilepsy	**(la) epilepsia**	pneumonia	**(la) pulmonía**
fever	**(la) fiebre**	rupture	**(la) quebradura**
gas	**(el) gas**	scarlet fever	**(la) escarlata**
hayfever	**(la) fiebre del heno**	seasickness	**(el) mareo**
headache	**(el) dolor de cabeza**	smallpox	**(la) viruela**
heart attack	**(el) ataque de corazón**	sore	**(la) herida**
hemmorhage	**(la) hemorragia**	sprain	**(la) torcedura**

stomachache	(el) dolor de estómago	tonsillitis	(la) tonsilitis
strain	(la) tirantez	toothache	(el) dolor de muelas
stroke	(el) ataque de parálisis	tuberculosis	(la) tuberculosis
swelling	(la) hinchazón	tumor	(el) tumor
syphilis	(la) sífilis	ulcer	(la) úlcera

Ejercicio

Asocie una enfermedad con las partes del cuerpo siguientes:

1. la cabeza
2. el cerebro
3. el corazón
4. los dientes

5. la garganta
6. el hígado
7. los intestinos

8. la piel
9. los pulmones
10. la sangre

[28-9] GRAMÁTICA ESENCIAL

A. PAST PARTICIPLES

1. The regular past participle of a verb is formed by adding **-ado** to the stem of **-ar** verbs, and **-ido** to the stem of **-er** and **-ir** verbs.

tomar	**tomado**	taken
comer	**comido**	eaten
vivir	**vivido**	lived

2. The most common irregular past participles are:

abrir	**abierto**	opened
cubrir	**cubierto**	covered
decir	**dicho**	said
descubrir	**descubierto**	discovered
escribir	**escrito**	written
freír	**frito**	fried
hacer	**hecho**	made, done
imprimir	**impreso**	printed
morir	**muerto**	died
poner	**puesto**	placed
prender	**preso**	seized
romper	**roto**	broken
satisfacer	**satisfecho**	satisfied
ver	**visto**	seen
volver	**vuelto**	returned

3. When the stem of a verb ends in a strong vowel (**a**, **e**, **o**), the **i** of the past participle ending has a written accent to prevent the two vowels from forming a diphthong.

caer	**caído**	fallen
leer	**leído**	read
oír	**oído**	heard
traer	**traído**	brought

4. The past participle may be used as an adjective, in which case it agrees in gender and number with the noun it modifies.

La paella está **comida** y los invitados están **satisfechos**.
The paella is eaten and the guests are satisfied.

El prisionero no está **preso**.
The prisoner is not seized.

Los huevos y el tocino están **fritos**.
The eggs and bacon are fried.

Los niños se encuentran **cansados**.
The children find themselves tired.

5. Many past participles are equivalents of English present participles.

Papá está **acostado**.   *Papa is lying down.*
Las zarzuelas a veces son **pesadas**.   *The zarzuelas at times are boring.*

6. Past participles may have a noun value.

Los fracasados se matriculan en la escuela de verano.
The failures matriculate in summer school.

Regresan **los heridos** y **los muertos** de la guerra.
The wounded and the dead return from the war.

7. **Lo** with the past participle has a noun value.

Lo divertido del incidente es que lo encontraron dormido.
The funny thing about the incident is that they found him asleep.

Jorge gasta todo **lo ganado** y siempre es pobre.
George spends all he earns and is always poor.

Ejercicio

Exprese en español:

1. The pharmacy is open.
2. His favorite song is played often.
3. The clients are very satisfied.

4. Books printed in the U.S. are more expensive.
5. Fried potatoes are very popular.
6. The electric shavers are covered with dust.
7. Be careful of the broken glass.
8. The written word is law.
9. Her engagement ring was made in Spain.
10. The interested people will not be absent.
11. This woolen blanket made in Mexico was given to me by my dead wife.
12. Do you like fried pork chops? No, I prefer roasted meat.
13. The tired children are lying down.
14. The signed contracts will give your employees work for a whole year.
15. I am interested in what is done and not what is said.

[28-10] CONJUGACIÓN DEL VERBO «CAER»

Yo **caigo** en una trampa.
Tú **caes** en una trampa.
Él, Ella **cae** en una trampa.
Ud. **cae** en una trampa.

Nosotros (-as) **caemos** en una trampa.
Vosotros (-as) **caéis** en una trampa.
Ellos, Ellas **caen** en una trampa.
Uds. **caen** en una trampa.

I fall into a trap.
You fall into a trap.
He, She falls into a trap.
You fall into a trap.

We fall into a trap.
You fall into a trap.
They fall into a trap.
You fall into a trap.

Ejercicio

Dé la forma apropiada del verbo **caer**:

1. Teodoro _____ en el jardín.
2. ¿Dónde _____ el criminal?
3. Nosotros _____ en esta batalla.

4. Tú siempre _____ en casa.
5. Yo _____ en sus manos.

[28-11] PRONUNCIACIÓN

Spanish q

Repita:

Barranquilla	**Quebec**	**quetzal**	**Quijana**	**quipos**
Don Q	**Querétaro**	**Quevedo**	**quinta**	**Quito**
Don Quijote	**Quesada**	**Quetzalcoatl**	**Quintana**	**quórum**

Trabalenguas:

¿Qué equipo quiteño quiere a Quintana?

[28-12] DICHOS Y REFRANES

Tanto es amar sin ser amado como responder sin ser preguntado.
To respond without being questioned is like loving without being loved.

[28-13] CARICATURA

El amor es . . .

*tener dolor de estómago
cuando él se enfada contigo.*

[28-14] EL MENÚ PARA HOY

Cream of Celery Soup	**Sopa de crema de apio**
Roastbeef	**Rosbif**
Creamed Cauliflower	**Coliflor a la crema**
Beef Pie	**Empanada de carne**
Orange Sherbet	**Sorbete de naranja**
Rioja Wine	**Vino de la Rioja**

UNIT 29

La estación de policía — The Police Station

[29-1] VOCABULARIO

Repita:

1. crime   **(el) crimen**
2. criminal   **(el, la) criminal**
3. detective   **(el) detective**
4. fingerprint   **(la) huella digital**

5. handcuffs   **(las) esposas**
6. helmet   **(el) casco**
7. juvenile delinquent   **(el, la) delincuente juvenil**

8. mounted police	(la) policía montada	15. siren	(la) sirena
9. pistol	(la) pistola	16. summons	(la) citación
10. police chief	(el) jefe de la policía	17. tear gas	(el) gas lacrimógeno
11. policeman (-woman)	(el, la) policía	18. traffic cop	(el) policía de tráfico
12. police record	(el) record policíaco	19. uniform	(el) uniforme
13. police sergeant	(el) sargento de la policía	20. walkie-talkie	(el) transmisor-receptor portátil
14. police station	(la) estación de policía		

[29-2] VERBOS

Repita:

1. to answer the call for help	contestar la llamada de socorro
2. to arrest the criminal	detener al criminal
3. to break up the demonstration	dispersar la manifestación
4. to call the police	llamar a la policía
5. to fingerprint the thief	tomar las huellas digitales del ladrón
6. to fire the tear gas	disparar el gas lacrimógeno
7. to give first aid	hacer una cura de emergencia
8. to guard the prisoner	cuidar al prisionero
9. to issue a summons	dar una citación
10. to load the revolver	cargar el revólver

[29-3] MODELOS DE LENGUAJE

Repita:

1. Call . . .
   Call a policeman.
   Call a detective.
   Call the police station.

   Llame . . .
   Llame a un policía.
   Llame a un detective.
   Llame a la estación de policía.

2. Some policemen use . . .
   Some policemen use police cars.
   Some policemen use helmets.
   Some policemen use walkie-talkies.

   Algunos policías usan . . .
   Algunos policías usan coches de policía.
   Algunos policías usan cascos.
   Algunos policías usan transmisor-receptores portátiles.

3. . . . is arrested by . . .
   The juvenile delinquent is arrested by the policeman.

   . . . es detenido por . . .
   El delincuente juvenil es detenido por el policía.

The juvenile delinquent is arrested by the traffic cop.	**El delincuente juvenil es detenido por el policía de tráfico.**
The juvenile delinquent is arrested by the police chief.	**El delincuente juvenil es detenido por el jefe de la policía.**

4. Don't shoot . . .   **No dispare . . .**
Don't shoot the pistol.   **No dispare la pistola.**
Don't shoot the tear gas.   **No dispare el gas lacrimógeno.**
Don't shoot the policeman.   **No dispare al policía.**

5. . . . checks . . .   **. . . chequea . . .**
The police sergeant checks the fingerprints.   **El sargento de la policía chequea las huellas digitales.**
The police sergeant checks the uniform.   **El sargento de la policía chequea el uniforme.**
The police sergeant checks the handcuffs.   **El sargento de la policía chequea las esposas.**

[29-4] DIÁLOGO

Policía: —Éste es el *Departamento de Personas Perdidas*.[1]   Bureau of Missing Persons
¿Hay alguien perdido en su familia?
Sra. López: —Sí, Herminio López, mi marido.
Policía: —¿Puede darnos una descripción de él?
Sra. López: —Sí, es pequeño, *gordo, calvo*, tiene mal humor y   fat / bald
se viste como un *payaso*.   he dresses / clown
Policía: —Con esta excelente descripción no creo que va a ser
difícil encontrarlo.
Sra. López: —Ahora que lo pienso bien, *no se moleste* en buscarlo.   don't bother

[29-5] COMPRENSIÓN

1. ¿A quién busca la señora López?
2. ¿Qué le pregunta el policía?
3. ¿Cúal es la descripción que da la señora de su marido?
4. Al final, ¿qué le dice al policía?
5. ¿Está Ud. casado?

[29-6] DESCRIPCIÓN DEL DIBUJO

1. ¿Quién *se encarga del asunto* del criminal?   is in charge of the matter
2. ¿A dónde van a poner al criminal?

---

1. Also **Departamento de Desaparecidos.**

3. ¿Qué hace el otro policía?
4. *Adivine* lo que el sargento de policía le dice al criminal.   guess

[29-7] ESTUDIO DE PALABRAS

Many English words ending in -*y* have Spanish cognates ending in -**ía**.

agony	**(la) agonía**	company	**(la) compañía**
artillery	**(la) artillería**	courtesy	**(la) cortesía**
astrology	**(la) astrología**	infantry	**(la) infantería**
autobiography	**(la) autobiografía**	photography	**(la) fotografía**
battery	**(la) batería**	pornography	**(la) pornografía**
biography	**(la) biografía**	refinery	**(la) refinería**
chronology	**(la) cronología**	seismology	**(la) sismología**

Ejercicio

Exprese en español:

1. anatomy	5. cosmology	8. paleontology
2. astronomy	6. geography	9. philosophy
3. biology	7. ontology	10. psychology
4. geometry		

[29-8] EXPRESIONES ÚTILES

TRAFFIC SIGNALS — LAS SEÑALES DE TRÁNSITO

beach	**balneario**	do not cross	**no cruce**
bump	**lomo**	do not enter	**no entre**
bus stop	**parada**	do not pass	**no pase**
cattle crossing	**cruce de ganado**	drive carefully	**maneje con cuidado**
caution	**precaución**	go	**siga**
crossroads	**cruce de caminos**	hill	**cuesta**
curve	**curva**	intersection	**empalme**
danger	**peligro**		**bocacalle**
detour	**desvío**	keep to the right	**conserve su derecha**
	desviación	keep right	**conserve derecha**
dip	**columpio**	except to pass	**excepto al pasar**
divided highway	**carretera dividida**	men working	**trabajadores**
divided highway ends	**termina carretera dividida**	merging traffic	**confluencia**
		narrow bridge	**puente angosto**

narrow road	**camino angosto**	S curve	**curva doble**
no parking	**no estacione**	school zone	**zona escolar**
no turn	**no vire**	sharp turn	**codo**
	no doble	side road	**camino lateral**
no left turn	**no vire a la izquierda**	signal ahead	**semáforo adelante**
no right turn	**no vire a la derecha**	slow	**despacio**
no U turn	**no vire en U**	slow down	**modere su velocidad**
one-way street	**tránsito**	speed limit . . . m.p.h.	**velocidad máxima**
	calle de dirección única		**. . . k.p.h.**
pedestrian crossing	**cruce de peatones**		**(kilómetros por hora)**
pedestrians	**peatones**	stop	**alto**
right turn on	**a la derecha con**		**pare**
red light	**luz roja**	town ahead	**poblado próximo**
railroad	**F. C. (ferrocarril)**	traffic circle	**glorieta**
road closed	**carretera cerrada**		**rotonda**
road narrows	**carretera estrecha**	yield (right of way)	**ceda el paso**
road repairs	**camino en reparación**		

Ejercicio

Dé el equivalente en español:

1.

2.

3.

4.

5.

6.

7.

8.

9.

[29-9] GRAMÁTICA ESENCIAL

A. PASSIVE VOICE

In the active voice, the subject performs the action denoted by the verb.

Los muchachos comen las manzanas.   *The boys eat the apples.*

In the passive voice, the subject is acted upon by a person or thing, called the agent. The passive voice in Spanish is formed by **ser** plus a past participle, which agrees in number and gender with the subject.

Las manzanas **son comidas por** los muchachos.   *The apples are eaten by the boys.*
El edificio **fue construido por** los carpinteros.   *The building was constructed by the carpenters.*

B. SUBSTITUTES FOR THE PASSIVE VOICE

1. If the subject of a passive construction is not a person and an agent is not expressed, the reflexive **se** may be used with a verb in the third person as a substitute for the true passive.

Se cierra la puerta.   *The door is closed.*
Se habla español aquí.   *Spanish is spoken here.*
Se comen uvas.   *Grapes are eaten.*
Se celebran las fiestas.   *The holidays are celebrated.*

2. The third person plural of the verb may be used as a substitute for the true passive.

Dicen muchas cosas intersantes.
Many interesting things are said (They say . . .).

Preparan un buen desayuno y almuerzo.
A good breakfast and lunch are prepared (They prepare . . .).

Montan los caballos.
The horses are mounted (They mount . . .).

Cantan unas canciones.
Some songs are sung (They sing . . .).

C. RESULTANT CONDITION

Estar with a past participle is used to express a condition resulting from an action and is not to be confused with any passive constructions.

La puerta **está cerrada.**   *The door is closed.*

La carta **está escrita.**
Las ventanas **están abiertas.**

The letter is written.
The windows are open.

Ejercicios

A. Diga en español:

1. The music is heard.
2. Soldiers are wounded.
3. Gasoline was not sold today.

4. English is spoken here.
5. Money is needed.
6. The doctors are consulted.

7. The books are opened.
8. The contracts are signed.

B. Exprese en español:

1. The novel was read diligently by all the students.
2. Swimming is prohibited here, and there is also a sign that says, "No Trespassing."
3. French is spoken in Haiti and Quebec, and Spanish is spoken in Texas and Arizona.
4. The store was opened at ten o'clock this morning, but the customers were not given enough time to purchase the ties on sale.
5. The criminal was arrested by the policeman and was put in jail.

[29-10] CONJUGACIÓN DEL VERBO «CONVENCER»

Yo **convenzo** al público.
Tú **convences** al público.
Él, Ella **convence** al público.
Ud. **convence** al público.

I convince the public.
You convince the public.
He, She convinces the public.
You convince the public.

Nosotros (-as) **convencemos** al público.
Vosotros (-as) **convencéis** al público.
Ellos, Ellas **convencen** al público.
Uds. **convencen** al público.

We convince the public.
You convince the public.
They convince the public.
You convince the public.

Ejercicio

Use la forma apropiada del verbo **convencer:**

1. El presidente trata de _____ al público.
2. Los políticos no siempre _____ al público.
3. A veces yo no _____ a la clase.
4. Nuestra casa de seguros _____ al público de la necesidad de comprar seguros.
5. Tú no _____ al público de conservar la gasolina.

[29-11] PRONUNCIACIÓN

Spanish r

Repita:

radical	regular	resistible	ritual	rumor
real	religión	revisión	robot	rural
rector	Rembrandt	Río Grande	romance	Rusia

Trabalenguas:

Rogelio repara el radio roto del rector.

[29-12] DICHOS Y REFRANES

Hombre prevenido nunca fue vencido.
Forewarned is forearmed.

[29-13] CARICATURA

El amor es . . .

*dar ánimo cuando
las cosas están difíciles.*

[29-14] EL MENÚ PARA HOY

Onion Soup	**Sopa de cebollas**
Roast Pheasant	**Faisán asado**
Wild Rice	**Arroz salvaje**
Watermelon	**Sandía**
Creme de Menthe	**Crema de menta**

UNIT 30

Quiz

El correo

The Post Office

[30–1] VOCABULARIO

Repita:

1. air mail   (el) correo aéreo
2. certified mail   (el) correo certificado
3. envelope   (el) sobre

4. first-class mail (el) correo de primera clase
5. letter   (la) carta

274

6.	mailbag	**(el) portacartas**	14. postcard	**(la) tarjeta postal**
7.	mailbox	**(el) buzón**	15. postmark	**(el) matasellos**
8.	mail clerk	**(el) dependiente**	16. postmaster	**(el) director de correos**
9.	mailing address	**(las) señas**[1]	17. registered mail	**(el) correo registrado**
10.	mailman	**(el) cartero**	18. return address	**(la) dirección del remitente**
11.	overweight	**(el) sobrepeso**		
12.	parcel post	**(el) paquete postal**	19. special delivery	**(la) entrega especial**
13.	postal money órder	**(el) giro postal**	20. stamp	**(el) sello**

[30–2] VERBOS

Repita:

1.	to address the envelope	**poner la dirección en el sobre**
2.	to certify the letter	**certificar la carta**
3.	to forget the zip code	**olvidar el** *zip code*
4.	to greet the mailman	**saludar al cartero**
5.	to insure the package	**asegurar el paquete**
6.	to mail a letter	**echar una carta al correo**
7.	to pay the overweight	**pagar el sobrepeso**
8.	to save stamps	**coleccionar sellos**
9.	to register the letter	**registrar**[2] **la carta**
10.	to send air mail	**enviar por correo aéreo**

[30–3] MODELOS DE LENGUAJE

Repita:

1. . . . carries the mail.
   The mailman carries the mail.
   The postmaster carries the mail.
   The mail clerk carries the mail.

   . . . **lleva la correspondencia.**
   El cartero lleva la correspondencia.
   El director de correos lleva la correspondencia.
   El dependiente lleva la correspondencia.

2. Send . . .
   Send the letter air mail.
   Send the letter as insured mail.
   Send the letter special delivery.

   Envíe . . .
   Envíe la carta por correo aéreo.
   Envíe la carta asegurada.
   Envíe la carta por entrega especial.

3. There is an additional charge . . .
   There is an additional charge for
      registered mail.

   Hay un cargo adicional . . .
   Hay un cargo adicional por correo
      registrado.

---

1. Also **la dirección.**   2. Also **certificar.**

There is an additional charge for certified mail.	**Hay un cargo adicional por correo certificado.**
There is an additional charge for overweight.	**Hay un cargo adicional por sobrepeso.**

4. Many people save . . .
   Many people save stamps.
   Many people save postmarks.
   Many people save envelopes.

Muchas personas coleccionan . . .
Muchas personas coleccionan sellos.
Muchas personas coleccionan matasellos.
Muchas personas coleccionan sobres.

5. The postcard is in the . . .
   The postcard is in the post office.
   The postcard is in the mailbag.
   The postcard is in the mailbox.

La tarjeta postal está en . . .
La tarjeta postal está en el correo.
La tarjeta postal está en el portacartas.
La tarjeta postal está en el buzón.

[30-4] DIÁLOGO

Primer soldado:	— ¡Hola, Pancho! *¿Qué hay de nuevo?*	what's new
Segundo soldado:	—Acabo de *regresar* del correo y tengo una carta para ti.	returned
Primer soldado:	—Mil gracias. Eres muy amable en *entregármela.*	to deliver it to me
Segundo soldado:	—¿Es de tu novia Yolanda? ¿Tiene otro novio?	
Primer soldado:	—*Basta con* tus *chistes.* Vamos a ver . . . ¡Increíble! . . . Voy a leer la carta . . . *Saludos.* A petición del Presidente de los Estados Unidos tiene Ud. que presentarse el lunes, 8 de diciembre, *antes de* las doce de la mañana en el *Fuerte* Niágara para *inscribirse* en el *servicio militar obligatorio* . . .	enough of / jokes greetings before Fort to report for / the draft
Segundo soldado:	— ¡Qué barbaridad!	

[30-5] COMPRENSIÓN

1. ¿De quiénes *trata* el diálogo?		does . . . treat
2. ¿De dónde regresa el soldado?		
3. ¿Está casado o es *soltero* el primer soldado?		batchelor
4. ¿Considera Ud. ridícula la carta?		
5. ¿Cuál es su opinión sobre la *conscripción*?		draft

[30-6] DESCRIPCIÓN DEL DIBUJO

1. ¿Qué se vende en el correo?
2. ¿Qué le pregunta el señor al dependiente?
3. ¿Qué hace su amigo?
4. Describa la casa de correos en la época de Navidad.

[30-7] ESTUDIO DE PALABRAS

Many English words that end in -ium have Spanish cognates that end in -io.

aquarium	**(el) acuario**	gymnasium	**(el) gimnasio**
auditorium	**(el) auditorio**	honorarium	**(el) honorario**
colloquium	**(el) coloquio**	medium	**(el) medio**
compendium	**(el) compendio**	paramecium	**(el) paramecio**
equilibrium	**(el) equilibrio**	sanatorium	**(el) sanatorio**

Ejercicio

Dé el cognado español:

1. barium
2. calcium
3. helium
4. magnesium
5. radium
6. sodium

[30-8] EXPRESIONES ÚTILES

EXPRESSIONS OF MEASURE

LAS MEDIDAS Y LAS CANTIDADES

an album of	**un álbum de . . .**
an area of	**un área de . . .**
a bottle of	**una botella de . . .**
a circle of	**un círculo de . . .**
a cord of	**una cuerda de . . .**
a crate of	**una canasta de . . .**
a crumb of	**una miga de . . .**
a cup of	**una taza de . . .**
a field of	**un campo de . . .**
a head of	**una cabeza de . . .**
a lump of	**un terrón de . . .**
a mountain of	**una montaña de . . .**

a mouthful of	**un bocado de . . .**
an ounce of	**una onza de . . .**
a page of	**una página de . . .**
a potful of	**una cazuela llena de . . .**
a pound of	**una libra de . . .**
a roll of	**un rollo de . . .**
a shipload of	**un cargamento de . . .**
a shipment of	**un envío de . . .**
a string of	**un hilo de . . .**
a trainload of	**un tren lleno de . . .**
a warehouse full of	**un almacén lleno de . . .**
a world of	**un mundo de . . .**

Ejercicio

Dé la medida apropiada para las cosas siguientes:

1. medicina
2. carne
3. té
4. margaritas

5. azúcar
6. naranjas
7. pan

8. leña
9. amigos
10. turistas

[30–9] GRAMÁTICA ESENCIAL

REVIEW OF VERBS WITH SPELLING CHANGES

Many verbs in Spanish have certain regular changes in spelling in order to preserve their characteristic sounds.

1. Verbs ending in **-car** and **-gar** change the **c** and **g** to **qu** and **gu** respectively before **e** in the first person singular of the preterite and the command.

buscar   to look for

bus**qué**, buscaste, buscó, buscamos, buscasteis, buscaron
bus**que**, bus**quen**

Yo bus**qué** los tomates maduros.   *I looked for ripe tomatoes.*

llegar   to arrive

lle**gué**, llegaste, llegó, llegamos, llegasteis, llegaron
lle**gue**, lle**guen**

Lle**gué** a tiempo.   *I arrived on time.*

2. Verbs ending in **-guar** change the **gu** to **gü** before **e** in the first person singular of the preterite and the command.

averiguar   to ascertain

averi**güé**, averiguaste, averiguó, averiguamos, averiguasteis, averiguaron
averi**güe**, averi**güen**

Averi**güé** los hechos.   *I ascertained the facts.*

3. Verbs ending in **-guir** drop the **u** before **a** and **o** in the first person of the present indicative and the command.

seguir   to follow

si**go,** sigues, sigue, seguimos, seguís, siguen
si**ga,** si**gan**

Yo si**go** al líder.   *I follow the leader.*

4. Verbs ending in **-ger** and **-gir** change the **g** to **j** before **a** and **o** in the first person singular of the present indicative and the command.

escoger   to choose

esco**jo,** escoges, escoge, escogemos, escogéis, escogen
esco**ja,** esco**jan**

Escoja la forma apropiada del verbo.   *Choose the appropriate form of the verb.*

5. Verbs ending in **-cer** and **-cir** preceded by a consonant change the **c** to **z** before **a** and **o** in the first person of the present indicative and the command.

convencer   to convince

conven**zo,** convences, convence, convencemos, convencéis, convencen
conven**za,** conven**zan**

Yo conven**zo** al profesor.   *I convince the professor.*

6. Verbs ending in **-cer** and **-cir** preceded by a vowel insert **z** before the **c** in the first person of the present indicative and the command.

conocer   to know

cono**zco,** conoces, conoce, conocemos, conocéis, conocen
cono**zca,** cono**zcan**

Conozco a Pablo.   *I know Paul.*

7. Verbs ending in **-zar** change the **z** to **c** before **e** in the first person singular of the preterite and the command.

empezar   to begin

empe**cé,** empezaste, empezo, empezamos, empezasteis, empezaron
empie**ce,** empie**cen**

Empecé la lección.   *I began the lesson.*

8. Verbs ending in **-iar** and **-uar** (except **-guar**) have a written accent on the **i** and **u** respectively throughout the singular and in the third person plural of the present indicative and in the command.

enviar   to send

envío, envías, envía, enviamos, enviáis, envían
envíe, envíen

Envío un telegrama.   *I send a telegram.*

continuar   to continue

continúo, continúas, continúa, continuamos, continuáis, continúan
continúe, continúen

Continúa su viaje.   *He continues his trip.*

9. Verbs whose stem ends in a vowel (**-aer, -eer, -uir**) change the **i** of endings beginning with **ie** or **io** to **y**. The stressed **í** is not changed to **y**.

caer   to fall

caí, caíste, ca**yó**, caímos, caísteis, ca**yeron**
ca**yendo**

Uds. **cayeron** en la trampa.   *You fell into the trap.*

creer   to believe

creí, creíste, cre**yó**, creímos, creísteis, cre**yeron**
cre**yendo**

No **creyeron** la verdad.   *They didn't believe the truth.*

concluir   to conclude

concluyo, conclu**yes**, conclu**ye**, concluimos, concluís, conclu**yen**
concluí, concluiste, conclu**yó**, concluimos, concluisteis, conclu**yeron**
conclu**yendo**

Concluyó la tarea.   *He concluded the homework.*

10. Verbs ending in **-eír**

reír   to laugh

río, ríes, ríe, reímos, reís, ríen
reí, reíste, rió, reímos, reísteis, rieron
riendo

Siempre **río** cuando veo a Cantinflas.   *I always laugh when I see Cantinflas.*
Siempre **me río** de él.   *I always laugh at him.*

Ejercicios

A. Diga en español:

1. I looked for the money.
2. I arrived late.
3. I ascertained the truth.
4. I began to work.
5. He believed the rabbi.
6. They laugh at him.
7. They concluded the assignment.
8. She sends a letter.
9. You continue your studies.
10. I convince the butcher.

B. Exprese en español:

1. I know the man that was a witness in the case.
2. I follow you but you do not follow me.
3. I am going to convince the government officials of it. They fell into a trap.
4. Anita laughed when Gloria completed the sweater that she began to knit a year ago.
5. They are sending a telegram to the President of the United States in order to convince him to sign the law giving more money to postal workers.

[30-10] CONJUGACIÓN DEL VERBO «RECORDAR»

Yo **recuerdo** el chiste.	I remember the joke.
Tú **recuerdas** el chiste.	You remember the joke.
Él, Ella **recuerda** el chiste.	He, She remembers the joke.
Ud. **recuerda** el chiste.	You remember the joke.
Nosotros (-as) **recordamos** el chiste.	We remember the joke.
Vosotros (-as) **recordáis** el chiste.	You remember the joke.
Ellos, Ellas **recuerdan** el chiste.	They remember the joke.
Uds. **recuerdan** el chiste.	You remember the joke.

Ejercicio

Dé la forma apropiada del verbo **recordar**:

1. recordar los guantes (Doris y Graciela, yo)
2. recordar el nombre del cartero (el chico, tú)
3. recordar el error (los alumnos, vosotros)
4. recordar el viaje (el turista, los chóferes)
5. recordar (tú y yo, los abuelos)

[30-11] PRONUNCIACIÓN

Spanish rr

Repita:

arrogante	burro	errata	irregular	irritable
arroyo	corrida	error	irreparable	terror
arroz con pollo	erradicable	irreducible	irrigación	Zorro

Trabalenguas:

Erre con erre cigarro, erre con erre barril; rápidos corren los carros del ferrocarril.

[30-12] DICHOS Y REFRANES

Lo que bien se aprende, jamás se olvida.
What is well learned is not soon forgotten.

[30-13] CARICATURA

love is...

. . . *sending her a letter from every port.*

Copyright 1971 LOS ANGELES TIMES

El amor es . . .

enviarle a ella una carta de cada puerto.

[30–14] EL MENÚ PARA HOY

Chicken-Noodle Soup

Filet Mignon

Oven-Fried Potatoes

Eggplant Parmesan Style

Almond-Nougat Candy

Sangría

Sopa de pollo con fideos

Filete miñón

Patatas al horno

Berenjena a la parmesana

Turrón

Sangría

UNIT 31

La tienda de radios, televisores, estéreos y música

The Radio, T.V., Stereo, and Music Shop

[31-1] VOCABULARIO

Repita:

1. antenna	**(la) antena**	3. broadcasting station	**(la) emisora**
2. broadcast	**(la) radiodifusión**	4. cassette	**(el) caset**

5. classical music	(la) música clásica	14. short wave	(la) onda corta
6. country music	(la) música del campo	15. stereo components	(las) partes del estéreo
7. focus	(el) foco	16. tape	(la) cinta magnética
8. headset	(los) auriculares	17. tape recorder	(la) grabadora
9. loudspeaker	(el) altoparlante	18. television screen	(la) pantalla de televisión
10. microphone	(el) micrófono		
11. portable radio	(el) radio portátil	19. transistor	(el) transistor
12. record	(el) disco	20. tube	(el) tubo
13. record player	(el) tocadiscos		

[31-2] VERBOS

Repita:

1. to adjust the picture	**ajustar la imagen**
2. to change the station	**cambiar la estación**
3. to connect the antenna	**conectar la antena**
4. to enjoy the music	**disfrutar de la música**
5. to listen to the stereo	**escuchar el estéreo**
6. to repair the T.V.	**reparar el televisor**
7. to select the channel	**seleccionar el canal**
8. to turn off the T.V.	**apagar el televisor**
9. to turn on the radio	**poner el radio**
10. to turn up the volume control	**subir el control de volumen**

[31-3] MODELOS DE LENGUAJE

Repita:

1. . . . doesn't work.
   The record player doesn't work.
   The television doesn't work.
   The headsets don't work.

   . . . no funciona.
   El tocadiscos no funciona.
   El televisor no funciona.
   Los auriculares no funcionan.

2. I hear music on . . .
   I hear music on the portable radio.
   I hear music on the tape recorder.
   I hear music on the stereo.

   Oigo música en . . .
   Oigo música en el radio portátil.
   Oigo música en la grabadora.
   Oigo música en el estéreo.

3. Adjust . . .
   Adjust the focus.
   Adjust the short wave.
   Adjust the cassette.

   Ajuste . . .
   Ajuste el foco.
   Ajuste la onda corta.
   Ajuste el caset.

4. The technician is replacing . . .   El técnico está reemplazando . . .
   The technician is replacing the picture tube.   El técnico está reemplazando el tubo de la
                                                        pantalla.

   The technician is replacing the radio tube.   El técnico está reemplazando el tubo del radio.
   The technician is replacing the stereo   El técnico está reemplazando las partes
   components.   estereofónicas.

5. His wife presents him with a new . . .   Su esposa le regala un nuevo . . .
   His wife presents him with a new   Su esposa le regala un nuevo micrófono.
   microphone.
   His wife presents him with a new tape   Su esposa le regala una nueva grabadora.
   recorder.
   His wife presents him with a new antenna.   Su esposa le regala una nueva antena.

[31-4] DIÁLOGO

Locutor:	—La emisora hispánica WXYZ presenta a nuestros	announcer
	queridos oyentes una medicina maravillosa que	beloved listeners
	nunca *debe faltar* en su casa.	should be missing
Carmencita:	—*Cierre* el radio, papacito, que me *aburren* los	shut off / bore
	anuncios, y me dan dolor de cabeza.	commercials
Locutor:	—. . . es una medicina que tranquiliza los nervios	
	y pone fin al dolor de cabeza. Se llama Mejoral.	puts an end
	Recuerde el nombre. Mejoral.	remember
Papacito:	—¡Qué *casualidad* Carmencita! El locutor está	coincidence
	hablando de dolores de cabeza. ¿Por qué no compras	
	Mejoral para *aliviar* tus dolores de cabeza?	alleviate
Carmencita:	—¿Yo? ¿Tomar Mejoral?	
Locutor:	—. . . sí, queridos oyentes que escuchan mi *voz*,	voice
	tomen Mejoral, porque Mejoral . . . *mejora* . . .	makes you better
	mejor.	

[31-5] COMPRENSIÓN

1. ¿Qué es lo que no debe faltar nunca en casa?
2. ¿Por qué no le gustan los anuncios a Carmencita?
3. ¿Qué reputación tiene la medicina?
4. ¿Cuál fue la casualidad de este relato?
5. ¿Cuáles son los anuncios en el radio o en el televisor que encuentra Ud. bien presentados?

[31-6] DESCRIPCIÓN DEL DIBUJO

1. Describa los dos programas que *aparecen* en los televisores en el   appear
   suelo.   floor
2. ¿Qué más se vende en esta tienda?
3. ¿Qué mira el señor?
4. ¿Qué marca televisora tiene Ud. en casa?

[31-7] ESTUDIO DE PALABRAS

Many English words containing a *k* have Spanish cognates with a **k, c,** or **qu**.

bank	**(el) banco**	Korea	**Corea**
dike	**(el) dique**	New Yorker	**(el) neoyorkino, neoyorquino**
disk	**(el) disco**	park	**(el) parque**
Key West	**(el) Cayo Hueso**	pick	**(el) pico**
khaki	**(el) caqui**	poker	**(el) pócar**
kiosk	**(el) kiosko, quiosco**	rock	**(la) roca**

Ejercicio

Complete las oraciones utilizando las palabras siguientes:

el canguro	kangaroo	**Dinamarca**	Denmark
Catalina	Katherine	**el duque**	duke
el cheque	check	**el paquete**	package
la cucaracha	cockroach	**la quilla**	keel

1. _____ de Australia
2. el rey de _____
3. _____ del banco
4. _____ del bote

5. _____ de Braganza
6. _____ del apartamento
7. _____ del correo
8. _____ de Inglaterra

[31-8] EXPRESIONES ÚTILES

MUSICAL INSTRUMENTS

LOS INSTRUMENTOS MUSICALES

accordion	**(el) acordeón**	guitar	**(la) guitarra**
castanets	**(las) castañuelas**	harmonica	**(la) armónica**
clarinet	**(el) clarinete**	harp	**(el) arpa**
drum	**(el) tambor**	maracas	**(las) maracas**
flute	**(la) flauta**	organ	**(el) órgano**

piano	(el) piano	tuba	(la) tuba
saxophone	(el) saxofón	trumpet	(la) trompeta
tambourine	(la) pandereta	violin	(el) violín

to play an instrument   **tocar un instrumento**

Ejercicio

1. En la América del Sur los habitantes tocan _____ .
2. En la música militar o marcial se emplean _____ .
3. Heriberto Alberto (Herb Albert) toca bien _____ .
4. En los bailes españoles se toca _____ .
5. Dicen que en el cielo se toca _____ , que es el instrumento musical predilecto de los irlandeses.
6. Lawrence Welk toca _____ .
7. Los españoles utilizan _____ en sus canciones y sus bailes.
8. _____ es el instrumento favorito de los gitanos.
9. José Iturbi toca _____ y Andrés Segovia toca _____ .
10. Estamos acostumbrados a escuchar _____ en la iglesia.

[31-9] GRAMÁTICA ESENCIAL

RADICAL-CHANGING VERBS

Radical-changing verbs have irregularities in the radical (stem) vowel. These radical changes fall into the following three classes.

CLASS 1. Verbs of the first and second conjugations with the radical vowel **e** or **o**.

The stressed **e** changes to **ie** and the stressed **o** changes to **ue** throughout the singular and in the third person plural of the present indicative and in the command.

perder to lose		**morder** to bite	
pierdo	perdemos	muerdo	mordemos
pierdes	perdéis	muerdes	mordéis
pierde	pierden	muerde	muerden

pierda, pierdan   muerda, muerdan

CLASS 2. Verbs of the third conjugation with the radical vowel **e** or **o**.

The stressed **e** changes to **ie** and the stressed **o** changes to **ue** throughout the singular and in the third person plural of the present indicative and in the command. The **e** changes to **i** and the **o** changes to **u** in the third person singular and plural of the preterite and in the present participle.

PRESENT

mentir   to lie

miento	mentimos
mientes	mentís
miente	mienten

dormir   to sleep

duermo	dormimos
duermes	dormís
duerme	duermen

PRETERITE

mentí	mentimos
mentiste	mentisteis
mintió	mintieron

dormí	dormimos
dormiste	dormisteis
durmió	durmieron

mienta, mientan
mintiendo

duerma, duerman
durmiendo

CLASS 3. Verbs of the third conjugation with the radical vowel **e**.

The stressed **e** changes to **i** throughout the singular and in the third person plural of the present indicative and in the command. The **e** also changes to **i** in the third person singular and plural of the preterite and in the present participle.

vestir   to dress

PRESENT

visto	vestimos
vistes	vestís
viste	visten

PRETERITE

vestí	vestimos
vestiste	vestisteis
vistió	vistieron

vista, vistan
vistiendo

1. Common verbs of the first class like **perder**

acertar	to figure out		**empezar**	to begin
apretar	to squeeze		**encender**	to ignite
ascender	to ascend		**entender**	to understand
atravesar	to cross		**gobernar**	to govern
calentar	to warm		**manifestar**	to manifest
cerrar	to close		**negar**	to deny
comenzar	to begin		**pensar**	to think
concertar	to arrange		**quebrar**	to break
confesar	to confess		**regar**	to irrigate
defender	to defend		**sembrar**	to seed
descender	to descend		**sentar**	to sit
despertar	to awaken		**temblar**	to tremble
desterrar	to exile		**tender**	to spread out

2. Common verbs of the first class like **morder**

acordar	to agree upon	**moler**	to grind
almorzar	to lunch	**mostrar**	to show
apostar	to bet	**mover**	to move
avergonzar	to shame	**probar**	to prove
colgar	to hang	**recordar**	to remember
consolar	to console	**rogar**	to pray
contar	to count	**soltar**	to free
costar	to cost	**soñar**	to dream
forzar	to force	**volver**	to return

3. Common verbs of the second class like **mentir**

advertir	to warn	**hervir**	to boil
arrepentirse	to repent	**invertir**	to invert
conferir	to confer	**preferir**	to prefer
convertir	to convert	**referir**	to refer
divertirse	to amuse oneself	**sentir**	to feel
herir	to wound	**sugerir**	to suggest

4. Common verbs of the second class like **dormir**

morir	to die

5. Common verbs of the third category like **vestir**

competir	to compete	**medir**	to measure
concebir	to conceive	**pedir**	to ask for
despedir	to take leave of	**repetir**	to repeat
elegir	to elect	**seguir**	to follow
impedir	to obstruct	**servir**	to serve

Ejercicios

A. *Diga en español:*

1. He loses the ticket.
2. The dog bites the girl.
3. You lie.
4. I sleep every afternoon.
5. I dress for the dance.
6. You amuse the family.
7. He heats the apartment.
8. She counts the money.
9. He prefers the opera.
10. I ask for a glass of water.

B. *Exprese en español:*

1. He asks for the engagement ring and she begins to cry.
2. Is he now confessing that he bets on the horses and lies to his wife?

3. He returns to the farm, sows his seed, and irrigates the fields.
4. The soldiers defend the city and they do not move from their positions.
5. First the child frees the horses and then he ignites the barn.
6. The king governs well and manifests to the people that he is dreaming of peace.
7. While I measure the carpet she serves the children their lunch.
8. I remember the day when children used to go to school in fine clothes. Is it true today they sit on the floor? I begin to show my age.
9. The eggs cost $1.00 a dozen and I bet he breaks them all.
10. I descend into the mine while he ascends in an elevator.

[31-10] CONJUGACIÓN DEL VERBO «CONTAR»

Yo **cuento** los días.	I count the days.
Tú **cuentas** los días.	You count the days.
Él, Ella **cuenta** los días.	He, She counts the days.
Ud. **cuenta** los días.	You count the days.
Nosotros (-as) **contamos** los días.	We count the days.
Vosotros (-as) **contáis** los días.	You count the days.
Ellos, Ellas **cuentan** los días.	They count the days.
Uds. **cuentan** los días.	You count the days.

Ejercicio

Use la forma apropiada del verbo **contar**:

1. contar los días (Alfredo y Jaime, yo)
2. contar el dinero (el campesino, tú)
3. contar las tarjetas de Navidad (mamá y papá, mi primo)
4. contar las palabras (el maestro, los autores)
5. contar los números (los niños, mi nieto)

[31-11] PRONUNCIACIÓN

Spanish **s**

Repita:

sable	Sahara	salón	sector	Simón
sacramental	saliva	San Juan	sedán	solo
sacristán	salmón	San Salvador	sermón	sonata

Trabalenguas:

La sucesión sucesiva de sucesos sucede sucesivamente con la sucesión del tiempo.

[31-12] DICHOS Y REFRANES

De la mano a la boca se pierde la sopa.
There's many a slip twixt the cup and the lip.

[31-13] CARICATURA

love is...

... answering the phone when she's watching TV.

Copyright 1971 LOS ANGELES TIMES

El amor es . . .

contestar el teléfono cuando ella mira la televisión.

[31-14] EL MENÚ PARA HOY

Antipasto	**Entremeses variados**
Barbecued Spareribs	**Costillas a la barbacoa**
Baked Sweet Potato	**Camote al horno**
Honey Fritters	**Pestiños**
Crushed Almond Drink	**Vaso de horchata**

UNIT 32

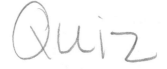

El restaurante, el cabaret y el café
The Restaurant, Night Club, and Café

[32-1] VOCABULARIO

Repita:

1. appetizer   **(la) tapa**
2. baked potato   **(la) papa asada**
3. corn on the cob   **(el) maíz en la mazorca**
4. coffee   **(el) café**

5. dessert   **(el) postre**
6. French fries   **(las) papas fritas**
7. fried chicken   **(el) pollo frito**
8. jello   **(la) gelatina**

9. lobster (broiled)	**(la) langosta (a la parrilla)**	14. roast beef	**(el) rosbif**
10. mashed potatoes	**(el) puré de papas**	15. salad	**(la) ensalada**
11. meatball	**(la) albóndiga**	16. soup	**(la) sopa**
12. peas and carrots	**(los) guisantes y (las) zanahorias**	17. spaghetti	**(los) tallarines**
		18. steak (broiled)	**(el) biftec (a la parrilla)**
13. rice	**(el) arroz**	19. tea	**(el) té**
		20. turkey (roast)	**(el) pavo (asado)**

[32-2] VERBOS

Repita:

1. to ask for the wine list	**pedir la lista de vinos**
2. to eat the dessert	**comer el postre**
3. to enjoy the supper	**disfrutar de la cena**
4. to have a cocktail	**tomar un coctel**
5. to look at the menu	**leer el menú**
6. to order lobster	**pedir langosta**
7. to pay the check	**pagar la cuenta**
8. to pick an appetizer	**escoger una tapa**
9. to reserve a table	**reservar una mesa**
10. to tip the waiter	**dar la propina al camarero**

[32-3] MODELOS DE LENGUAJE

Repita:

1. I drink . . .   Tomo . . .
   I drink tea.   Tomo té.
   I drink coffee.   Tomo café.
   I drink water.   Tomo agua.

2. I'll skip . . .   Voy a dejar . . .
   I'll skip the appetizer.   Voy a dejar las tapas.
   I'll skip the soup.   Voy a dejar la sopa.
   I'll skip the dessert.   Voy a dejar el postre.

3. We want . . .   Queremos . . .
   We want roast beef.   Queremos rosbif.
   We want fried chicken.   Queremos pollo frito.
   We want spaghetti and meatballs.   Queremos tallarines y albóndigas.

4. I have a yen for . . . à la carte.   Tengo ganas de comer . . . a la carta.
   I have a yen for corn on the cob à la carte.   Tengo ganas de comer maíz en la mazorca a la carta.

I have a yen for salad à la carte.	**Tengo ganas de comer ensalada a la carta.**
I have a yen for rice à la carte.	**Tengo ganas de comer arroz a la carta.**

5. The price of . . . is atrocious.   **El precio de . . . es atroz.**
   The price of lobster is atrocious.   **El precio de la langosta es atroz.**
   The price of steak is atrocious.   **El precio del biftec es atroz.**
   The price of turkey is atrocious.   **El precio del pavo es atroz.**

[32-4] DIÁLOGO

Señorita:	—Por favor, *tráigame* una sopa *cualquiera.*	bring me / any
Camarero:	—Aquí tiene su sopa de almejas. Es la especialidad de la casa.	
Señorita:	—Muchas gracias. ¡Qué bien *huele*!	it smells
Camarero:	—Cuánto *me alegro* señorita. Nuestro restaurante *se esmera por* servir bien a sus clientes.	I'm happy / take pains to
Señorita:	—¡Ah! ¡Qué horror! Hay un pelo en la sopa.	
Camarero:	—Pues la *culpa* no es nuestra. Yo soy *calvo* y el *cocinero* también.	blame / bald / chef

[32-5] COMPRENSIÓN

1. ¿Qué pide la cliente?
2. ¿Qué le trae el camarero?
3. ¿De qué se queja la señorita?
4. ¿Qué responde el camarero?
5. ¿Cuál es su restaurante favorito?

[32-6] DESCRIPCIÓN DEL DIBUJO

1. ¿Quién espera con la servilleta en la mano?
2. ¿Qué hace el cliente del restaurante?
3. ¿Qué está sobre la mesa?
4. Describa a la mujer.
5. ¿Cuántas veces a la semana (o al mes) come su familia en un restaurante?

[32-7] ESTUDIO DE PALABRAS

Many English words that end in the suffix *-ment* have Spanish cognates with the suffix **-mento**.

cement	**(el) cemento**	condiment	**(el) condimento**
complement	**(el) complemento**	department	**(el) departamento**

element	(el) elemento	ligament	(el) ligamento
experiment	(el) experimento	moment	(el) momento
firmament	(el) firmamento	monument	(el) monumento
fragment	(el) fragmento	temperament	(el) temperamento
increment	(el) incremento	torment	(el) tormento

Ejercicio

Complete las frases utilizando las palabras siguientes:

(el) apartamento	apartment	(el) instrumento	instrument
(el) argumento	argument	(el) lamento	lament
(el) armamento	armament	(el) parlamento	parliament
(el) campamento	encampment	(el) sacramento	sacrament
(el) filamento	filament	(el) sedimento	sediment

1. _____ de la comedia
2. _____ del soltero
3. _____ de la viuda
4. _____ del músico

5. _____ del edificio
6. _____ del soldado
7. _____ de Inglaterra

8. _____ de la bombilla
9. _____ del presidente
10. _____ del matrimonio

[32-8] EXPRESIONES ÚTILES

CONDIMENTS AND GARNISHES

LOS CONDIMENTOS Y LOS ADORNOS

basil	(la) albahaca	olive oil	(el) aceite de oliva
chili	(el) chile	onion	(la) cebolla
cumin	(el) comino	oregano	(el) orégano
curry	(el) cari	paprika	(el) pimentón
garlic	(el) ajo	parsley	(el) perejil
horseradish	(el) rábano picante	pepper	(la) pimienta
mayonnaise	(la) mayonesa	saffron	(el) azafrán
mint	(la) menta	salt	(la) sal
mustard	(la) mostaza	thyme	(el) tomillo
nutmeg	(la) nuez moscada	vinegar	(el) vinagre

Ejercicio

¿Qué condimento(s) se usan en:

1. un «perro caliente»
2. una paella
3. la ensalada de atún

4. la ensalada de lechuga
5. una pizza italiana

[32-9] GRAMÁTICA ESENCIAL

FUTURE TENSE

hablaré	aprenderé	escribiré
hablarás	aprenderás	escribirás
hablará	aprenderá	escribirá
hablaremos	aprenderemos	escribiremos
hablaréis	aprenderéis	escribiréis
hablarán	aprenderán	escribirán

1. The endings for the future tense are added to the infinitive and are the same for **-ar**, **-er**, and **-ir** verbs. The future tense in Spanish corresponds to the English.

Enriqueta **hablará** con la policía sobre el delito.
Harriet will speak to the police concerning the crime.

Los inmigrantes cubanos **aprenderán** fácilmente el inglés.
The Cuban immigrants will learn English easily.

Te **escribiré** un poema de amor.
I shall write a love poem for you.

Mañana **me levantaré** muy tarde.
Tomorrow I shall get up very late.

2. The future tense in Spanish may be used to express probability or conjecture in present time.

El boxeador puertorriqueño probablemente **ganará** el campeonato.
The Puerto Rican boxer is probably going to win the championship.

Ahora el difunto **estará** en el cielo.
Now the deceased is probably in heaven.

Lloverá en unos minutos.
It will probably rain in a few minutes.

3. The following verbs have irregular stems in the future tense.

caber	to fit	**cabré**
decir	to say, tell	**diré**
haber	to have	**habré**
hacer	to do, make	**haré**
poder	to be able	**podré**
poner	to put	**pondré**
querer	to wish, love	**querré**
saber	to know	**sabré**
salir	to go out	**saldré**

tener	to have	tendré
valer	to be worth	valdré
venir	to come	vendré

Ejercicios

A. Dé el equivalente en español:

1. The doctor will operate tomorrow.
2. Victoria will marry Edward next Sunday.
3. Shall I be able to eat sweets after leaving the hospital?
4. Next month my family and I will go to Italy.
5. Will you go out with me tonight?
6. The Puerto Rican students will probably sing in the chorus.
7. The teachers will play baseball with the students.
8. Will you accompany me to the opera?
9. John is probably working many more hours for Christmas.
10. The Americans are probably going to Europe.

B. Exprese en español:

1. I wonder what time it is. It's probably a quarter after four.
2. Although it rained yesterday, tomorrow will probably be fine weather. Whatever will be, will be.
3. In six hours the PAN AM 707 will arrive in Paris and we shall be able to take our luggage to the hotel.
4. Where is my driver's license? It is probably in the glove compartment of the car.
5. The children will probably learn to read and write better and quicker than their parents.

[32-10] CONJUGACIÓN DEL VERBO «REÍRSE»

Yo **me río** a carcajadas.	I laugh heartily.
Tú **te ríes** a carcajadas.	You laugh heartily.
Él, Ella **se ríe** a carcajadas.	He, She laughs heartily.
Ud. **se ríe** a carcajadas.	You laugh heartily.
Nosotros (-as) **nos reímos** a carcajadas.	We laugh heartily.
Vosotros (-as) **os reís** a carcajadas.	You laugh heartily.
Ellos, Ellas **se ríen** a carcajadas.	They laugh heartily.
Uds. **se ríen** a carcajadas.	You laugh heartily.

Ejercicio

Use la forma apropiada del verbo reírse:

1. Yo _____ a carcajadas.
2. Mi pobre padre nunca _____ .
3. El cartero y yo _____ del incidente.

4. Los peatones _____ de la policía.
5. Los niños _____ de los animales en el circo.

[32-11] PRONUNCIACIÓN

Spanish **t**

Repita:

taco	tapir	tenor	Titicaca	Toledo
talismán	tarantela	Teresa	Tobías	total
tango	tarántula	termite	toga	tractor

Trabalenguas:

Tres tristes tigres tomaron trigo y tallarines del taller del talentoso Timoteo.

[32-12] DICHOS Y REFRANES

Dime con quién andas y te diré quién eres.
Show me your company and I will tell you what you are.

[32-13] CARICATURA

... not picking the most expensive dish on the menu.

Copyright 1970 LOS ANGELES TIMES

El amor es ...

**no escoger
la comida más cara
en el menú.**

[32-14] EL MENÚ PARA HOY

Grapefruit Juice	Jugo de toronja
Filet of Flounder	Filete de lenguado
Scalloped Potatoes	Caserola de patatas a la crema
Lima Beans	Habas limas
Rice Pudding	Arroz con leche
Pale Dry Sherry	Manzanilla

UNIT 33

El colegio, la universidad y la biblioteca
The School, University, and Library

Repita:

1. absentee   **(el) ausente**
2. blackboard   **(la) pizarra**
3. bulletin board **(la) tablilla**

4. card catalog **(el) catálogo de fichas**
5. desk   **(el) pupitre**
6. faculty   **(la) facultad**

7. fine	(la) multa	14. reference book	(el) libro de consulta
8. grades	(las) notas	15. report card	(el) certificado escolar
9. homework	(la) tarea	16. semester	(el) semestre
10. librarian	(el, la) bibliotecario (-a)	17. student	(el, la) estudiante
11. library card	(la) tarjeta de la biblioteca	18. teacher	(el) maestro[1]
12. locker	(el) cajón	19. textbook	(el) libro de texto
13. notebook	(el) cuaderno	20. tuition costs	(los) gastos de matrícula

[33-2] VERBOS

Repita:

1. to be absent from class	estar ausente de la clase
2. to be matriculated in the college	estar matriculado en la universidad
3. to borrow a book	pedir prestado un libro
4. to fail the subject	ser suspendido en la asignatura
5. to graduate from high school	graduarse de la escuela superior
6. to pass the course	aprobar el curso
7. to register for the fall semester	matricularse para el semestre de otoño
8. to return the anthology	devolver la antología
9. to study your notes	estudiar sus apuntes
10. to take an examination	sufrir un examen[2]

[33-3] MODELOS DE LENGUAJE

Repita:

1. The university sends . . .	La universidad envía . . .
The university sends his grades home.	La universidad envía sus notas a casa.
The university sends his report card home.	La universidad envía su certificado escolar a casa.
The university sends his tuition bill home.	La universidad envía su cuenta de matrícula a casa.
2. . . . sits behind . . .	. . . se sienta detrás . . .
The teacher sits behind the desk.	El maestro se sienta detrás del escritorio.
The student sits behind the desk.	El estudiante se sienta detrás del pupitre.
The librarian sits behind the table.	El bibliotecario se sienta detrás de la mesa.
3. The student reads . . .	El estudiante lee . . .
The student reads the reference book.	El estudiante lee el libro de consulta.

---

1. Also **la maestra, el profesor, la profesora.**   2. Also **tomar un examen.**

| The student reads the textbook. | El estudiante lee el libro de texto. |
| The student reads the manuscript. | El estudiante lee el manuscrito. |

4. The student finds his . . .

El estudiante encuentra su . . .

The student finds his homework.

El estudiante encuentra su tarea.

The student finds his library card.

El estudiante encuentra su tarjeta de la biblioteca.

The student finds his notebook.

El estudiante encuentra su cuaderno.

5. The teachers want . . .

Los maestros quieren . . .

The teachers want new lockers.

Los maestros quieren cajones nuevos.

The teachers want new bulletin boards.

Los maestros quieren tablillas nuevas.

The teachers want new blackboards.

Los maestros quieren pizarras nuevas.

[33-4] DIÁLOGO

Profesor:	—¿Cuál es el animal que acompaña a *los ciegos*?	the blind
Pepito:	—El perro.	
Profesor:	—Muy bien. ¿Cuál es el animal más *poderoso*?	powerful
Antonio:	—El elefante.	
Profesor:	—*Tienes razón*. ¿Cuál es el animal que nos da *alimento* y *abrigo*?	you're right food / clothing
Panchito:	—Mi padre.	

[33-5] COMPRENSIÓN

1. ¿Qué pregunta el profesor?
2. Según Pepito, ¿cuál es el animal que acompaña a los ciegos?
3. Según Antonio, ¿qué animal es el más podereso?
4. ¿Cuál es el animal que da alimento y abrigo a Panchito?
5. ¿Cuál es su animal predilecto?

[33-6] DESCRIPCIÓN DEL DIBUJO

1. ¿Cuántas personas están en la biblioteca?
2. ¿Quiénes son?
3. ¿Qué hace el joven?
4. ¿Cuántas sillas están vacías?
5. ¿Cuánto tiempo pasa Ud. en la biblioteca cada semana?

[33-7] ESTUDIO DE PALABRAS

Many English words ending in *-ent* or *-ant* have Spanish cognates ending in **-ente** or **-iente**.

ardent	**ardiente**	Orient	**(el) Oriente**
client	**(el, la) cliente**	patent	**patente**
current	**corriente**	patient	**(el, la) paciente**
dependent	**(el, la) dependiente**	persistent	**persistente**
descendent	**(el, la) descendiente**	president	**(el, la) presidente**
different	**diferente**	prudent	**prudente**
excellent	**excelente**	servant	**(el, la) sirviente**
indifferent	**indiferente**	valiant	**valiente**

Ejercicio

Use la palabra apropiada del grupo arriba mencionado:

1. Los _____ están en el hospital.
2. El _____ de los Estados Unidos gana mucho.
3. _____ sirvió la comida.
4. _____ habló con el cliente.
5. El señor será _____ .

[33-8] EXPRESIONES ÚTILES

A. LITERATURE   LA LITERATURA

biography	**(la) biografía**	novel	**(la) novela**
chapter	**(el) capítulo**	ode	**(la) oda**
characters	**(los) personajes**	phonetics	**(la) fonética**
chronicle	**(la) crónica**	play	**(la) comedia**
criticism	**(la) crítica**	plot	**(el) argumento**
drama	**(el) drama**	prose	**(la) prosa**
epic poetry	**(la) poesía épica**	research	**(la) investigación literaria**
essay	**(el) ensayo**	rhyme	**(la) rima**
fable	**(la) fábula**	satire	**(la) sátira**
farce	**(la) farsa**	short story	**(el) cuento**
fiction	**(la) ficción**	sonnet	**(el) soneto**
glossary	**(el) glosario**	style	**(el) estilo**
history	**(la) historia**	theme	**(el) tema**
legend	**(la) leyenda**	tragedy	**(la) tragedia**
lyric poetry	**(la) poesía lírica**	verse	**(el) verso**

Ejercicio

Escoja la palabra apropiada:

A.

1. el estudiante
2. el certificado
3. la fábula
4. el libro de consulta
5. el drama
6. la ficción
7. la crónica
8. el soneto
9. el maestro
10. el argumento

B.

a. la historia
b. el profesor
c. el tema
d. la poesía lírica
e. la comedia
f. el alumno
g. la leyenda
h. la enciclopedia
i. la novela
j. las notas

B. THE SOLAR SYSTEM

air	(el) aire
asteroid	(el) asteroide
astronaut	(el, la) astronauta
astronomer	(el) astrónomo
atmosphere	(la) atmósfera
Big Dipper	(el) Carro Mayor
celestial body	(el) cuerpo celestial
comet	(el) cometa
constellation	(la) constelación
Earth	(la) Tierra
eclipse	(el) eclipse
firmament	(el) firmamento
globe	(el) globo
gravity	(la) gravedad
Jupiter	Júpiter
Little Dipper	(el) Carro Menor
magnetic pole	(el) polo magnético
Mars	Marte
Milky Way	(la) Vía láctea

EL SISTEMA SOLAR

Mercury	Mercurio
meteor	(el) meteoro
meteorite	(el) meteorito
moon	(la) luna
North Star	(la) estrella del Norte
orbit	(la) órbita
planet	(el) planeta
Pluto	Plutón
rocket	(el) cohete
satellite	(el) satélite
Saturn	Saturno
space flight	(el) vuelo espacial
spaceship	(la) nave de espacio
stratosphere	(la) estratosfera
sun	(el) sol
universe	(el) universo
Uranus	Urano
Venus	Venus
weightlessness	(la) ingravidez

Ejercicio

Complete las oraciones siguientes:

1. El planeta más chico es _____ y el planeta más grande es _____ .
2. El planeta más cerca de la Tierra es _____ .

3. El planeta que tiene anillos es _____ .
4. El planeta más cerca del sol es _____ .
5. El descubridor de cuerpos celestiales es _____ .
6. El hombre descubre planetas en _____ .
7. Al centro del universo está _____ .
8. Nosotros vivimos en _____ .

[33-9] GRAMÁTICA ESENCIAL

A. CONDITIONAL MOOD

hablaría	aprendería	escribiría
hablarías	aprenderías	escribirías
hablaría	aprendería	escribiría
hablaríamos	aprenderíamos	escribiríamos
hablaríais	aprenderíais	escribiríais
hablarían	aprenderían	escribirían

1. The endings of the conditional are added to the infinitive and are the same for -ar, -er, and -ir verbs. The conditional in Spanish corresponds to the English *would* or *should* plus a verb.

Yo **iría**, pero tengo demasiado trabajo.
I would go, but I have too much work.

El cartero me aseguró que **encontraría** la carta perdida.
The postman assured me that he would find the lost letter.

2. The conditional may be used to express probability or conjecture in the past.

La víctima del accidente **estaría** en ruta al hospital.
The accident victim was probably on route to the hospital.

Serían las dos de la mañana cuando mi vecino regresó borracho de la fiesta.
It was probably two o'clock in the morning when my neighbor returned drunk from the party.

3. The following verbs have irregular stems in the conditional tense.

caber	**cabría**		querer	**querría**
decir	**diría**		saber	**sabría**
haber	**habría**		salir	**saldría**
hacer	**haría**		tener	**tendría**
poder	**podría**		valer	**valdría**
poner	**pondría**		venir	**vendría**

4. *Should* meaning *ought to* (an obligation) is expressed by the present tense of **deber**.

Debo asistir a clase todos los días.	*I ought to go to class every day.*
Los niños **deben** respetar a sus padres.	*Children should respect their parents.*

Ejercicios

A. Dé el equivalente en español:

1. You should take your vitamins.
2. That girl should receive the highest grades.
3. I would get up at six A.M., but I'm tired.
4. Would you write to her?
5. The workers would not leave the building.
6. It would be difficult to give you more money.
7. At what time would the plane arrive?
8. Would you eat spaghetti without Italian cheese?
9. Vendors of drugs should be in jail.
10. You should marry.

B. Exprese en español:

1. Would you listen to the music of Xavier Cugat or would you prefer Doc Severinson?
2. The men would not dance or drink beer in this cabaret.
3. Would you believe that terrible thing happened to that lovely girl?
4. Some say that the poor would not be able to live well in many of the cities of America.
5. Students should listen to their parents but they should also express their ideas.

[33-10] CONJUGACIÓN DEL VERBO «ENCONTRARSE»

Yo **me encuentro** con un amigo.	I meet with a friend.
Tú **te encuentras** con un amigo.	You meet with a friend.
Él, Ella **se encuentra** con un amigo.	He, She meets with a friend.
Ud. **se encuentra** con un amigo.	You meet with a friend.
Nosotros (-as) **nos encontramos** con un amigo.	We meet with a friend.
Vosotros (-as) **os encontráis** con un amigo.	You meet with a friend.
Ellos, Ellas **se encuentran** con un amigo.	They meet with a friend.
Uds. **se encuentran** con un amigo.	You meet with a friend.

Ejercicio

Use la forma apropiada del verbo **encontrarse**:

1. _____ con una amiga. (yo, Juanita)
2. _____ con los soldados enemigos. (los generales, tú)

3. _____ con el profesor. (el alumno, nosotros)
4. _____ con el líder. (los jóvenes, vosotras)
5. _____ con la policía. (el chófer, la joven)

[33–11] PRONUNCIACIÓN

Spanish **v**

Repita:

Valdivia	variable	Venezuela	Víctor	Vietnam
vapor	Vaticano	Vera Cruz	Victoria	vigor
vaquero	vector	versión	vicuña	vodka

Trabalenguas:

Vanidosa Victoria va al Vaticano varias veces.

[33–12] DICHOS Y REFRANES

Con la verdad a todas partes se va.
Truth conquers all.

[33–13] CARICATURA

love is...

... helping him with his exam papers.

Copyright 1971 LOS ANGELES TIMES

El amor es . . .

ayudarlo en la preparación de sus exámenes.

[33-14]   EL MENÚ PARA HOY

Chili con Carne
Tacos
Tamales in Guacamole Sauce (Mole)
Enchiladas
Tortillas
Mexican Beer

Chile con carne
Tacos
Tamales en salsa guacamole
Enchiladas
Tortillas
Cerveza mexicana

UNIT 34

La tienda de calzados y la zapatería
The Shoe Store and Shoe Repair Shop

[34-1] VOCABULARIO

Repita:

1. boots   **(las) botas**
2. buckle   **(la) hebilla**

3. heel   **(el) tacón**
4. high heels **(los) tacones altos**

5. laces	(los) cordones	13. shoe polish	(el) betún
6. last	(la) horma	14. shoes	(los) zapatos
7. leather	(la) piel	15. shoeshine boy	(el) limpiabotas
8. nail	(el) clavo	16. sneakers	(los) tenis
9. sandals	(las) sandalias	17. sole	(la) suela
10. shine	(el) lustre[1]	18. stitches	(las) puntadas
11. shoe brush	(el) cepillo de zapatos	19. suede	(el) ante
12. shoehorn	(el) calzador	20. taps	(las) herraduras

[34–2] VERBOS

Repita:

1. to dye the evening shoes	teñir los zapatos de noche
2. to exchange the rubbers	cambiar los zapatos de goma
3. to nail heels on the shoes	clavar tacones en los zapatos
4. to polish the shoes	dar brillo a los zapatos
5. to put on half soles	poner medias suelas
6. to return the slippers	devolver las zapatillas
7. to stitch the sandals	coser las sandalias
8. to throw out the tennis shoes	botar los zapatos de tenis
9. to tie your shoe laces	atar los cordones de los zapatos
10. to try on the boots	probar las botas

[34–3] MODELOS DE LENGUAJE

Repita:

1. I need a pair of . . .
   I need a pair of sandals.
   I need a pair of shoe laces.
   I need a pair of sneakers.

   Necesito un par de . . .
   Necesito un par de sandalias.
   Necesito un par de cordones.
   Necesito un par de tenis.

2. Do you have . . . ?
   Do you have a shoehorn?
   Do you have rubber heels?
   Do you have a shoe brush?

   ¿Tiene . . . ?
   ¿Tiene un calzador?
   ¿Tiene tacones de goma?
   ¿Tiene un cepillo de zapatos?

---

1. Also **el brillo.**

3. Please fix . . .   Por favor arregle . . .
   Please fix my shoes.   Por favor arregle mis zapatos.
   Please fix my boot straps.   Por favor arregle las correas de mis botas.
   Please fix my leather boots.   Por favor arregle mis botas de piel.

4. Please put . . .   Por favor ponga . . .
   Please put taps on my shoes.   Por favor ponga herraduras a mis zapatos.
   Please put buckles on my shoes.   Por favor ponga hebillas a mis zapatos.
   Please put rubber heels on my shoes.   Por favor ponga tacones de goma a mis zapatos.

5. Where can I buy . . . ?   ¿Dónde puedo comprar . . . ?
   Where can I buy leather soles?   ¿Dónde puedo comprar suelas de piel?
   Where can I buy high-heel(ed) shoes?   ¿Dónde puedo comprar zapatos de tacones altos?
   Where can I buy suede shoes?   ¿Dónde puedo comprar zapatos de ante?

[34–4] DIÁLOGO

Dependiente:	—Parece que estos zapatos le *quedan* bien, señorita.	fit
Señorita:	—Sí, pero *muéstreme* más modelos.	show me
Dependiente:	—*En seguida*, señorita.	right away
Señorita:	—No, no me gustan estos tres pares. Muéstreme más.	
Dependiente:	—No lo quiero decir señorita . . . pero . . . con estos zapatos son ya doce pares que le *he probado* a Ud.	have tried on
Señorita:	— ¡No sea *tonto*, hombre! ¿Cree Ud. que voy a comprar el primer par de zapatos que veo . . . ? Tengo tres tiendas más que visitar antes de hacer un *juicio* final. Y quiero decir más . . . el probar zapatos es el mejor método de apreciar las nuevas modas de calzado.	stupid judgment

[34–5] COMPRENSIÓN

1. ¿Quedan bien los zapatos que el dependiente le muestra a la cliente?
2. ¿Cuál es el constante *pedido* de la señorita?   request
3. ¿Cuántos pares de zapatos se ha probado la señorita?
4. ¿Adónde va la señorita al salir de la tienda de calzados?
5. ¿Es la señorita del cuento el prototipo de hoy en la *compra* de zapatos?   purchase

[34-6] DESCRIPCIÓN DEL DIBUJO

1. ¿Qué hace el señor?
2. ¿Qué hace la señorita?
3. Describa la tienda.
4. ¿Cuál es el problema cuando se compran zapatos?

[34-7] ESTUDIO DE PALABRAS

The Spanish suffix **-ero** refers to a person, and **-ería** refers to his or her place of business.

barba (beard)	**barbero (-a)** (barber)	**barbería** (barber shop)
carne	**carnicero (-a)**	**carnicería**
dulce	**dulcero (-a)**	**dulcería**
fruta	**frutero (-a)**	**frutería**
helado	**heladero (-a)**	**heladería**
joya	**joyero (a)**	**joyería**
leche	**lechero (-a)**	**lechería**
pan	**panadero**	**panadería**
pastel	**pastelero (-a)**	**pastelería**
plata	**platero (-a)**	**platería**
reloj	**relojero (-a)**	**relojería**
zapato	**zapatero (-a)**	**zapatería**

Ejercicio

Dé el nombre del tendero y su tienda:

1. azulejo (tile)
2. pastel (pastry)
3. madera (wood)
4. fruta (fruit)
5. tapiz (tapestry or upholstery)
6. silla (chair)

[34-8] EXPRESIONES ÚTILES

A. UNITS OF MEASURE   LAS MEDIDAS

a dozen	**una docena de**	a foot of	**un pie de**
a few	**algunos (-as)**	an inch of	**una pulgada de**
several	**varios (-as)**	a load of	**una carga de**
some	**unos (-as)**	half a	**medio (-a)**
a pair of	**un par de**	a third of	**un tercio de**
both	**ambos (-as)**	a quarter of	**un cuarto de**
many	**muchos (-as)**	a quart of	**un cuarto de galón de**
all the	**todo el, toda la**	a gallon of	**un galón de**
	todos los, todas las	a yard of	**una yarda de**
a ton of	**una tonelada de**	a pint of	**una pinta de**

Ejercicio

Dé una medida apropiada para:

1. crema
2. dólar
3. hombres
4. huevos
5. leche
6. manzanas
7. nieve
8. tela
9. vino
10. zapatos

B. SHOE SIZES

LAS MEDIDAS DE LOS ZAPATOS

LOS ESTADOS UNIDOS	EUROPA	LOS ESTADOS UNIDOS	EUROPA
SEÑORAS	SEÑORAS	CABALLEROS	CABALLEROS
5–5½	35	6½	39
6	36	7	39
6½	37	7½	40
7	37	8	41
7½	38	8½	42
8	38½	9	43
8½	39	9½	43
9	40	10	44

Ejercicio

1. ¿Qué número usa Ud.?
2. ¿Qué número usa su madre?
3. ¿Qué número usa su hermano?

[34–9] GRAMÁTICA ESENCIAL

THE PERFECT TENSES (COMPOUND TENSES)

The auxiliary verb **haber** is used with the past participle to form the perfect tenses.

A. PRESENT PERFECT

hablar	comer	escribir
he hablado	he comido	he escrito
has hablado	has comido	has escrito
ha hablado	ha comido	ha escrito
hemos hablado	hemos comido	hemos escrito
habéis hablado	habéis comido	habéis escrito
han hablado	han comido	han escrito

The present perfect tense is formed with the present tense of **haber** and a past participle. It expresses a past or completed action in the recent past. The English equivalent is **have** plus a past participle.

He comido el emparedado.
I have eaten the sandwich.

El padre **ha visto** al recién nacido.
The father has seen the newborn baby.

Los turistas **han volado** al Canadá para visitar la Exposición.
The tourists have flown to Canada to visit the Exposition.

B. PLUPERFECT

había hablado	**había comido**	**había escrito**
habías hablado	**habías comido**	**habías escrito**
había hablado	**había comido**	**había escrito**
habíamos hablado	**habíamos comido**	**habíamos escrito**
habíais hablado	**habíais comido**	**habíais escrito**
habían hablado	**habían comido**	**habían escrito**

The pluperfect tense is formed with the imperfect tense of **haber** and a past participle. It expresses an action that was completed before another action took place in the past. It is therefore dependent upon another action or circumstance. The English equivalent is *had* plus a past participle.

Ya **habías cenado** cuando yo te llamé por teléfono.
You had already eaten supper when I called you on the phone.

El estudiante **había llegado** mucho antes que yo.
The student had arrived long before I (did).

Ejercicios

A. Dé el equivalente en español:

1. John has eaten the orange.
2. We have repaired the shoes.
3. The astronaut has reached the moon.
4. The farmers have sown the fields.
5. I have drunk my milk.
6. I had washed the clothes.
7. The witness had given his testimony.
8. The policemen and the firemen had arrived at the fire.
9. The jeweler and the silversmith had purchased all the diamonds.
10. Elmer and I had lost our sneakers in the woods.

B. Exprese en español:

1. I had brushed my teeth and shined my shoes before breakfast.
2. We have sent a telegram to our son and he has already answered.
3. The guests had eaten all the dessert and had drunk all the wine.
4. He had broken the glass and had cut his hand.
5. He has been in Spain and has enjoyed the night clubs in Malaga and Madrid.

[34-10] CONJUGACIÓN DEL VERBO «COGER»

Yo **cojo** el martillo.	I grab the hammer.
Tú **coges** el martillo.	You grab the hammer.
Él, Ella **coge** el martillo.	He, She grabs the hammer.
Ud. **coge** el martillo.	You grab the hammer.
Nosotros (-as) **cogemos** el martillo.	We grab the hammer.
Vosotros (-as) **cogéis** el martillo.	You grab the hammer.
Ellos, Ellas **cogen** el martillo.	They grab the hammer.
Uds. **cogen** el martillo.	You grab the hammer.

Ejercicio

Complete la oración con un sujeto y un objeto apropiados:

1. _____ cojo _____ .
2. _____ cogen _____ .
3. _____ coges _____ .

4. _____ cogemos _____ .
5. _____ coge _____ .

[34-11] PRONUNCIACIÓN

Repita:

Wagner	**wat**	**Westminster**
Wanda	**watusi**	**Whig**
Washington	**Westfalia**	**whisky**

[34-12] DICHOS Y REFRANES

A quien Dios más ha dado, a más es obligado.
The greater the God-given gifts, the greater the obligation.

[34-13] CARICATURA

Copyright 1971 LOS ANGELES TIMES

El amor es . . .

limpiarle los zapatos
cuando él está apurado.

[34-14] EL MENÚ PARA HOY

Baked Clams	**Almejas al horno**
Roast Stuffed Turkey	**Pavo relleno al horno**
Yams	**Ñames**
Buttered Carrots	**Zanahorias con mantequilla**
Pumpkin Pie	**Pastel de calabaza común**
Chocolate with Marshmallow	**Chocolate con altea**

UNIT 35

La tienda de artículos deportivos
The Sporting Goods Store

[35-1] VOCABULARIO

Repita:

1. baseball   **(la) pelota**   3. basketball   **(la) pelota de baloncesto**
2. baseball glove   **(el) guante de pelota**   4. bat   **(el) bate**

318

5. bow and arrow	**(el) arco y (la) flecha**	13. knife	**(la) navaja**
6. bowling ball	**(la) pelota de bolear**	14. racquet	**(la) raqueta**
7. bullets	**(las) balas**	15. rifle	**(el) rifle**
8. fishing and hunting licenses	**(las) licencias de pesca y caza**	16. roller skates	**(los) patines de ruedas**
		17. skis	**(los) esquíes**
9. football	**(el) balón de balompié**	18. surfboard	**(el) patín acuático**
10. golf ball	**(la) pelota de golf**	19. tennis ball	**(la) pelota de tenis**
11. golf clubs	**(los) palos de golf**	20. toboggan	**(el) tobogán**
12. ice skates	**(los) patines de hielo**		

[35-2] VERBOS

Repita:

1. to catch the baseball	**coger la pelota**
2. to drive the golf ball	**golpear la pelota de golf**
3. to hit the ball	**batear la pelota**
4. to kick the football	**patear el balón de balompié**
5. to put on the uniform	**ponerse el uniforme**
6. to ride a surfboard	**montar un patín acuático**
7. to serve the tennis ball	**servir la pelota de tenis**
8. to skate in the street	**patinar en la calle**
9. to ski down the cliff	**esquiar cuesta abajo**
10. to throw the baseball	**lanzar la pelota**

[35-3] MODELOS DE LENGUAJE

Repita:

1. The player throws . . .
   The player throws the baseball.
   The player throws the football.
   The player throws the bowling ball.

   El jugador lanza . . .
   El jugador lanza la pelota.
   El jugador lanza el balón de balompié.
   El jugador lanza la pelota de bolear.

2. He is going to receive . . . for his birthday.
   He is going to receive a tent for his birthday.

   He is going to receive a fishing rod for his birthday.
   He is going to receive a tennis racquet for his birthday.

   Él va a recibir . . . para su cumpleaños.
   Él va a recibir una tienda de campaña para su cumpleaños.
   Él va a recibir una caña de pescar para su cumpleaños.
   Él va a recibir una raqueta de tenis para su cumpleaños.

3. Our team . . . wins the game.   Nuestro equipo . . . gana el partido.
   Our baseball team wins the game.   Nuestro equipo de béisbol gana el partido.
   Our football team wins the game.   Nuestro equipo de balompié gana el partido.
   Our bowling team wins the game.   Nuestro equipo de bolos gana el partido.

4. . . . are on sale.   . . . están rebajados.
   Ice skates are on sale.   Los patines de hielo están rebajados.
   Roller skates are on sale.   Los patines de ruedas están rebajados.
   Toboggans are on sale.   Los toboganes están rebajados.

5. . . . is dangerous.   . . . es peligroso.
   A surfboard is dangerous.   Un patín acuático es peligroso.
   A rifle is dangerous.   Un rifle es peligroso.
   A bow and arrow are dangerous.   Un arco y flecha son peligrosos.

[35-4] DIÁLOGO

Primer *vaquero:*	—Dicen que el caballo del ranchero es el más inteligente del *Oeste*.	cowboy West
Segundo vaquero:	— ¡*No me digas*! ¿Cómo sabes eso?	don't tell me
Primer vaquero:	—Un día el ranchero se cayó de la *montura* y el caballo *galopeó* del desierto al *pueblo* en busca de un médico.	saddle galloped / town
Segundo vaquero:	— ¡Qué *suerte* para el ranchero!	luck
Primer vaquero:	—No tanto.	
Segundo vaquero:	— ¿Por qué?	
Primer vaquero:	—El médico que llegó para curarlo fue un médico de caballos . . . un veterinario.	

[35-5] COMPRENSIÓN

1. ¿Qué reputación tiene el caballo del ranchero?
2. ¿Qué *sucedió* un día en el desierto?   happened
3. ¿Adónde galopeó el caballo?
4. ¿Quién apareció para ayudar al ranchero *herido*?   wounded
5. ¿Conoce Ud. un relato sobre un perro inteligente?

[35-6] DESCRIPCIÓN DEL DIBUJO

1. ¿Qué está en la caja *a la derecha* del cliente?   to the right
2. ¿De qué trata el *cartel*?   poster

3. ¿Qué se usa para pescar?

¿Cuántas tiene el señor a la venta en su tienda?

4. ¿Por qué no les gusta pescar a ciertas mujeres?

[35-7] ESTUDIO DE PALABRAS

Many English words which refer to occupations and professions and end in **-er** and **-or** have Spanish cognates ending in **-dor**.

aviator	**(el) aviador**	investigator	**(el) investigador**
boxer	**(el) boxeador**	legislator	**(el) legislador**
collaborator	**(el) colaborador**	operator	**(el) operador**
emperor	**(el) emperador**	orator	**(el) orador**
exterminator	**(el) exterminador**	senator	**(el) senador**

Ejercicio

Busque las palabras siguientes en el vocabulario y combínelas con el adjetivo **español**:

MODELO: solicitor

el solicitador español

1. conqueror
2. curator
3. discoverer
4. explorer
5. governor
6. spectator

[35-8] EXPRESIONES ÚTILES

SPORTS

archery	**(el) tiro de arco**
badminton	**(el) juego del volante**
baseball	**(el) béisbol**
basketball	**(el) baloncesto**
bowling	**(los) bolos**
boxing	**(el) boxeo**
checkers	**(el) juego de damas**
chess	**(el) ajedrez**
fencing	**(la) esgrima**
football	**(el) balompié**
golf	**(el) golf**
handball	**(el) juego de pelota de mano**
hockey	**(el) «hockey»**
horse racing	**(la) carrera de caballos**
hunting	**(la) caza**

LOS DEPORTES

bow and arrow	**(el) arco y (la) flecha**
shuttlecock	**(el) volante**
bat	**(el) bate**
basket	**(la) cesta**
alley	**(la) bolera**
boxing gloves	**(los) guantes de boxeo**
checker	**(la) ficha**
move	**(la) jugada**
fencer	**(el) esgrimista**
touchdown	**(el) «touchdown»**
golf club	**(el) palo de golf**
court	**(la) cancha de pelota**
ice skates	**(los) patines de hielo**
jockey	**(el) «jockey»**
rifle	**(el) rifle**

judo	(el) «judo»	black belt	(el) cinturón negro
parachutist	(el) paracaidista	ripcord	(la) cuerda de apertura
Ping-Pong	(el) ping-pong[1]	paddle	(la) paleta
racing car	(el) auto de carrera	finish line	(la) meta
skeet	(el) «skeet»	clay bird	(el) platillo
skiing	(el) esquiar	skis	(los) esquíes
soccer	(el) fútbol	kick	(la) patada
swimming	(la) natación	diving board	(el) trampolín
tennis	(el) tenis	racket	(la) raqueta
toboggan	(el) tobogán	snow	(la) nieve
track	(las) carreras	hurdle	(la) valla
volley ball	(el) volibol	net	(la) red
water skiing	(el) esquiar de agua	waves	(el) oleaje
wrestling	(la) lucha	mat	(el) colchoncillo

Ejercicio

Complete las oraciones:

1. Un rifle se usa en _____ .
2. Un bate se usa en _____ .
3. Una paleta se usa en _____ .
4. Una raqueta se usa en _____ .
5. Un colchoncillo se usa en _____ .
6. Un palo se usa en _____ .
7. Una flecha se usa en _____ .
8. Un caballo se usa en _____ .
9. Una ficha se usa en _____ .
10. Una red se usa en _____ .
11. Una valla se usa en _____ .
12. Un trampolín se usa en _____ .

[35-9] GRAMÁTICA ESENCIAL

A. FUTURE PERFECT

hablar	comer	escribir
habré hablado	habré comido	habré escrito
habrás hablado	habrás comido	habrás escrito
habrá hablado	habrá comido	habrá escrito
habremos hablado	habremos comido	habremos escrito
habréis hablado	habréis comido	habréis escrito
habrán hablado	habrán comido	habrán escrito

---

1. Also **el pin pon**.

1. The future perfect tense is formed with the future tense of **haber** and a past participle. It expresses a future action that is certain to take place. The English equivalent is *will have* plus a past participle.

Yo **habré terminado** el trabajo antes de su regreso.
I shall have finished the work before his return.

La fiesta **habrá empezado** antes de la fecha oficial.
The fiesta will have begun before the official date.

Ellas **habrán comido** para las siete.
They will have eaten by seven o'clock.

2. The future perfect may be used to express probability in present time.

El jardinero (probablemente) **habrá cortado** el césped.
The gardener probably has cut the lawn.

¿**Habrá llegado** el estéreo?
I wonder if the stereo has arrived.

B. CONDITIONAL PERFECT

hablar	comer	escribir
habría hablado	**habría comido**	**habría escrito**
habrías hablado	**habrías comido**	**habrías escrito**
habría hablado	**habría comido**	**habría escrito**
habríamos hablado	**habríamos comido**	**habríamos escrito**
habríais hablado	**habríais comido**	**habríais escrito**
habrían hablado	**habrían comido**	**habrían escrito**

1. The conditional perfect expresses an action that was possible or incomplete. The English equivalent is *would have* plus a past participle.

Mi hijo **habría venido** a visitarme.
My son would have come to visit me.

Le dijeron que Carmelita **habría ido** al cine.
They told him that Carmelita would have gone to the movies.

Se **habrían hecho** ricos con las acciones de Anaconda.
They would have become rich with the Anaconda stock.

2. The conditional perfect may be used to express probability in the past.

¿Lo **habría visto?**
I wondered if she had seen it.

¡Se **habrían burlado** de él, sus compañeros de clase!
His classmates had probably (must have) *made fun of him!*

C. IDIOMATIC USES OF **TENER** AND **HABER**

1. **tener que**   to have to

Tengo que pagar la cuenta.   *I have to pay the bill. (I must pay the bill.)*

2. **haber de**   to be supposed to, must
The obligation expressed is less than that expressed by **tener que.**

He de ir a la escuela.   *I must go to school.*
Los hombres **han de pagar.**   *The men are supposed to pay.*

3. **hay**   there is, there are
había   there was, there were

Hay seis soldados en esa tienda.   *There are six soldiers in that store.*
Había siete gusanos en la lata.   *There were seven worms in the can.*

4. **hay que**   it is necessary, one must

Hay que decir la verdad.   *It is necessary to tell the truth.*

Ejercicio

Exprese en español:

1. He would have gone to South America.
2. They will have taken the child to the doctor.
3. I wonder if daddy has come home.
4. My daughter would have come to the hospital.
5. He had probably arrived early.
6. I must go to the dentist.

7. You are supposed to take your medicine.
8. One must rest at times.
9. There were five skiers on the mountain.
10. There is a fly in my soup.
11. I wondered if she had seen it. But she would have told me.
12. My classmates had probably gone to the beach.
13. One must take the good with the bad.
14. She would have known the truth earlier.
15. Winter will have arrived before his birthday.

[35-10] CONJUGACIÓN DEL VERBO «JUGAR»

Yo **juego** a la pelota.	I play ball.
Tú **juegas** a la pelota.	You play ball.
Él, Ella **juega** a la pelota.	He, She plays ball.
Ud. **juega** a la pelota.	You play ball.
Nosotros (-as) **jugamos** a la pelota.	We play ball.
Vosotros (-as) **jugáis** a la pelota.	You play ball.
Ellos, Ellas **juegan** a la pelota.	They play ball.
Uds. **juegan** a la pelota.	You play ball.

Ejercicio

Emplee las frases siguientes en oraciones:

1. jugar al béisbol
2. jugar al tenis
3. jugar al ajedrez

4. jugar al balompié
5. jugar a los naipes (cards)

[35-11] PRONUNCIACIÓN

Spanish **x**

Repita:

auxiliar	**Calixto**	**laxante**[2]	**rayos x**	**xilófono**
axioma	**coaxial**	**Luxemburgo**	**saxofón**	**Ximena**
axis	**hexagonal**	**México**	**xenón**	**Xochimilco**

---

2. laxative

Trabalenguas:

Xavier y Ximena tocan su xilófono en Ixtapán y Xochimilco.

[35-12] DICHOS Y REFRANES

Juventud perezosa, vejez menesterosa.
Spare the rod and spoil the child.

[35-13] CARICATURA

El amor es . . .

escuchar otra vez
como él metió la pelota
en el agujero
de un solo golpe.

[35-14] EL MENÚ PARA HOY

Hearts of Artichokes	**Corazones de alcachofas**
Chicken Breast	**Pechuga de pollo**
Salad with Cheese Dressing	**Ensalada aliñada con queso**
Baked Sweet Potato	**Camote al horno**
Swiss Chard	**Acelgas cocidas**
Apple Pie	**Pastel de manzana**
Sugarcane Beverage	**Melao**

UNIT 36

La librería y la tienda de tabaco y efectos de escritorio

The Bookstore and the Tobacco and Stationery Shop

[36-1] VOCABULARIO

Repita:

1. business card	(la) tarjeta de negocio	11. paperback	(el) libro en rústica
2. cigar	(el) puro[1]	12. paper clip	(el) sujetapapeles[3]
3. cigarette	(el) cigarrillo[2]	13. pen	(el) bolígrafo
4. cigarette lighter	(el) encendedor	14. pipe	(la) pipa
5. dictionary	(el) diccionario	15. poster	(el) cartel
6. envelope	(el) sobre	16. ruler	(la) regla
7. eraser	(la) goma de borrar	17. staple	(la) grapa
8. glue	(la) goma de pegar	18. textbook	(el) libro de texto
9. greeting card	(la) tarjeta	19. tobacco	(el) tabaco
10. matches	(los) fósforos	20. typewriter ribbon	(la) cinta para la máquina de escribir

[36-2] VERBOS

Repita:

1. to clean his pipe — **limpiar su pipa**
2. to light the cigarette — **encender el cigarrillo**
3. to look for the wedding invitations — **buscar las invitaciones de boda**
4. to monogram the stationery — **poner el monograma en el papel de escritorio**
5. to need an eraser — **necesitar una goma de borrar**
6. to print business cards — **imprimir las tarjetas de negocio**
7. to seal the envelopes — **sellar los sobres**
8. to sharpen the pencils — **afilar los lápices**
9. to smoke a cigar — **fumar un puro**
10. to staple the papers — **presillar los papeles**

[36-3] MODELOS DE LENGUAJE

Repita:

1. I smoke . . . — **Yo fumo . . .**
   I smoke cigars. — **Yo fumo puros.**
   I smoke cigarettes. — **Yo fumo cigarrillos.**
   I smoke a pipe. — **Yo fumo una pipa.**

---

1. Also **el cigarro.** 2. Also **el pitillo.** 3. Also **la presilla.**

2. He puts . . . in his pocket.   Él pone . . . en el bolsillo.
    He puts the matches in his pocket.   Él pone los fósforos en el bolsillo.
    He puts the cigarette lighter in his pocket.   Él pone el encendedor en el bolsillo.
    He puts the tobacco in his pocket.   Él pone el tabaco en el bolsillo.

3. Do you like this . . . ?   ¿A Ud. le gusta este . . . ?
    Do you like this pen?   ¿A Ud. le gusta este bolígrafo?
    Do you like this brand?   ¿A Ud. le gusta esta marca?
    Do you like this filter?   ¿A Ud. le gusta este filtro?

4. Buy me . . .   Cómpreme . . .
    Buy me a typewriter ribbon.   Cómpreme una cinta para la máquina de escribir.
    Buy me paper clips.   Cómpreme sujetapapeles.
    Buy me carbon paper.   Cómpreme papel carbón.

5. I'm missing . . .   Me falta . . .
    I'm missing an eraser.   Me falta una goma de borrar.
    I'm missing a ruler.   Me falta una regla.
    I'm missing staples.   Me faltan grapas.

[36-4] DIÁLOGO

Jovencita: —¿Tiene un *ejemplar* de *Lady Chatterly's Lover*?   young girl / copy
Vendedor: —No, pero tenemos otras novelas románticas.
Jovencita: —No tengo interés en libros de amor.
Vendedor: —¿Por qué entonces *Lady Chatterly's Lover*?
Jovencita: —La *cubierta* del libro *hace juego* con las paredes   cover / matches
             de mi casa.
Vendedor: —¡Ay, las mujeres!

[36-5] COMPRENSIÓN

1. ¿Qué busca la jovencita?
2. ¿Lo encuentra?
3. ¿Qué le pregunta el vendedor de libros?
4. ¿Por qué no quiere comprar otra novela romántica la jovencita?
5. Nombre Ud. otra novela romántica.

[36-6] DESCRIPCIÓN DEL DIBUJO

1. ¿Qué cosa *extraña* hace el dependiente de la tienda de tabaco?   strange
2. ¿Cómo se vende el tabaco?

3. ¿Cuántas pipas tiene el señor en venta?

4. Dé las *razones* principales para no fumar.   reasons

[36–7] ESTUDIO DE PALABRAS

A. COMPOUND WORDS: NOUN AND ADJECTIVE COMBINATIONS

agrio	(sour)	+	**dulce**	(sweet)	=	**agridulce**	(bittersweet)
agua	(water)	+	**ardiente**	(fiery)	=	**aguardiente**	(brandy)
alta	(loud)	+	**voz**	(voice)	=	**altavoz**	(loud speaker)
barba	(beard)	+	**negro**	(black)	=	**barbinegro**	(black-bearded)
gentil	(genteel)	+	**hombre**	(man)	=	**gentilhombre**	(gentleman)
hispano	(Spanish)	+	**americano**	(American)	=	**hispanoamericano**	(Spanish American)
mano	(hand)	+	**obra**	(work)	=	**maniobra**	(hand work)
ojo	(eye)	+	**negro**	(black)	=	**ojinegro**	(black-eyed)

B. COMPOUND WORDS: VERBS AND NOUNS

abrir	(to open)	+	**latas**	(cans)	=	**abrelatas**	(can opener)
cortar	(to cut)	+	**plumas**	(pens)	=	**cortaplumas**	(penknife)
cubrir	(to cover)	+	**cama**	(bed)	=	**cubrecama**	(bedspread)
espantar	(to scare)	+	**pájaros**	(birds)	=	**espantapájaros**	(scarecrow)
pasar	(to pass)	+	**puerto**	(port)	=	**pasaporte**	(passport)
quitar	(to remove)	+	**manchas**	(stains)	=	**quitamanchas**	(stain remover)
rascar	(to scratch)	+	**cielos**	(skies)	=	**rascacielos**	(skyscraper)

Ejercicio

¿Cuál es el nombre compuesto de las palabras siguientes? Consulte el vocabulario si es necesario:

1. **sacar, corchos**   corkscrew
2. **salvar, vidas**   life preserver
3. **tocar, discos**   phonograph

4. **pelo, rubio**   blond-haired
5. **radio, oyente**   radio listener

[36–8] EXPRESIONES ÚTILES

WRITING A LETTER   **ESCRIBIR UNA CARTA**

A. SALUTATIONS   **SALUDOS**

Dear Sir: **Muy señor mío:**
Dear Sirs: **Muy señores míos:**

My dear Sir (Madam):

To whom it may concern:

Estimado (-a) señor (señora):
Apreciable señor (señora):
Distinguido (-a) señor (señora):
A quien corresponda:

B. PHRASES TO BEGIN THE BODY OF A LETTER

FRASES PARA EMPEZAR UNA CARTA

My purpose in writing this letter . . .
Referring to your . . .
I have the pleasure to inform you . . .
In reply I wish to inform you . . .
Let this letter serve to advise you . . .
I acknowledge receipt of your letter . . .

I am in receipt of . . .
In reply I wish to inform you . . .

I received according to our agreement . . .
We have just received . . .
I take the liberty to write to you with the object . . .
The reason for writing this letter is . . .
I am pleased to announce . . .
The present letter explains . . .
I received your letter . . .
I take pleasure in informing you . . .
Referring to your advertisement . . .
After writing to you several times . . .
We regret to inform you . . .

Es mi propósito al escribir ésta carta . . .
En referencia a su . . .
Tengo el gusto de comunicarle a Ud. . . .
En contestación quiero informarle . . .
Sirva la presente para avisarle . . .
Tengo el gusto de acusar recibo de su estimada . . .
Obra en mi poder . . .
En contestación me permito manifestarle . . .
En contestación quiero informarle . . .
Recibí de conformidad . . .
Acabamos de recibir . . .
Me tomo la libertad de dirigirme a Ud. con objeto de . . .
El motivo de la presente es . . .
Tengo el gusto de anunciar . . .
La presente sirve para . . .
He recibido su apreciable carta . . .
Me es grato dirigirme a Ud. . . .
Refiriéndome al anuncio . . .
Después de haberles escrito varias veces . . .
Mucho nos duele . . .

C. PHRASES TO CONCLUDE A LETTER

FRASES PARA CERRAR UNA CARTA

I thank you for . . .
May I express my gratitude again . . .
I trust that . . .
Awaiting your reply . . .
Hoping that you will honor . . .
In behalf of . . .

Dándole las gracias por . . .
Agradeciéndole de nuevo . . .
Confiando en que . . .
En espera de sus noticias . . .
Esperando ser favorecido con . . .
En favor de . . .

D. COMPLIMENTARY CLOSINGS   DESPEDIDAS

Cordially yours	**Cordialmente**
Very truly yours	**De Ud. atentamente**
Yours truly	**De Ud. atto. s.s.**
	De Ud. affmo. atto. S.S.
I remain	**Me suscribo**

Ejercicio

Exprese en español:

1. Dear Sir:
2. Dear Madam:
3. Gentlemen:
4. To whom it may concern:

5. In reply . . .
6. My purpose in writing . . .
7. I am in receipt of . . .

8. We regret to inform you . . .
9. Cordially yours
10. Yours truly

[36-9] GRAMÁTICA ESENCIAL

A. SUBJUNCTIVE MOOD

1. The verb tenses presented thus far are part of the indicative mood. They express what is known or certain. The subjunctive mood in Spanish likewise includes several tenses, but it expresses uncertainty or doubt. The subjunctive is generally used in a dependent clause in the following construction.

main verb (indicative)	+	**que**	+	dependent verb (subjunctive)
I prefer		*that*		*you come.*

The subjunctive verb in the dependent clause is not to be treated as an isolated fact or idea, but in terms of its dependent relationship to the main clause of the sentence. The subjunctive mood is rapidly disappearing in English, but it still has a foothold in Spanish.

2. To form the present subjunctive, **-ar** verbs change the distinctive vowel of the present indicative endings from **a** to **e**, and **-er** and **-ir** verbs change the characteristic vowels from **e** and **i** to **a**. These endings are added to the stem of the first person singular of the present indicative.

hablo **hable**   hago **haga**   salgo **salga**

hablar		**comer**		**escribir**	
hable	hab**lemos**	coma	com**amos**	escriba	escrib**amos**
hables	habl**éis**	comas	com**áis**	escribas	escrib**áis**
hable	hab**len**	coma	com**an**	escriba	escrib**an**

The present subjunctive expresses an action that can occur now or in the future. It is dependent on a verb in the present or future tense or a command in the main clause.

3. There are six verbs in Spanish that have irregular forms in the present subjunctive.

dar	dé,	des,	dé,	demos,	deis,	den
estar	esté,	estés,	esté,	estemos,	estéis,	estén
haber	haya,	hayas,	haya,	hayamos,	hayáis,	hayan
ir	vaya,	vayas,	vaya,	vayamos,	vayáis,	vayan
saber	sepa,	sepas,	sepa,	sepamos,	sepáis,	sepan
ser	sea,	seas,	sea,	seamos,	seáis,	sean

4. Radical-changing verbs have the same vowel changes in the present subjunctive as in the present indicative. In addition, Class II and Class III verbs have another change: e becomes i and o becomes u in first and second person plural forms.

Class I: pensar   piense, pienses, piense, pensemos, penséis, piensen
            volver   vuelva, vuelvas, vuelva, volvamos, volváis, vuelvan
Class II: sentir   sienta, sientas, sienta, sintamos, sintáis, sientan
            dormir   duerma, duermas, duerma, durmamos, durmáis, duerman
Class III: pedir   pida, pidas, pida, pidamos, pidáis, pidan

Ejercicios

A. Dé la forma apropiada del presente de subjuntivo de los verbos siguientes:

1. que él cante   (escribir, ir, venir)
2. que yo hable   (buscar, llegar, empezar)[4]
3. que nosotros vivamos   (poder, dejar, comer)
4. que tú estés   (ser, saber, beber)
5. que ellos preparen   (dar, conocer, saludar)

B. Diga en español:

1. . . . that we may sleep   4. . . . that Philip may have
2. . . . that Ernest may think   5. . . . that Helen and Anita may know
3. . . . that it may go   6. . . . that Eleanor and I may kiss

---

4. Spelling changes that occurred in the first person singular of the preterite also take place in all forms of the present subjunctive.

7. . . . that you enjoy yourselves (fam.)

8. . . . that Rudolph and Eugene may buy

9. . . . that the general return

10. . . . that we lose

[36-10] CONJUGACIÓN DEL VERBO «CONDUCIR»

Yo **conduzco** el coche.

Tú **conduces** el coche.

Él, Ella **conduce** el coche.

Ud. **conduce** el coche.

Nosotros (-as) **conducimos** el coche.

Vosotros (-as) **conducís** el coche.

Ellos, Ellas **conducen** el coche.

Uds. **conducen** el coche.

I drive the automobile.

You drive the automobile.

He, She drives the automobile.

You drive the automobile.

We drive the automobile.

You drive the automobile.

They drive the automobile.

You drive the automobile.

Ejercicio

Use la forma apropiada del verbo **conducir**:

1. conducir el coche (yo, mi hija)

2. conducir la bicicleta (los chicos, los viejos)

3. conducir la motocicleta (el jipi, los varones)

4. conducir el ómnibus (tú y yo, los chóferes)

5. conducir la lancha (tú, vosotros)

[36-11] PRONUNCIACIÓN

Spanish **y**

Repita:

yac	yaraví	yerba mate	yugoslavo (yugoeslavo)	yunque
yaguar	yarda	Yerma	yugular	yute
yanqui	yeísmo	Yolanda	Yuma	yuxtaposición

Trabalenguas:

Yo soy el yerno yanqui de Yolanda de Yucatán.

[36-12] DICHOS Y REFRANES

Antes que te cases mira lo que haces.

Look before you leap.

[36–13] CARICATURA

love is...

... sending him a
card for no special
reason.

Copyright 1972 LOS ANGELES TIMES

El amor es . . .

enviarle una tarjeta
sin razón ninguna.

[36–14] EL MENÚ PARA HOY

Pineapple Cocktail
Roast Ham
Boiled Potatoes
Cucumber Salad
Bread Pudding with Raisins
Orangeade

Coctel de piña
Jamón al horno
Patatas cocidas
Ensalada de pepinos
Pudín de pan y pasas
Naranjada

UNIT 37

La sastrería, la tintorería y la lavandería

The Tailor Shop, Dry Cleaner's, and Laundry

Repita:

1. bleach   **(el) blanqueador**
2. button   **(el) botón**
3. clean clothes   **(la) ropa limpia**
4. cleaning fluid   **(el) quitamanchas**

5.	clothes hanger	**(la) percha**	
6.	clothes rack	**(el) perchero**	
7.	dirty clothes	**(la) ropa sucia**	
8.	iron	**(la) plancha**	
9.	ironing board	**(la) tabla de planchar**	
10.	needle	**(la) aguja**	
11.	press	**(la) planchadora**	
12.	scissors	**(las) tijeras**	

13.	sewing machine	**(la) máquina de coser**
14.	stain	**(la) mancha**
15.	starch	**(el) almidón**
16.	tailor	**(el) sastre**
17.	thimble	**(el) dedal**
18.	wash-and-wear	**de lavarse y ponerse**
19.	washerwoman	**(la) lavandera**
20.	washing machine	**(la) máquina de lavar**

[37-2] VERBOS

Repita:

1.	to bleach the sheets	**blanquear las sábanas**
2.	to dry-clean the suit	**limpiar el traje en seco**
3.	to fix the clothes rack	**arreglar el perchero**
4.	to iron the shirts	**planchar las camisas**
5.	to mend the slacks	**remendar los pantalones**
6.	to remove the stain	**quitar la mancha**
7.	to sew on a button	**coser un botón**
8.	to shorten the dress	**acortar el vestido**
9.	to starch the collar	**almidonar el cuello**
10.	to wash the clothes	**lavar la ropa**

[37-3] MODELOS DE LENGUAJE

Repita:

1. The washerwoman is going to wash . . .
   The washerwoman is going to wash the dirty clothes.
   The washerwoman is going to wash the clothes with soap.
   The washerwoman is going to wash the clothes in the washing machine.

   La lavandera va a lavar . . .
   La lavandera va a lavar la ropa sucia.

   La lavandera va a lavar la ropa con jabón.

   La lavandera va a lavar la ropa en la máquina de lavar.

2. The tailor uses . . .
   The tailor uses the scissors.
   The tailor uses the thread.
   The tailor uses the sewing machine.

   El sastre usa . . .
   El sastre usa las tijeras.
   El sastre usa el hilo.
   El sastre usa la máquina de coser.

3. Give me . . . for the shirts.
   Give me cleaning fluid for the shirts.

   Déme . . . para las camisas.
   Déme quitamanchas para las camisas.

Give me bleach for the shirts.	**Déme blanqueador para las camisas.**
Give me starch for the shirts.	**Déme almidón para las camisas.**

4. At the laundry they have . . . | **En la lavandería tienen . . .**
   At the laundry they have a press. | **En la lavandería tienen una planchadora.**
   At the laundry they have an ironing board. | **En la lavandería tienen una tabla de planchar.**
   At the laundry they have clothes racks. | **En la lavandería tienen percheros.**

5. These slacks . . . | **Estos pantalones . . .**
   These slacks need a clothes hanger. | **Estos pantalones necesitan una percha.**
   These slacks do not need to be ironed. | **Estos pantalones no necesitan plancharse.**
   These slacks need a button. | **Estos pantalones necesitan un botón.**

[37–4] DIÁLOGO

Sra. Díaz:	— ¿Hacen Uds. alteraciones?	
Tintorero:	— De todo tipo. ¿En qué puedo servirla?	dry cleaner
Sra. Díaz:	— Quiero arreglar este vestido porque *me veo muy*	I look very
	gruesa en él.	fat
Tintorero:	— Sí, pero necesitamos *al menos* un mes.	at least
Sra. Díaz:	— ¿Por qué un mes?	
Tintorero:	— Para darle tiempo *a que baje de peso.*	to lose weight

[37–5] COMPRENSIÓN

1. ¿Dónde tiene lugar el diálogo?
2. ¿Qué quiere la Sra. Díaz?
3. ¿Cuánto tiempo necesita el tintorero para arreglar su vestido?
4. ¿Por qué tanto tiempo?
5. ¿Cuánto tiempo *tarda* su tintorero en plancharle un traje?   takes

[37–6] DESCRIPCIÓN DEL DIBUJO

1. ¿Dónde está la señora?
2. ¿Qué tiene en la mano?
3. ¿Qué artículos puede Ud. identificar en el dibujo?
4. ¿Cuáles son los problemas en la operación de las máquinas de lavar?

[37-7] ESTUDIO DE PALABRAS

DERIVATIVES

banco	bank	**banquero**	banker	**banquete**	banquet
boleto	ticket	**boletería**	ticket office	**boletín**	bulletin
calzar	to shoe	**calzado**	shoe	**calcetín**	sock
calle	street	**callejón**	alley	**callejuela**	narrow street
campo	field	**campesino**	peasant	**camposanto**	cemetery
carne	meat	**carnal**	carnal	**carnicero**	butcher
carro	car	**carreta**	wagon	**carretera**	highway
carta	letter	**cartero**	letter carrier	**cartón**	cardboard
flor	flower	**florero**	vase	**floreciente**	flowering
llano	plain	**llanero**	plainsman	**llanuras**	plains
mar	sea	**marino**	marine	**mareo**	seasickness
materia	matter	**material**	material	**materialismo**	materialism
peso	weight	**pesado**	heavy	**pesadumbre**	sadness
sal	salt	**salero**	salt shaker	**salado**	salty
silla	chair	**sillón**	armchair	**sillería**	pews
sombra	shade	**sombrero**	hat	**sombrío**	somber
toro	bull	**toreador**	bullfighter	**torero**	bullfighter

Ejercicio

Dé las palabras de las cuales son derivadas las siguientes:

1. el blanqueador
2. la enfermedad
3. la perrera
4. la planchadora

5. nombrar
6. la lavandera
7. el perchero
8. el jardinero

9. depender
10. trabajar
11. el panadero
12. el carnicero

[37-8] EXPRESIONES ÚTILES

CONDITIONS OR PROPERTIES OF THINGS

CONDICIONES O PROPIEDADES DE LAS COSAS

broken	**quebrado** - bRoqueN	dark	**obscuro**
burned	**quemado**	delicate	**delicado**
clean	**limpio** - clin	dirty	**sucio**
contaminated	**contaminado**	dried	**secado**
cracked	**agrietado**	dry	**seco**
damp	**húmedo**	dull	**embotado**

fragile	**frágil**	poisonous	**venenoso**
fresh	**fresco** → *FRESH*	ripe	**maduro**
frozen	**congelado**	rough	**áspero**
furry (hairy)	**peludo**	rusty	**oxidado**
gaseous	**gaseoso**	sandy	**arenoso**
greasy	**grasiento**	sharp	**agudo**
gummy	**gomoso**	shiny	**lustroso**
hard	**duro**	slippery	**resbaloso**
heavy	**pesado** → *JEVI*	smooth	**listo**
high	**alto**	soft	**suave**
hollow	**ahuecado**	soiled (stained)	**manchado**
light	**ligero**	solid	**sólido**
liquid	**líquido**	sour	**agrio**
low	**bajo**	sticky	**pegajoso**
metallic	**metálico**	sweet	**dulce**
narrow	**estrecho**	transparent	**transparente**
oily	**aceitoso**	wet	**mojado**
old	**antiguo**	wide	**ancho**
opaque	**opaco**	wooden	**de madera**

Ejercicio

Dé una condición o la propiedad esencial de las cosas siguientes:

1. el aceite de oliva
2. el terciopelo
3. el helado
4. el gatito
5. el chocolate
6. el cristal
7. el espejo
8. la playa
9. el pescado
10. el edificio Empire State

[37–9] GRAMÁTICA ESENCIAL

A. IMPERFECT SUBJUNCTIVE

The imperfect subjunctive is formed by dropping the **-ron** ending of the third person plural of the preterite and adding either the **-ra** or **-se** endings.

hablar		**comer**		**escribir**	
hablara	hablase	comiera	comiese	escribiera	escribiese
hablaras	hablases	comieras	comieses	escribieras	escribieses
hablara	hablase	comiera	comiese	escribiera	escribiese
habláramos	hablásemos	comiéramos	comiésemos	escribiéramos	escribiésemos
hablarais	hablaseis	comierais	comieseis	escribierais	escribieseis
hablaran	hablasen	comieran	comiesen	escribieran	escribiesen

B. PRESENT PERFECT SUBJUNCTIVE

The present perfect subjunctive is formed with the present subjunctive of the auxiliary verb **haber (haya)** plus the past participle.

hablar	comer	escribir
haya hablado	haya comido	haya escrito
hayas hablado	hayas comido	hayas escrito
haya hablado	haya comido	haya escrito
hayamos hablado	hayamos comido	hayamos escrito
hayáis hablado	hayáis comido	hayáis escrito
hayan hablado	hayan comido	hayan escrito

C. PLUPERFECT SUBJUNCTIVE

The pluperfect subjunctive is formed with the imperfect subjunctive of the verb **haber (hubiera** or **hubiese)** plus the past participle.

hablar

hubiera hablado	hubiese hablado
hubieras hablado	hubieses hablado
hubiera hablado	hubiese hablado
hubiéramos hablado	hubiésemos hablado
hubierais hablado	hubieseis hablado
hubieran hablado	hubiesen hablado

comer

hubiera comido	hubiese comido
hubieras comido	hubieses comido
hubiera comido	hubiese comido
hubiéramos comido	hubiésemos comido
hubierais comido	hubieseis comido
hubieran comido	hubiesen comido

escribir

hubiera escrito	hubiese escrito
hubieras escrito	hubieses escrito
hubiera escrito	hubiese escrito
hubiéramos escrito	hubiésemos escrito
hubierais escrito	hubieseis escrito
hubieran escrito	hubiesen escrito

Ejercicio

Cambie los infinitivos al imperfecto, al perfecto y al pluscuamperfecto del modo subjuntivo (imperfect, present perfect, and pluperfect subjunctive):

1. que (necesitar)
2. que (ocurrir)
3. que (creer) eso
4. que Ud. (dormir) en toda la noche
5. que (estar) en el Perú

6. que (volver) a casa
7. que (tomar) esas píldoras
8. que lo (preferir)
9. que (cumplir) con tus obligaciones
10. que (decir) tal cosa

[37-10] CONJUGACIÓN DEL VERBO ‹‹PREFERIR››

Yo **prefiero** las rubias.	I prefer blondes.
Tú **prefieres** las rubias.	You prefer blondes.
Él, Ella **prefiere** las rubias.	He, She prefers blondes.
Ud. **prefiere** las rubias.	You prefer blondes.
Nosotros (-as) **preferimos** las rubias.	We prefer blondes.
Vosotros (-as) **preferís** las rubias.	You prefer blondes.
Ellos, Ellas **prefieren** las rubias.	They prefer blondes.
Uds. **prefieren** las rubias.	You prefer blondes.

Ejercicio

Dé la forma apropiada del verbo **preferir**:

1. preferir las morenas (Ángel y Jesús, ellos)
2. preferir piña (yo, los invitados)
3. preferir té (los ingleses, tú)

4. preferir arroz con pollo
   (mi hermana, vosotras)
5. preferir un abrigo de piel
   (mi esposo, nosotras)

[37-11] PRONUNCIACIÓN

Spanish **z**

Repita:

zapatero	zamacueca	zarzuela	Zeus	zoología
Luz	Zanzíbar	Zenobia	zigzag	Zorba
zafiro	Zaragoza	zepelín	zinc	zulú

Trabalenguas:

Zacarías y Zenobia aterrizan el zepelín en Zanzíbar.

[37-12] DICHOS Y REFRANES

Si el mozo supiese y el viejo pudiese, no habría cosa que no se hiciese.
If youth possessed knowledge and old age strength, nothing would be impossible.

[37-13] CARICATURA

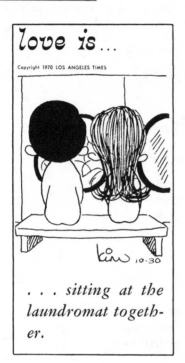

love is...

Copyright 1970 LOS ANGELES TIMES

. . . sitting at the laundromat together.

El amor es . . .

*sentarse juntos
en la lavandería.*

[37-14] EL MENÚ PARA HOY

Sardines in Olive Oil	**Sardinas en aceite**
Spanish Sausages	**Chorizos**
Curried Rice	**Arroz con cari**
Chicory Salad	**Ensalada de achicoria**
Plantain Fritters	**Tostones**[1]
Cheese Cake	**Pastel de queso**
Cognac or Vermouth	**Coñac o vermut**

---

1. In Spain, bread or chick-peas fried in olive oil.

UNIT 38

La taberna y la tienda de licores
The Tavern and Liquor Store

[38-1] VOCABULARIO

Repita:

1. bar stool   **(la) banqueta alta**
2. beer   **(la) cerveza**
3. brandy   **(el) aguardiente**

4. cider   **(la) sidra**
5. club soda   **(la) gaseosa**
6. cocktail   **(el) coctel**

7.	daiquiri	(el) daiquirí	14. on the rocks	con hielo
8.	gin	(la) ginebra	15. rum and coke	(el) Cuba libre
9.	glass	(el) vaso	16. sangría	(la) sangría
10.	highball	(el) highball	17. shot	(un) trago
11.	ice cube	(el) cubito de hielo	18. stirrer	(el) agitador
12.	lemonade	(la) limonada	19. straw	(la) pajilla
13.	martini	(el) martini	20. wine	(el) vino

[38-2] VERBOS

Repita:

1.	to add the ice	añadir hielo
2.	to chill the champagne	enfriar el champán
3.	to consume a quart of rye	consumir una botella de whisky de centeno
4.	to like wine and rum	gustarle a uno el vino y el ron
5.	to make a toast	hacer un brindis
6.	to mix a cocktail	preparar un coctel
7.	to order a case of Scotch	pedir una caja de whisky escocés
8.	to pour the beer	servir la cerveza
9.	to sip the brandy	sorber el coñac
10.	to stir the martini	revolver el martini

[38-3] MODELOS DE LENGUAJE

Repita:

1. I want . . .   Quiero . . .
   I want a rum and coke.   Quiero un Cuba libre.
   I want a highball.   Quiero un highball.
   I want a martini.   Quiero un martini.
   I want a lemonade.   Quiero una limonada.

2. I want more . . .   Quiero más . . .
   I want more beer.   Quiero más cerveza.
   I want more ice.   Quiero más hielo.
   I want more club soda.   Quiero más gaseosa.

3. . . . is good.   . . . está bueno.
   The cider is good.   La sidra está buena.
   The daiquiri is good.   El daiquirí está bueno.
   The cocktail is good.   El coctel está bueno.
   The wine is good.   El vino está bueno.

4. Give me a bottle of . . .   **Déme una botella de . . .**
   Give me a bottle of gin.   **Déme una botella de ginebra.**
   Give me a bottle of vermouth.   **Déme una botella de vermut.**
   Give me a bottle of rum.   **Déme una botella de ron.**

[38-4] DIÁLOGO

Borracho: — ¿Sabes por qué no me gusta beber?   drunk
Tabernero: — ¿Por qué?   bartender
Borracho: — Porque mi mujer no me entiende cuando bebo.
Tabernero: — ¿Para qué bebes entonces?
Borracho: — Pues porque ella no me entiende.
Tabernero: — *Menos te va a entender* después de que   she is going to understand you less
               consumas tanto alcohol.   you consume

[38-5] COMPRENSIÓN

1. ¿Quiénes toman parte en este diálogo?
2. ¿Por qué no le gusta beber al borracho?
3. ¿Por qué bebe entonces?
4. ¿Qué le *aconseja* el tabernero al borracho?   advises
5. ¿Cuál es su *bebida* favorita?   drink

[38-6] DESCRIPCIÓN DEL DIBUJO

1. ¿Qué se ve en abundancia en esta tienda?
2. ¿Qué está pegado a la caja registradora?
3. Adivine lo que está en la botella que compra el señor.
4. ¿Qué pasa cuando bebemos demasiado whisky?

[38-7] ESTUDIO DE PALABRAS

Many Spanish nouns are related directly to verbs.

el abrazo	embrace	**abrazar**	**el peso**	weight	**pesar**
el beso	kiss	**besar**	**la planta**	plant	**plantar**
el canto	song	**cantar**	**el rey**	king	**reinar**
la cocina	kitchen	**cocinar**	**el saludo**	greeting	**saludar**
la cruz	cross	**cruzar**	**el toro**	bull	**torear**
el número	number	**numerar**	**la visita**	visit	**visitar**
el ojo	eye	**ojear**	**el vuelo**	flight	**volar**

Ejercicios

A. Dé un verbo relacionado con los nombres siguientes. Consulte el vocabulario si es necesario:

1. los ahorros   (savings)
2. el ataque   (attack)
3. el cantante   (singer)
4. el camino   (walk)
5. la celebración   (celebration)

6. la construcción   (construction)
7. el dependiente   (salesman)
8. el grito   (shout)
9. el peine   (comb)
10. la lluvia   (rain)

B. Dé un nombre relacionado con los verbos siguientes:

1. alimentar   (to eat)
2. bailar   (to dance)
3. mostrar   (to show)
4. dibujar   (to draw)
5. invitar   (to invite)

6. fabricar   (to manufacture)
7. nombrar   (to name)
8. quejarse   (to complain)
9. trabajar   (to work)
10. reaccionar   (to react)

[38-8] EXPRESIONES ÚTILES

MILITARY EXPRESSIONS

LAS EXPRESIONES MILITARES

admiral	**(el) almirante**
air force	**(la) fuerza aérea**
ammunition	**(la) munición**
army	**(el) ejército**
artillery	**(la) artillería**
assault	**(el) asalto**
barracks	**(el) cuartel**
battleship	**(el) acorazado**
bayonet	**(la) bayoneta**
bazooka	**(el) cañón cohete**
bomb	**(la) bomba**
bullet	**(la) bala**
cadet	**(el) cadete**
camp	**(el) campamento**
captain	**(el) capitán**
chaplain	**(el) capellán**
coast guard	**(el) guardacostas**
colonel	**(el) coronel**
commander	**(el) comandante**
convoy	**(el) convoy**
corporal	**(el) cabo**

discharge	**(el) certificado de licencia**
draft	**(la) conscripción**
enemy	**(el) enemigo**
flag	**(la) bandera**
furlough	**(la) licencia**
general	**(el) general**
helicopter	**(el) helicóptero**
infantry	**(la) infantería**
insignia	**(las) insignias**
latrine	**(la) letrina**
lieutenant	**(el) teniente**
machine gun	**(la) ametralladora**
marine corps	**(la) infantería de marina**
medal	**(la) medalla**
mess hall	**(el) salón comedor**
mine	**(la) mina**
mission	**(la) misión**
navy	**(la) marina**
parachute	**(el) paracaídas**
patrol	**(la) patrulla**

private	(el) soldado raso	sailor	(el) marinero
recruit	(el) recluta	sargeant	(el) sargento
Red Cross	(la) Cruz Roja	sentry	(el) centinela
rifle	(el) rifle	target	(el) blanco

Ejercicio

Complete las oraciones:

1. El jefe del Ejército es ——— y el jefe de la Marina es ——— .
2. El cuchillo conectado a un rifle es ——— .
3. Para saltar de un avión militar se utiliza ——— .
4. El servicio militar obligatorio es ——— .
5. Cuando termina un soldado su servicio militar recibe ——— .

[38-9] GRAMÁTICA ESENCIAL

A. SUBJUNCTIVE IN NOUN CLAUSES

1. A noun clause is a dependent clause that functions as a noun and may be used as the object of the verb in the main clause. In Spanish the verb in a noun clause is in the subjunctive mood when (1) the main verb (or expression) denotes or implies the subject's volition, emotion, or doubt; and (2) the subject of the noun clause is different from the subject of the main clause. The noun clause is introduced by the relative **que**.

2. If the main verb expresses or implies a wish, the verb in the dependent clause is in the subjunctive.

Quiero que Ud. **regrese** a casa temprano.
I want you to return home early. (. . . that you return . . .)

Su madre **había deseado que** Cristina **se casara** el año próximo.
Her mother had wanted Christina to get married next year. (. . . that Christina marry . . .)

No **desean que** sus hijos **vayan** a esa fábrica a trabajar.
They don't want their children to go to work in that factory. (. . . that their children go . . .)

Preferí que me pagaran en dólares americanos.
I preferred to have them pay me in American dollars. (. . . that they pay me . . .)

But: Yo **quiero regresar.**
I want to return.

Su madre **había deseado casarse.**
Her mother had wanted to get married.

3. If the main verb expresses an order, permission, advice, prohibition, supplication or necessity, the dependent verb in the noun clause is in the subjunctive.

Dígale que no tome whisky con las píldoras.
Tell him not to take whiskey with the pills.

El comandante **mandó** que las tropas **avanzaran.**
The commander ordered the troops to advance.

Permito que vayas esta vez.
I permit you to go this time.

Le aconsejé que se tomara la ruta más directa.
I advised him to take the most direct route.

La ley **impide que cobren** más del nueve por ciento de interés.
The law prevents them from charging more than nine percent interest.

Le suplico que mande esta carta por correo aéreo.
I implore you to send this letter air mail.

El cliente **necesita que** la corbata **sea** roja.
The customer needs the tie to be red.

Le ruego que ponga su firma al dorso de la solicitud.
I beg you to put your signature on the reverse side of the application.

El maestro **prohibió que** los estudiantes **saliesen** del aula de clase.
The teacher prohibited the students from leaving the classroom.

El jefe **había pedido que** no **insistiéramos** en días de vacaciones.
The boss had asked us not to insist on vacation days.

4. If the main verb expresses doubt, uncertainty, disbelief, or denial, the verb in the dependent clause is in the subjunctive mood. **No dudar** is considered a verb of certainty and does not govern the subjunctive. **No creer** and **¿cree?** take the subjunctive if the speaker feels an element of doubt; when there is certainty, however, these expressions call for the indicative mood.

Yo **dudo que vengan, pero él no duda que vienen.**
I doubt that they will come, but he doesn't doubt that they will come.

No creí que papá **recibiese** su cheque del Seguro Social a tiempo.
I didn't believe that Papa would receive his Social Security check on time.

No estoy seguro que mi sobrino **diga** la verdad.
I am not sure my nephew is telling the truth.

¿Quiénes **dudan que** este carro **cueste** tres mil pesos?
Who doubts that this car costs three thousand dollars?

El Ministro **no cree que haya** peligro de guerra.
The Minister does not believe that there is danger of war.

¿Cree que lo haga?
Do you believe he will do it?

5. If the main verb is one of emotion (joy, surprise, fear, anger, sorrow, and so on), the dependent verb is in the subjunctive mood.

Me alegro de que haya tenido suerte en la lotería nacional.
I am happy that you had luck in the national lottery.

Siento que no puedas venir a nuestra fiesta.
I am sorry that you are not able to come to our party.

El médico **teme que muera** el viejo.
The doctor is afraid that the old man will die.

Tuve miedo que los astronautas no aterrizasen sobre la luna.
I feared that the astronauts would not land on the moon.

B. SUBJUNCTIVE AFTER IMPERSONAL EXPRESSIONS

Impersonal expressions and impersonal verbs which express an attitude of uncertainty as to the outcome of the dependent clause call for the subjunctive in the dependent clause. Dependent verbs following **es cierto, es claro,** and **es verdad** express a positive attitude of certainty and are in the indicative mood.

Es cierto que un general **va** a aparecer en el bar.
It is certain that a general will appear in the bar.

No es cierto que un general **vaya** a aparecer.
It is not certain that a general will appear.

Es dudoso que salga bien en sus estudios.
It is doubtful he will do well in his studies.

Será extraño que no vendan colchones en esa tienda.
It will be unusual for them not to sell mattresses in that store.

Fue lástima que los obreros **no encontrasen** empleo.
It was a pity that the workers didn't find jobs.

Sería necesario que los pobres **continuaran** viviendo en tales condiciones deplorables.
It would be necessary that the poor continue to live in such deplorable conditions.

Es imposible que paguemos el alquiler este mes.
It is impossible for us to pay the rent this month.

Es posible que los precios **se rebajen.**
It is possible for the prices to go down.

Es probable que los deportistas mexicanos **obtengan** la victoria; **basta que mantengamos** el segundo lugar.
It's probable that the Mexican athletes will win; it will be enough for us to maintain second place.

C. SUBJUNCTIVE IN EXCLAMATIONS

When the main clause contains a vehement expression or exclamation of desire, the dependent verb is in the subjunctive.

¡Ojalá que él haya salido de Cuba!
I hope that he got out of Cuba!

¡Ojalá que mi esposa **estuviera** aquí ahora.
Would that my wife were here now! (I wish my wife were here now.)

¡Ojalá que llueva!
Oh, that it may rain! (I hope it rains.)

¡Ojalá que lloviese!
Oh, that it might rain! (I wish it would rain.)

D. INFINITIVE TO REPLACE SUBJUNCTIVE

In Spanish the infinitive may be used in place of a noun clause with a subjunctive when the subject of the dependent verb is a pronoun which may be regarded as the indirect object of the main verb. This possibility generally occurs with the verbs **mandar, dejar, impedir, permitir,** and **prohibir.**

El jefe **nos mandó hacer** este trabajo.

or

El jefe **nos mandó que hiciésemos** este trabajo.
The boss ordered us to do this job.

Mi madre **no me deja que beba.**
Mi madre **no me deja beber.**
My mother doesn't allow me to drink.

El choque **nos impide pasar.**
El choque **nos impide que pasemos.**
The accident prevents us from passing.

Ejercicio
Exprese en español:

1. Everybody doubts she did it.
2. We advise you to pay.
3. It was certain that Lupe entered the store.
4. Oh, if it would only snow!
5. I hope she will get out of the hospital today.
6. Do you believe that Fred is fifty years old?
7. I want to go to the movies.
8. It is necessary to arrive at the party early.

9. The captain ordered the soldiers to put their rifles in the barracks.
10. He is so happy that he can walk again.
11. Tell him to bring the corporal here and order the rest of the men to clean the mess hall.
12. I shall be very sad if she returns the engagement ring to her boyfriend. He wants so much to marry her.
13. Don't you believe the truth when you hear it or is it necessary for me to give you a written document?
14. Will you want them to sleep in your home, or shall I advise them to make a reservation at a motel?
15. It is not enough for him to finish college; I also want him to be a doctor.

[38-10] CONJUGACIÓN DEL VERBO «VENCER»

Yo **venzo** al enemigo.	I conquer the enemy.
Tú **vences** al enemigo.	You conquer the enemy.
Él, Ella **vence** al enemigo.	He, She conquers the enemy.
Ud. **vence** al enemigo.	You conquer the enemy.
Nosotros (-as) **vencemos** al enemigo.	We conquer the enemy.
Vosotros (-as) **vencéis** al enemigo.	You conquer the enemy.
Ellos, Ellas **vencen** al enemigo.	They conquer the enemy.
Uds. **vencen** al enemigo.	You conquer the enemy.

Ejercicio

Termine la oración con un objeto y la forma apropiada de **vencer:**

1. Yo _____ .
2. El ejército _____ .
3. Los soldados rusos y la Marina norteamericana
   _____ .
4. El enemigo _____ .
5. El sargento de la patrulla y yo _____ .

[38-11] PRONUNCIACIÓN

Repita:

arquitecto	fricción	licencia	polución	vinagre
bambú	gimnasio	llama	quipos	wagneriano
capitolio	hipócrita	monótono	ridículo	xilófono
chimenea	ídolo	nervioso	sátira	yuca
diamante	jirafa	ñu	tarifa	zigzag
elección	kilómetro	ocupado	universidad	

[38-12] DICHOS Y REFRANES

No hay feria que para todos sea mala; pues lo que unos pierden otros lo ganan.
There is no situation that is bad for everyone; for what some lose, others gain.

[38-13] CARICATURA

love is...

...soothing him the
morning after the
night before.

El amor es . . .

mitigar por la mañana
su malestar de la noche anterior.

[38-14] EL MENÚ PARA HOY

Galician Broth	**Caldo gallego**
Broiled Steak	**Biftec a la parrilla**
Spanish Rice	**Arroz con tomate**
White Bean and Chick-Pea Salad	**Ensalada de judías blancas y garbanzos**
Cherries in Brandy	**Guindas en aguardiente**
Cup of Chocolate	**Taza de chocolate**

UNIT 39

La juguetería y la tienda de bicicletas
The Toy Store and Bicycle Shop

[39-1] VOCABULARIO

Repita:

1. ball   **(la) pelota**
2. bear (Teddy Bear)   **(el) oso**
3. bicycle   **(la) bicicleta**
4. chain   **(la) cadena**

5. checkers	**(el) juego de damas**	13. scooter	**(la) patineta**
6. doll	**(la) muñeca**	14. skates	**(los) patines**
7. game	**(el) juego**	15. top	**(el) trompo**
8. hobbyhorse	**(el) caballito**	16. toy	**(el) juguete**
9. kite	**(la) cometa**	17. tricycle	**(el) triciclo**
10. pedal	**(el) pedal**	18. truck	**(el) camión**
11. piano	**(el) piano**	19. wagon	**(el) carretón**
12. puzzle	**(el) rompecabezas**	20. wheel	**(la) rueda**

[39-2] VERBOS

Repita:

1. to embrace the doll	**abrazar la muñeca**
2. to fly a kite	**volar una cometa**
3. to lose a chain	**perder una cadena**
4. to patch a flat tire	**arreglar una goma pinchada**
5. to play a game	**jugar un juego**
6. to put a toy under the Christmas tree	**poner un juguete bajo el árbol de Navidad**
7. to put together a puzzle	**armar un rompecabezas**
8. to replace the spokes	**poner nuevos rayos a la rueda**
9. to skate in the street	**patinar en la calle**
10. to spin a top	**bailar un trompo**

[39-3] MODELOS DE LENGUAJE

Repita:

1. The children play with . . .
   The children play with the toys.
   The children play with the top.
   The children play with the piano.

   Los niños juegan con . . .
   Los niños juegan con los juguetes.
   Los niños juegan con el trompo.
   Los niños juegan con el piano.

2. Santa Claus is going to bring me . . .
   Santa Claus is going to bring me a scooter.
   Santa Claus is going to bring me a kite.
   Santa Claus is going to bring me a toy.

   Santa Claus me va a traer . . .
   Santa Claus me va a traer una patineta.
   Santa Claus me va a traer una cometa.
   Santa Claus me va a traer un juguete.

3. I like to ride my . . .
   I like to ride my hobbyhorse.
   I like to ride my wagon.
   I like to ride my tricycle.

   Me gusta montar en mi . . .
   Me gusta montar en mi caballito.
   Me gusta montar en mi carretón.
   Me gusta montar en mi triciclo.

4. I sleep with my . . .
   I sleep with my bear.
   I sleep with my doll.
   I sleep with my ball.

Duermo con mi . . .
Duermo con mi oso.
Duermo con mi muñeca.
Duermo con mi pelota.

5. . . . doesn't work.
   The chain doesn't work.
   The pedal doesn't work.
   The wheel doesn't work.

. . . no funciona.
La cadena no funciona.
El pedal no funciona.
La rueda no funciona.

[39–4] DIÁLOGO

Pedro: —Dicen que montar en bicicleta es bueno para el
          corazón.
Lorenzo: —Por ese motivo yo tengo una bicicleta.
Pedro: —*Me extraña*, Lorenzo, que no hayas manejado tu   I am surprised
          carro *últimamente*.   lately
Lorenzo: —Más que guardar el corazón, una bicicleta tiene otras
          ventajas.   advantages
Pedro: —*Por ejemplo*.   for example
Lorenzo: —¿Cuándo has visto a una *suegra* que monte en bicicleta mother-in-law
          con su *yerno*?   son-in-law

[39–5] COMPRENSIÓN

1. ¿Qué dice Pedro acerca de montar en bicicleta?
2. ¿Qué le responde Lorenzo?
3. ¿Por qué se extraña Pedro?
4. Según Lorenzo, ¿cuál es la mayor ventaja de tener una bicicleta?
5. Relate una excursión suya en bicicleta.

[39–6] DESCRIPCIÓN DEL DIBUJO

1. ¿Qué cosas se venden en esta tienda?
2. ¿Adónde va el carrito del niño?
3. ¿Por qué tiene el tendero una cara tan triste?
4. ¿Por qué le gusta a la gente visitar una tienda de juguetes?

[39-7] ESTUDIO DE PALABRAS

Many verbs ending in *-ate* in English have Spanish cognates that are -ar verbs.

accelerate	**acelerar**		evaporate	**evaporar**
accentuate	**acentuar**		facilitate	**facilitar**
accumulate	**acumular**		imitate	**imitar**
agitate	**agitar**		meditate	**meditar**
associate	**asociar**		negociate	**negociar**
celebrate	**celebrar**		relate	**relatar**
conjugate	**conjugar**		terminate	**terminar**
delegate	**delegar**		vacilate	**vacilar**

Ejercicio

Use las palabras siguientes en oraciones españolas:

1. abrogar (abrogate)
2. aliviar (alleviate)
3. calcular (calculate)
4. estimar (estimate)

5. interrogar (interrogate)
6. navegar (navigate)
7. separar (separate)
8. tolerar (tolerate)

[39-8] EXPRESIONES ÚTILES

DIVERSIONS AND PASTIMES / DIVERSIONES Y PASATIEMPOS

amusement park	**(el) parque de atracciones**	ham radio	**(el) radio de onda corta**
aquarium	**(el) acuario**	horseback riding	**(el) montar a caballo**
automobile ride	**(el) paseo en automóvil**	kite flying	**(el) volar cometas**
ballet	**(el) ballet**	lecture	**(la) conferencia**
barbecue	**(la) barbacoa**	oil painting	**(el) pintar al óleo**
bullfight	**(la) corrida de toros**	opera	**(la) ópera**
carpentry	**(la) carpintería**	orchestra	**(la) orquesta**
casino	**(el) casino**	outing	**(la) jira**
ceramics	**(la) cerámica**	park	**(el) parque**
chorus	**(el) coro**	playing cards	**(los) naipes**
club	**(el) club**	promenade	**(el) paseo**
coin collecting	**(el) reunir monedas**	social conversation	**(la) tertulia**
concert	**(el) concierto**	sculpture	**(la) escultura**
cruise	**(el) crucero**	siesta	**(la) siesta**
dice	**(los) dados**	stamp collecting	**(el) reunir sellos**
dining out	**(el) cenar**	telephone chatter	**(el) charlar por teléfono**
dominoes	**(el) dominó**	zoo	**(el) parque zoológico**
gardening	**(la) jardinería**		

Ejercicio

Seleccione la palabra relacionada:

A.		B.

A.

1. el viento
2. la flor
3. el correo
4. el elefante
5. el toro
6. la madera
7. los centavos
8. el cuadro
9. el menú
10. el fuego
11. el radio
12. el baile
13. el casino
14. el banco
15. el mar

B.

a. la antena
b. el parque
c. el ballet
d. el reunir sellos
e. los naipes
f. el reunir monedas
g. el crucero
h. la carpintería
i. la corrida
j. el parque zoológico
k. la cena
l. la jardinería
m. el pintar al óleo
n. la barbacoa
o. el volar cometas

[39-9] GRAMÁTICA ESENCIAL

A. SUBJUNCTIVE IN ADJECTIVE CLAUSES

An adjective clause is a dependent clause which is used as an adjective and which may modify a noun or pronoun antecedent in the main clause. When the antecedent is negative, indefinite, uncertain, or not definitely known to exist, the subjunctive is used in the dependent clause. If the antecedent is definite, the dependent verb is in the indicative mood. These clauses are introduced by **que**.

Busco **un guía que hable** bien el inglés.
I am looking for a guide who speaks English well.

¿Hay **alguien que sepa** bailar el tango?
Is there anybody who knows how to dance the tango?

No conozco a **nadie que haya visto** el monstruo.
I don't know anyone who has seen the monster.

Haré **lo que Ud. quiera.**
I'll do whatever you wish.

But:

Busco al **guía que habla** inglés.
I am looking for the guide who speaks English.

Conozco a la **chica que entiende** ruso.
I know the girl who understands Russian.

B. SUBJUNCTIVE IN ADVERBIAL CLAUSES

1. An adverbial clause is a dependent clause used as an adverb. It is introduced by a conjunction or an adverb and may modify a verb in the main clause. The subjunctive is used in adverbial clauses only when referring to something yet to be accomplished or realized in a future or indefinite time. If the statement expresses a material fact, the verb is in the indicative. The most frequently used conjunctions and adverbs that may introduce a clause with a subjunctive are:

antes (de) que	before	**hasta que**	until
así que	as soon as	**luego que**	as soon as
aunque	although	**mientras que**	while
cuando	when	**siempre que**	as long as
después (de) que	after	**tan pronto como**	as soon as
en cuanto	as soon as		

Te avisaré **cuando llegue** el tren.
I shall let you know when the train arrives.

Déme la llave **tan pronto como me acerque** a la puerta.
Give me the key as soon as I approach the door.

Lograremos conseguir el dinero **siempre que sigamos** las instrucciones del jefe.
We shall succeed in getting the money as long as we follow the instructions of the boss.

2. The subjunctive is also used in adverbial clauses of purpose, result, supposition, provision, negation, exception, concession, and condition. The following common conjunctions govern the subjunctive:

en caso de que	in case	**para que**	in order that
a fin de que	in order that	**de manera que**	so that
a menos que	unless	**de modo que**	so that
a no ser que	unless	**con tal que**	provided that
a pesar de que	in spite of the fact that	**sólo que**	except that
dado que	provided that	**sin que**	without

Te llevaré al gimnasio **a fin de que puedas** jugar al baloncesto.
I'll take you to the gymnasium so that you can play basketball.

Dado que estés aquí durante las vacaciones, te atenderé bien.
As long as you will be here during the vacation period, I shall take good care of you.

Los herederos fueron invitados a la oficina del abogado **para que se firmasen** los papeles oficiales
del testamento.
The heirs were invited to the lawyer's office so that the official papers of the will might be signed.

C. THE SUBJUNCTIVE IN *IF*-CLAUSES

1. In adverbial sentences of condition that express uncertainty, doubt, or a statement that is contrary
to fact or impossible to realize, the verb in the *if*-clause (dependent clause) is in the imperfect or
pluperfect subjunctive, while the main verb (result clause) is in the conditional or conditional perfect.

Si él **hubiera estado** en casa, no **habría sucedido** el robo.
If he had been at home, the robbery would not have taken place.

Si **tuviese** dinero suficiente, **compraría** una piscina.
If I had enough money, I would buy a swimming pool.

Si **hubiésemos visitado** a México, **habríamos necesitado** una vacunación.
If we had visited Mexico, we would have needed a vaccination.

2. When **si** is the equivalent of *whether* or expresses a possibility that can be realized, the verb is in
the indicative mood, not the subjunctive.

No sabía **si Alberto iría** al teatro.
I didn't know whether Albert would go to the theatre.

Era difícil averiguar **si Roberto estaría** en Londres el año próximo.
It was difficult to ascertain whether Robert would be in London next year.

Todavía no sé **si voy.**
I still don't know if I'm going.

D. SEQUENCE OF TENSES

The following sequence of tenses is applicable only to those sentences that need the subjunctive
mood. If the verb in the main clause is in the present, future, or present perfect, or is a command, the
verb in the dependent clause is in the present subjunctive or present perfect subjunctive. If the verb
in the main clause is in the imperfect, preterite, pluperfect, or conditional, the verb in the dependent

clause is in the imperfect subjunctive. If the action in the dependent clause happened before a past action in the main clause, the pluperfect subjunctive is used in the dependent clause.

VERB IN MAIN CLAUSE	TENSES OF SUBJUNCTIVE IN DEPENDENT CLAUSE	
	Incomplete Action	Completed Action
1. Present 2. Future 3. Present perfect 4. Commands	Present	Present perfect
5. Imperfect 6. Preterite 7. Pluperfect 8. Conditional	Imperfect	Pluperfect

EJEMPLOS

1. Manda que venga.
2. Mandará que venga.
3. Ha mandado que venga.
4. ¡Mande Ud. que venga!
5. Mandaba que viniera.

6. Mandó que viniera.
7. Había mandado que viniera.
8. Mandaría que viniera.
9. Vino antes de que lo hubiera mandado.

Ejercicio

Exprese en español:

1. . . . in case we fly to Europe.
2. . . . whether Nicholas would stay home.
3. . . . if I were God.
4. . . . so that the birds do not fly.
5. . . . in spite of the fact that the girl has money.
6. . . . when she receives the gift.
7. . . . as soon as I see him.
8. . . . provided that the money is paid.
9. I am looking for a man with red trousers.
10. I am looking for the man with red trousers.
11. I don't know anybody who has ever seen a unicorn.
12. If I were president of the United States, I would work with the most intelligent men in the country.
13. The doctor suggests I go to the hospital so that I may get an X-ray of my broken bone.

14. As soon as you are twenty-one years of age, I shall give you the house and you can pay the mortgage.
15. The judge would give me a job in the court provided that I did what he wants.

[39-10] CONJUGACIÓN DEL VERBO «HUIR»

Yo **huyo** de la autoridad.	I flee from the authorities.
Tú **huyes** de la autoridad.	You flee from the authorities.
Él, Ella **huye** de la autoridad.	He, She flees from the authorities.
Ud. **huye** de la autoridad.	You flee from the authorities.
Nosotros (-as) **huimos** de la autoridad.	We flee from the authorities.
Vosotros (-as) **huis** de la autoridad.	You flee from the authorities.
Ellos, Ellas **huyen** de la autoridad.	They flee from the authorities.
Uds. **huyen** de la autoridad.	You flee from the authorities.

Ejercicio

Complete con la forma apropiada del verbo **huir**:

1. El criminal _____ de la ley.
2. Los niños _____ del incendio.
3. Nosotros _____ del ejército.
4. Tú _____ de tus padres.
5. Yo _____ del enemigo.

[39-11] PRONUNCIACIÓN

The **piropo** is a vocal expression of the Spanish male intended to compliment or attract a woman. There is no comparable phenomenon in the United States.

¡Luz de mis ojos! ¡No puedo vivir sin ti!
Light of my eyes! I can't live without you!

¡Eres la crema de las mujeres! ¡Bendita sea tu madre!
You are the cream of women. May your mother be blessed!

¡No hay mujer como tú en este mundo!
There's no woman like you in this world!

¡Eres un sueño! ¡Eres mi vida!
You are a dream. You are my life!

¡Chica guapísima!
What a (most) beautiful girl!

¡Eres una flor en el jardín de mi corazón!
You are a flower in the garden of my heart!

¡Vida mía, soy el esclavo de tu amor!
My life, I am the slave of your love!

¡Estás dulce como un bombón!
You are as sweet as candy!

¡Líbrame chica de mi cárcel de amor!
Free me (girl) from my prison of love!

¡El fuego de tus ojos me enciende el corazón!
The fire of your eyes inflames my heart!

¡Me matas y me das salud a la vez!
You kill me and you save me at the same time!

¡A tu paso, chiquilla, pierdo el sentido!
As you walk by, little one, I faint!

¡Maíz para las pollitas!
Corn for the chicks!

¡Si tus oídos están dispuestos a escuchar, mis labios están dispuestos a hablar!
If your ears are willing to listen, my lips are willing to speak!

¡Eres un monumento a la belleza!
You are a monument to beauty!

Ejercicio

Exprese en español:

1. Light of my life.
2. Most beautiful girl.
3. You're as sweet as sugar.
4. You're a dream.
5. I'm a prisoner of love.
6. I can't live without you.
7. You're my life.
8. You're a flower.
9. You're the best.
10. You kill me with your love.

[39-12] DICHOS Y REFRANES

Nadie diga mal del día hasta que sea pasado y la noche venida.
Count ten before you jump to any conclusions.

[39-13] CARICATURA

El amor es . . .

*reunirse toda la familia
para la Navidad.*

[39-14] EL MENÚ PARA HOY

Oxtail Soup
Seasoned Tripe
Potato Soufflé
Black Beans
Coconut Ice Cream in a Coconut Shell
Espresso Coffee

Sopa de cola de buey
Callos sazonados
Souflée de papas
Judías negras
Coco glacé
Café espreso

UNIT 40

La agencia de viajes The Travel Agency

[40–1] VOCABULARIO

Repita:

1. airline	**(la) línea aérea**		5. customs	**(la) aduana**
2. airport	**(el) aeropuerto**		6. first-class	**primera clase**
3. bus	**(el) ómnibus**		7. flight	**(el) vuelo**
4. cruise	**(la) excursión**[1]		8. guidebook	**(el) manual para viajeros**[2]

1. Also **el crucero.** 2. Also **la guía.**

9. itinerary	(el) itinerario	15. steamship	(el) vapor
10. luggage	(el) equipaje	16. stewardess	(la) azafata
11. passport	(el) pasaporte	17. timetable	(el) horario
12. reservation	(la) reservación	18. tour	(el) viaje
13. round-trip ticket	(el) billete³ de ida y vuelta	19. tourist	(el, la) turista
14. sightseeing	(el) paseo turístico	20. vacation	(las) vacaciones

[40-2] VERBOS

Repita:

1. to arrive at the airport	**llegar al aeropuerto**
2. to buy a round-trip ticket	**comprar un boleto de ida y vuelta**
3. to go first-class	**ir en primera clase**
4. to confirm the reservation	**confirmar la reservación**
5. to lease a car	**alquilar un automóvil**
6. to reserve a seat	**reservar un asiento**
7. to go through customs	**pasar por la aduana**
8. to select a hotel	**escoger un hotel**
9. to pick up the luggage	**recoger el equipaje**
10. to check the timetable	**chequear el horario**

[40-3] MODELOS DE LENGUAJE

Repita:

1. We already have our . . .
   We already have our round-trip ticket.
   We already have our lodging.
   We already have our itinerary.

   Ya tenemos nuestro . . .
   Ya tenemos nuestro billete de ida y vuelta.
   Ya tenemos nuestro alojamiento.
   Ya tenemos nuestro itinerario.

2. This summer we intend to . . .
   This summer we intend to go on a cruise.
   This summer we intend to take a tour.
   This summer we intend to go sightseeing.

   Este verano pensamos . . .
   Este verano pensamos ir de excursión.
   Este verano pensamos hacer un viaje.
   Este verano pensamos ir de paseo turístico.

3. Let's consult . . .
   Let's consult the guide.

   Vamos a consultar . . .
   Vamos a consultar al guía.

---

3. Also **el boleto.**

Let's consult the guidebook.	**Vamos a consultar la guía.**
Let's consult the airline.	**Vamos a consultar la línea aérea.**

4. May I have . . . ?
  May I have a timetable?
  May I have a passport?
  May I have a ticket?

¿Me puede dar . . . ?
¿Me puede dar un horario?
¿Me puede dar un pasaporte?
¿Me puede dar un billete?

5. Meet me . . .
  Meet me at the airport.
  Meet me at customs.
  Meet me at the train station.

Encuéntreme . . .
Encuéntreme en el aeropuerto.
Encuéntreme en la aduana.
Encuéntreme en la estación de ferrocarril.

[40–4] DIÁLOGO

Esposa: — ¡Qué emoción! Nuestro hijo regresa de Europa.

Esposo: —Sí, bastante trabajé para mandarlo a Italia.

Esposa: —Aquí está mi hijito. Es tan inteligente. *Seguro* que   certainly
           conoce todos los monumentos de Italia.

Esposo: —Seguro que no los conoce.

Esposa: — ¡Paquito, un *abrazo* para tu madre! *Cuéntame* algo   embrace / tell me
           de los monumentos de Italia.

Paquito: —Es un *país* precioso. Pero sus monumentos principales   country
           están en ruinas y en un *estado* de inmediata *reparación*.   state / repair

[40–5] COMPRENSIÓN

1. ¿De dónde regresa Paquito?
2. ¿Quién ha pagado su viaje?
3. ¿Qué le dice su madre al recibirlo?
4. ¿Qué piensa Paquito de los monumentos principales?
5. ¿Qué ventajas hay en un viaje por Europa?

[40–6] DESCRIPCIÓN DEL DIBUJO

1. ¿Por qué le da el hombre la mano a su amigo?
2. ¿Cómo viaja el señor?
3. ¿Qué lleva el señor en la mano?
4. ¿Por qué es interesante visitar un aeropuerto?

[40-7]   ESTUDIO DE PALABRAS

INHABITANTS—**LOS HABITANTES**		COUNTRIES AND CITIES—**LOS PAÍSES Y LAS CIUDADES**
1. -aco		
austríaco	Austria	Austria
polaco	Polonia	Poland
2. -ano		
africano	África	Africa
americano	América	America
coreano	Corea	Korea
italiano	Italia	Italy
jamaicano	Jamaica	Jamaica
romano	Roma	Rome
tibetano	Tibet	Tibet
3. -eco		
sueco	Suecia	Sweden
4. -iense		
canadiense	Canadá	Canada
parisiense	París	Paris
5. -és		
danés	Dinamarca	Denmark
escocés	Escocia	Scotland
finlandés	Finlandia	Finland
francés	Francia	France
holandés	Holanda	Holland
inglés	Inglaterra	England
japonés	Japón	Japan
portugués	Portugal	Portugal
vietnamés	Vietnam	Vietnam
6. -ino		
chino	China	China
filipino	Islas Filipinas	Philippine Islands
neoyorkino	Nueva York	New York
palestino	Palestina	Palestine

7. -ita

moscovita	Moscú	Moscow

8. de forma variada

alemán	Alemania	Germany
árabe	Arabia	Arabia
belga	Bélgica	Belgium
bretón	Bretaña	Britain
persa	Persia	Persia

9. -o

checoeslovaco	Checoeslovaquia	Czechoslovakia
egipcio	Egipto	Egypt
escandinavo	Escandinavia	Scandinavia
europeo	Europa	Europe
griego	Grecia	Greece
húngaro	Hungría	Hungary
indio	India	India
noruego	Noruega	Norway
puertorriqueño	Puerto Rico	Puerto Rico
rumano	Rumania	Rumania
ruso	Rusia	Russia
sirio	Siria	Syria
soviético	Unión Soviética	Soviet Union
suizo	Suiza	Switzerland
turco	Turquía	Turkey
yugoeslavo	Yugoeslavia	Yugoslavia

Ejercicio

Repita la expresión empleando la forma adjetival:

MODELO: unas pirámides de Egipto
unas pirámides egipcias

1. un poema de Irlanda
2. una familia de Francia
3. un florista de Nueva York
4. unos productos de América
5. un cantador de Portugal
6. unos turistas de Inglaterra
7. una santa de Italia
8. un embajador del Canadá
9. la civilización de Palestina
10. unas bicicletas del Japón
11. una estatua de la China
12. unos misioneros de África
13. un edificio de Grecia
14. una cerveza de Alemania
15. unos tulipanes de Holanda

[40-8] EXPRESIONES ÚTILES

COUNTRIES OF SPANISH AMERICA

LOS PAÍSES HISPANOAMERICANOS

COUNTRY (País)	CAPITAL CITY (Capital)	NATIONALITY (Gentilicio)	CURRENCY (Moneda)
Argentina	Buenos Aires	argentino (-a)	peso
Bolivia	La Paz	boliviano (-a)	peso
Chile	Santiago	chileno (-a)	escudo
Colombia	Bogotá	colombiano (-a)	peso
Costa Rica	San José	costarricense	colón
Cuba	La Habana	cubano (-a)	peso
Ecuador	Quito	ecuatoriano (-a)	sucre
El Salvador	San Salvador	salvadoreño (-a)	colón
Guatemala	Ciudad de Guatemala	guatemalteco (-a)	quetzal
Honduras	Tegucigalpa	hondureño (-a)	lempira
México	Ciudad de México	mexicano (-a)	peso
Nicaragua	Managua	nicaragüense	córdoba
Panamá	Ciudad de Panamá	panameño (-a)	balboa
Paraguay	Asunción	paraguayo (-a)	guaraní
Perú	Lima	peruano (-a)	sol
Puerto Rico	San Juan	puertorriqueño (-a)	dólar
República Dominicana	Santo Domingo	dominicano (-a)	peso
Uruguay	Montevideo	uruguayo (-a)	peso
Venezuela	Caracas	venezolano (-a)	bolívar

Ejercicio

Identifique la capital con el país:

A.

1. Argentina
2. Bolivia
3. Ecuador
4. Perú
5. Honduras
6. Puerto Rico
7. Colombia
8. Chile
9. Nicaragua
10. Venezuela

B.

a. Tegucigalpa
b. Buenos Aires
c. Quito
d. Bogotá
e. La Paz
f. Caracas
g. Santiago
h. Managua
i. San Juan
j. Lima

[40-9] GRAMÁTICA ESENCIAL

A. COMMANDS

1. Affirmative familiar

canta (tú)	**bebe (tú)**	**escribe (tú)**
cantad (vosotros)	**bebed (vosotros)**	**escribid (vosotros)**

The singular of the familiar command is the same as the third person singular of the present indicative. The plural is formed by dropping the **r** of the infinitive and adding **d**.

2. Negative familiar

no cantes (tú)	**no bebas (tú)**	**no escribas (tú)**
no cantéis (vosotros)	**no bebáis (vosotros)**	**no escribáis (vosotros)**

All negative commands have the same form as the corresponding person in the present subjunctive.

3. The polite commands (singular and plural) have the same form as the present subjunctive.

(no) cante Ud.	**(no) beba Ud.**	**(no) escriba Ud.**
(no) salga Ud.	**(no) haga Ud.**	**(no) ponga Ud.**

4. Object pronouns are attached to all affirmative commands. If necessary, a written accent is added to preserve the original stress of the word.

Déselo Ud. al capitán.   *Give it to the captain.*

The final **d** of familiar plural commands is dropped before the reflexive pronoun **os** is added. **Irse** is an exception.

levantaos	**acostaos**	**idos**

5. In negative commands, the object pronouns precede the verb.

No se lo des a la secretaria.   *Don't give it to the secretary.*

6. The first person plural of the present subjunctive is used for the first person plural command.

Lavemos los platos.   *Let us wash the dishes.*

7. **Vamos a** plus the infinitive may be substituted for the first person plural command if the action is to be performed in the near future.

Vamos a poner las gafas para verlo.   *Let us put on our glasses to see it.*

8. *"Let"* may also be expressed as a command in the third person singular and plural with **que** plus the corresponding subjunctive forms of the verb.

Que Enrique lo haga.   *Let Henry do it.*

9. Irregular Familiar Commands

decir:	**di**	**decid**		**salir:**	**sal**	**salid**
hacer:	**haz**	**haced**		**ser:**	**se**	**sed**
ir:	**ve**	**id**		**tener:**	**ten**	**tened**
irse:	**vete**	**idos**		**venir:**	**ven**	**venid**
poner:	**pon**	**poned**				

Ejercicios

A. Diga en español:

1. Tommy, go to the store.
2. Drink your milk, pussy.
3. Put your hands on the table.
4. Speak to me.
5. Go away.

6. Let's go swimming.
7. Have another beer.
8. Make your bed.
9. Kiss me.
10. Be careful.

B. Exprese en español:

1. "Eat, drink, and be merry" is a popular refrain.
2. Go in peace and remember your neighbors.
3. Go to the courtroom and tell the judge the truth.
4. Rest, stay in bed, drink orange juice, and take one aspirin every four hours.
5. Wash your face, comb your hair, and don't forget to clean out the bathtub before you leave the bathroom.

[40-10] CONJUGACIÓN DEL VERBO «OLER»

Yo **huelo** las flores.
Tú **hueles** las flores.
Él, Ella **huele** las flores.
Ud. **huele** las flores.

I smell the flowers.
You smell the flowers.
He, She smells the flowers.
You smell the flowers.

Nosotros (-as) **olemos** las flores.
Vosotros (-as) **oléis** las flores.
Ellos, Ellas **huelen** las flores.
Uds. **huelen** las flores.

We smell the flowers.
You smell the flowers.
They smell the flowers.
You smell the flowers.

Ejercicio

Complete las oraciones:

1. Yo _____ la rosa.
2. Margarita y yo _____ el perfume.
3. Tú _____ la comida.

4. Los soldados _____ el polvo del cañón.
5. El florista _____ los claveles.

[40-11] PRONUNCIACIÓN

SONETO AL JEEP[4]

MONSTRUO que ayer, bajo las ciegas balas,
recorriste caminos de amargura
donde la huella de la guerra impura
fue recortando a tu soñar las alas:

Hoy otra empresa de valor igualas
si desde el valle a la lejana altura
destacas tu simbólica figura
y la alegría del vivir señalas.

Sigue veloz ¡oh jeep! en tu carrera;
gentes conduce de la Escuela al lago
llevadas por la gracia de tu dueño;

y deja al fin, cuando la tarde muera,
que estos Quijotes sientan el halago
de volar en el nuevo Clavileño.[5]

Eugenio Florit
Julio de 1946

[40-12] DICHOS Y REFRANES

Disfruta bien de lo que tienes y no ansíes muchos bienes.
Make the most of what you have and don't covet many riches.

---

4. Este soneto fue dedicado a Nicolás Sallese, estudiante de la Escuela Española de Middlebury College, por Eugenio Florit, el bardo cubano.   5. Enchanted wooden horse of Don Quijote.

[40-13] CARICATURA

love is...

...sending a plane
ticket unexpectedly.

Copyright 1970 LOS ANGELES TIMES

El amor es . . .

*enviarle un billete de avión
inesperadamente.*

[40-14] EL MENÚ PARA HOY

Smoked Fish   **Pescado ahumado**
Liver and Bacon   **Hígado con tocino**
Fried Onions   **Cebollas fritas**
Corn on the Cob   **Maíz en la mazorca**
Small Basket of Strawberries   **Fresas en canastillo**
Punch   **Ponche**

Vocabularios

The vocabularies include all words used in the exercises, **Diálogos**, and **Dichos y refranes**. The Spanish-English Vocabulary does not include those words which are part of the special vocabulary of a given unit. Such word categories as well as the sections called **Expresiones útiles** may be located through the Index. Idioms are listed under the key word.

ABREVIATURAS

adj.	adjective	*m.*	masculine
com.	command	*p.p.*	past participle
f.	feminine	*pl.*	plural
interj.	interjection		

ESPAÑOL–INGLÉS

a to, at, for, on, upon, in, into, by, from
abogado *m.* lawyer
abrigo *m.* overcoat, clothing
abril *m.* April
abuelo *m.* grandfather
abundancia *f.* abundance
aburrir to bore, to get bored
acabar de to have just
acción *f.* share of stock
accionista *m. & f.* stockholder, shareholder
aceite *m.* oil; **aceite de oliva** *m.* olive oil
acera *f.* sidewalk
acerico *m.* pin cushion
acompañar to accompany
acostumbrado accustomed to
actitud *f.* attitude
¡adiós! *interj.* good-by!
adivinar to guess
adjetivo *m.* adjective

adverso adverse
aeropuerto *m.* airport
afeitada *f.* shave
afuera outside
agencia *f.* agency
agente *m.* agent
agradable pleasant, agreeable
agricultura *f.* agriculture
agua *f.* (article **el**) water
aguja *f.* needle
ahora now
ahorrar to save
ahorros *m. pl.* savings
aire *m.* air
ajedrez *m.* chess
ajuar de novia *m.* bridal trousseau
alabanza *f.* compliment
alcohol *m.* alcohol
alegrarse to be happy
alegre happy
Alemania *f.* Germany
alfabeto *m.* alphabet

alfiler *m.* straight pin
alfombra *f.* rug
Alfredo Alfred
algo something
algodón *m.* cotton
alguien somebody
alguno some, any
alimento *m.* food
aliviar to alleviate
almacén *m.* warehouse, store, department store
almeja *f.* clam
alrededor around
alteración *f.* alteration, change
alumno *m.* pupil, student
allí there
amable nice
amanecer *m.* dawn
amarillo yellow
amigo *m.* friend
amor *m.* love
ampliación *f.* enlargement

andar to go

anécdota *f.* anecdote, story

anillo de compromiso *m.* engagement ring

aniversario *m.* anniversary

ansiar to covet, to yearn

antena *f.* antenna

antes de before

anticipación *f.* anticipation

antiguo old

anuncio *m.* commercial, announcement

año *m.* year

apartamento *m.* apartment

apodo *m.* nickname

apreciar to appreciate

aprender to learn

apretar to squeeze

apropiado appropriate, correct

aquí here

árbol *m.* tree

arena *f.* sand

argumento *m.* argument

arreglar to adjust, to fix, to arrange

arriba above, upward, upstairs

arroz con pollo *m.* chicken with rice

ártico Arctic

artículo *m.* article

asesino *m.* assassin

asno *m.* donkey, ass

aspiradora *f.* vacuum cleaner

asunto *m.* matter

atacar to attack

ataúd *m.* coffin

atractivo attractive

atrevido fresh, daring, bold, impudent

atún *m.* tuna fish

aún still, yet

ausente absent

autobús *m.* bus

autor *m.* author

autoridad *f.* authority

aventura *f.* adventure

avisar to advise, to inform, to warn

¡ay! *interj.* alas!, ouch!; ¡ay de mí! my goodness!

ayer yesterday

ayuda *f.* help

ayudar to help

azúcar *f.* sugar

azucarero *m.* sugar bowl

babero *m.* bib

baile *m.* dance

bajar to go down

bala *f.* bullet

balompié *m.* football

banco *m.* bank

banquero *m.* banker

banqueta *f.* banquet

baño *m.* bath, bathroom

barato cheap, inexpensive

barba *f.* beard, whiskers, chin

barbacoa *f.* barbecue

barbaridad: ¡qué barbaridad! how awful!

barbería *f.* barber shop

barbero *m.* barber

barniz *m.* varnish

barquillero *m.* waffle iron

barredera *f.* street sweeper

barriga *f.* belly

barrio *m.* ghetto, neighborhood

basurero *m.* rubbish collector, trash can

batalla *f.* battle

bate *m.* bat

bebé *m.* baby

bebida *f.* drink

bebito *m.* little baby

béisbol *m.* baseball

besar to kiss

biblioteca *f.* library

bicicleta *f.* bicycle

bien well, all right

bienvenido welcome

bizcocho *m.* biscuit, cookie, cake

blanqueador *m.* bleach

blusa *f.* blouse

boca *f.* mouth

boca de agua *f.* hydrant

bocina *f.* horn

boda *f.* wedding

bolsillo *m.* pocket

bombero *m.* fireman

bombilla *f.* bulb

bonita *f.* pretty

bono *m.* bond

borracho *m.* drunk, drunkard

borrico *m.* donkey

bote *m.* boat

botella *f.* bottle

botón *m.* button

brillantina *f.* brilliantine (hair tonic)

bruja *f.* witch

bueno good

buque transoceánico *m.* ocean liner

caballero *m.* gentleman

caballo *m.* horse

cabaret *m.* cabaret

cabellera *f.* head of hair

cabello *m.* hair

cabeza *f.* head

cacto *m.* cactus

cada each

cadáver *m.* cadaver, corpse

café *m.* coffee

caja *f.*: caja de seguridad safe-deposit box; caja registradora cash register

cajero *m.* cashier, teller

cajita *f.* little box

calvo bald

calzado *m.* shoes, footwear

callejón sin salida *m.* blind alley

cámara *f.* camera

cambio (de velocidades) *m.* gearshift

caminar to walk

camión *m.* truck; camión basurero garbage truck

camioneta *f.* station wagon

camisa *f.* shirt

campana *f.* bell

campanario *m.* bellfry

campesino *m.* farmer, peasant

campo *m.* countryside, field

canalete *m.* paddle

cantador *m.* & *f.* singer

cantar to sing

cantidad *f.* quantity

Cantinflas Cantinflas (Mexican comedian)

cañón *m.* cannon

capa *f.* cape, cloak

capaz capable of

capilla *f.* chapel

capítulo *m.* chapter

capó *m.* hood of car

captura *f.* capture

cara *f.* face

carcajada *f.* burst of laughter

caricatura *f.* caricature, cartoon

cariño *m.* affection; dear, honey, love

carne *f.* meat

carnicero *m.* butcher

caro expensive
carpintería *f.* carpentry
carretera *f.* highway
carrito *m.* wagon; **carrito de compras** shopping cart
carro *m.* car, cart; **carro de riego** street sprinkler
carta *f.* letter; **carta de navegar** chart
cartel *m.* poster
casa *f.* home, house; **casa de seguros** insurance company
casarse to marry
casino *m.* casino
catedral *f.* cathedral
causar to cause
celebrar to celebrate
celoso jealous
cena *f.* supper
ceniza *f.* ash
centavo *m.* cent
centígrado centigrade
centro *m.* center, market place, shopping center
cepillo *m.* brush
cerca (de) near
cerdo *m.* pig
cerebro *m.* brain
certificado registered; *m.* certificate
cerveza *f.* beer
ciego *m.* blind, blind man
cielo *m.* heaven, sky
cierto certain
cigarrillo *m.* cigarette
cinco five
cincuenta fifty
cine *m.* movie, movies
circo *m.* circus
ciruela *f.* plum
ciudad *f.* city
claro que no indeed not
clase *f.* kind, species
clavel *m.* carnation
clavo *m.* nail
cliente *m. & f.* customer, client
cobrar to charge
cocina *f.* kitchen
cocinar to cook
cocinera *f.* cook
cocinero *m.* chef
coche *m.* car
coincidencia *f.* coincidence
cojinillo *m.* potholder

colchoncillo *m.* mat
colega *m. & f.* colleague
colgar to hang
comedia *f.* play
comer to eat
cometa *f.* kite; *m.* comet
cómodo comfortable
compañero *m.* companion; **compañero de cuarto** roommate
compañía *f.* company
competición *f.* competition
complicado complicated
compra *f.* purchase
comprensión *f.* comprehension
común common
con with
concilio *m.* council
confesión *f.* confession
congregación *f.* congregation
conmigo with me
conocer to know, to be acquainted with
conscripción *f.* conscription
consejero *m.* advisor
conservar to conserve
construcción *f.* construction
construir to construct
consulta *f.* consultation
consumir to consume
contento content, happy
contestar to answer
contra against
contrario *m.* opposite
convencer to convince
convento *m.* convent, monastery
conversación *f.* conversation
corazón *m.* heart
coro *m.* chorus
corredor *m.* broker, runner
corrida *f.* bullfight, race
corte *f.* court; **corte de pelo** *m.* haircut
cortés polite, well mannered
corto short
cosa *f.* thing
coser to sew
costar to cost
crecer to grow
creer to believe
crema *f.* cream
cremera *f.* creamer
crimen *m.* crime

cristal *m.* crystal
crónica *f.* chronicle, newspaper
crucero *m.* cruise, crossing
cual as, such as, which, who; **¿cuál?** which?, what?, which one?
cualquier(a) any
cuando when, although, since; **¿cuándo?** when?
¿cuánto? how much?
cuarto *m.* room, fourth, quarter past (of)
cubierta *f.* deck, cover
cubo de basura *m.* garbage can
cuchillería *f.* cutlery
cuchillo *m.* knife
cuello *m.* collar, neck
cuenta *f.* bill
cuerpo *m.* body
cuidar to take charge of
culpa *f.* blame
cumpleaños *m.* birthday
cuna *f.* cradle
curar to cure
curso *m.* course

chaleco flotador *m.* life jacket
champú *m.* shampoo
chapa de circulación *f.* license plate
charlar to chat
chico little; *m.* boy, lad, youngster; *f.* girl
chimenea *f.* fireplace, chimney
chiquito small
chiste *m.* joke
chófer *m.* chauffeur
chuleta *f.* chop

daño *m.* harm, hurt, damage
dar to give
de of, from, as, in then, about
deber ought to, must; **deber faltar** ought to be missing
decidir to decide
decir to say, to tell
dedo *m.* finger, toe
defensa *f.* fender
delgado thin, skinny
demasiado too much
demorar to delay, to linger
dentadura *f.* denture
depender to depend

dependiente *m.* salesman; *f.* saleswoman
depositar to deposit
derecha *f.* right
desaparecido disappeared
desayuno *m.* breakfast
descansar to rest
descripción *f.* description
descubridor *m.* discoverer
desear to desire, to wish
desierto *m.* desert
después after
detrás (de) behind
día *m.* day; **Día de los soldados caídos** Veterans Day, Memorial Day; **Día de San Valentín** St. Valentine's Day
diabético diabetic
diablo *m.* devil
dibujo *m.* drawing, illustration
dicho *m.* saying; *p.p.* said
diente *m.* tooth
difícil difficult
diga *com.* state, tell, say
dinamita *f.* dynamite
dinero *m.* money
Dios *m.* God
dirección *f.* direction
disco *m.* record
disculpar to forgive, to excuse, to pardon
disfrutar to make the most of
dispénseme excuse me
distinguir to distinguish
distribuidor, -dora *m. & f.* distributor
doce twelve
docena *f.* dozen
dólar *m.* dollar
doliente aching, suffering, sorrowful
dolor *m.* pain
donde where; **¿dónde?** where?
dormitorio *m.* bedroom, dormitory
drama *m.* drama
ducha *f.* shower
dueño *m.* owner
dulce sweet

e and
edificio *m.* building
educado educated

efecto eléctrico *m.* electrical appliance
ejemplar *m.* copy
ejemplo: por ejemplo for example
ejercicio *m.* exercise
ejército *m.* army
eléctrico electric
elefante *m.* elephant
elegante elegant
elogio *m.* compliment
embajador *m.* ambassador
emisora *f.* broadcasting station
emoción *f.* emotion
empanada *f.* meat pie
empezar to begin
en in, into, on, at
encaje *m.* lace
encargarse de to take charge of
enciclopedia *f.* encyclopedia
encontrar to meet, to find, to be faced with
endorsar to endorse
enemigo *m.* enemy
energía *f.* energy
enfermedad *f.* sickness, malady
enfermo sick
engañar to deceive
ensalada *f.* salad
entender to understand
entonces then, so
entrada *f.* ticket, entrance
entrar to enter
entre between, among
entregar to deliver
época *f.* epoch, age, time
equipaje *m.* luggage
equivalente equivalent
equivocado wrong, in error
escaparate *m.* shop window
escasez *f.* scarcity
escena *f.* scene
escoger to choose
escribir to write
escritorio *m.* desk
escultura *f.* sculpture
esmerarse por to take pains
España *f.* Spain
especialidad *f.* specialty
especializarse to specialize
espejo *m.* mirror
esperar to wait
espina *f.* thorn

espíritu *m.* spirit
esposo *m.* husband; *pl.* husband and wife; *f.pl.* handcuffs
estación *f.* station, season
estado *m.* state
Estados Unidos (de América) *m.pl.* United States (of America)
estante *m.* shelf
estar to be
estatua *f.* statue
este this
esterilizar to sterilize
estilo *m.* style
estudiante *m.* student
excelente excellent
excursión *f.* excursion, trip, cruise
experimento *m.* experiment
explicar to explain
extranjero foreign; *m.* foreigner
extrañar to be surprised at
extraño strange, foreign
extravagante extravagant

fábrica *f.* factory
fábula *f.* fable, fairy tale
fácil easy
falta: por falta de for lack of
familia *f.* family
fantástico fantastic
farmacéutico *m.* pharmacist, druggist
farmacia *f.* pharmacy, drug store
farol *m.* street light, headlight, lantern
favor: por favor please
fecha *f.* date
fenómeno *m.* phenomenon
feo ugly
ficción *f.* fiction
ficha *f.* checker
fiero fierce
figura *f.* figure
filología *f.* philology
filosofía *f.* philosophy
filtro *m.* filter
financiero financial
firma *f.* signature
física *f.* physics
flecha *f.* arrow
florería *f.* flower shop
florista *m. & f.* florist
fogón *m.* galley
fonógrafo *m.* phonograph

fortuna *f.* fortune
fosfato *m.* phosphate
fósforo *m.* match
foto (fotografía) *f.* photo
  (photograph)
fracción *f.* fraction
frase *f.* phrase
frazada *f.* blanket
frente: en frente de in front of
fresa *f.* strawberry
fresco fresh
frigidez *f.* frigidity
frío *m.* cold
fuego *m.* fire
fuente *f.* fountain
fuerte strong; *m.* fort
fumar to smoke

gafas *f.pl.* eyeglasses
galopear to gallop
galletica *f.* little biscuit, cookie
gallina *f.* chicken
gallo *m.* rooster
ganar to earn; ganar la vida to earn
  one's living
ganga *f.* bargain
ganso *m.* goose
garantía *f.* guarantee
garganta *f.* throat
gastar to spend, to waste
gatito *m.* kitten
gato *m.* cat
gaveta *f.* drawer
generalmente generally
genérico generic
generoso generous
gente *f.* people
gobierno *m.* government
goma *f.* tire
gordo fat
gracias *f. pl.* thanks, thank you
Graciela Grace
grado *m.* degree
graduación *f.* graduation
gran (grande) large
gratis free
gritar to shout
grueso fat
guante *m.* glove
guardar to keep, to preserve, to
  protect
guerra *f.* war

guisante *m.* pea
guitarra *f.* guitar
guitarrista *m. & f.* guitarist

haba lima *m.* lima bean
habitante *m.* inhabitant
hablar to speak
hacer to make, to do; hacer falta to
  need, to lack; hacer juego to
  match; hacer lucir to make shine;
  hacer un juicio to make a judg-
  ment
hacienda *f.* country estate
hay: ¿qué hay de nuevo? what's
  new?
heladero *m.* ice-cream vendor
helado *m.* ice cream
heno *m.* hay
Heriberto Herbert
herida *f.* wound
hermano *m.* brother
héroe *m.* hero
hígado *m.* liver
higo *m.* fig
hija *f.* daughter
hijo *m.* son; *pl.* children
hilo *m.* thread
himno *m.* hymn
hispánico Hispanic
historia *f.* story, history
hola hello
hombre *m.* man; hombre de
  negocios businessman
hora *f.* hour
horizonte *m.* horizon
horno *m.* oven
hoy today; hoy día today, nowadays
huele it smells
huevo *m.* egg
huir to flee
humor *m.* humor

identificar to identify
iglesia *f.* church
imaginar to imagine
imitación *f.* imitation
importado imported
importante important
incendio *m.* fire
incidente *m.* incident
increíble incredible

indio *m.* Indian
individuo *m.* individual
inferencia *f.* inference
infierno *m.* hell
ingrato *m.* ungrateful person
inmediatamente immediately
inmediato immediate
inmigrante *m.* immigrant
inscribir to report, to sign up
interés *m.* interest
intestinos *m. pl.* intestines
intrínseco intrinsic
invernadero *m.* greenhouse
invierno *m.* winter
invitado *m.* guest
ir to go; ir de compras to go
  shopping; ir de pesca to go
  fishing
isla *f.* island

Jaime James
jamás never
jamón *m.* ham
Japón *m.* Japan
jardín *m.* garden
jardinería *f.* gardening
jardinero *m.* gardener
jefe *m.* chief
«jipi» *m. & f.* hippy, mod person
Jorge George
José Joseph
jovenzuelo *m.* young boy
joya *f.* jewel
juego de cuarto *m.* set of furniture
juez *m.* judge
juguete *m.* toy
juntarse to join together

ladrón *m.* thief
lámpara *f.* lamp
lana *f.* wool
langosta *f.* lobster
langostino *m.* prawn
largo long, abundant
lavandera *f.* laundress, washer-
  woman
lavar to wash
lección *f.* lesson
leche *f.* milk
lechuga *f.* lettuce
leer to read
legislatura *f.* legislature

legumbre *m.* vegetable
lengua *f.* language, tongue
lente *m.* lens; *pl.* eyeglasses
leña *f.* wood, firewood
león *m.* lion
leyenda *f.* legend
libra *f.* pound
librarse to free oneself
libro *m.* book; **libro de consulta** reference book
líder *m.* leader
lima *f.* lime
limitación *f.* limitation
limpiar to clean
linda pretty
lino *m.* linen, canvas
lírico lyrical
listo ready, alert
litro *m.* liter
loción *f.* lotion
loco crazy
locutor *m.* announcer
lograrse to succeed in, to obtain
Lorenzo Lawrence, Laurence
lugar *m.* place
luna de miel *f.* honeymoon
lunes *m.* Monday

llama *f.* llama (Andean animal)
llamarse to be called
llegar to arrive (at), to reach
lleno full
llevar to carry, to wear
llorar to cry
llover to rain
lluvia *f.* rainfall

madera *f.* wood
maderería *f.* lumberyard
maderero *m.* lumberman
madre *f.* mother
maestro *m.* teacher
maletero *m.* trunk of car
mal(o) bad, evil
mandar to send, to order
manera *f.* manner
mano *f.* hand
manta *f.* blanket
mantel *m.* tablecloth
manuscrito *m.* manuscript
manzana *f.* apple
mañana *f.* morning, tomorrow

máquina *f.* machine
mar *m.* sea
maravilloso marvellous
marca *f.* brand, trade name
marcial martial
margarita *f.* daisy
Margarita Margaret
marido *m.* husband
marina *f.* navy
marinero *m.* sailor
mascota *f.* mascot
matar to kill
matrimonio *m.* marriage, matrimony, married couple
mecedora *f.* rocking chair
medicina *f.* medicine
médico *m.* doctor
medida *f.* size
mejor better
mencionar to mention
menesteroso *m.* needy person
menos: **al menos** at least
mente *f.* mind
mentira *f.* lie
mercado *m.* market place, market, business world
mes *m.* month
mesa *f.* table
método *m.* method
mi my
miedo *m.* fear
miembro *m.* member
mientras while
mil thousand
ministro *m.* minister
mirar to look at
misionero *m.* missionary
mismo same, own, very
moda *f.* style
mole de hielo *f.* iceberg
molestar to bother, to molest
momentico *m.* wee moment
monja *f.* nun
montura *f.* saddle
moreno *m.* brunette
mosca *f.* fly
mostrador *m.* counter, showcase
mostrar to show
mote *m.* nickname
motivo *m.* motive
motocicleta *f.* motorcycle
muchacha *f.* girl

mucho much
mueble *m.* piece of furniture
muerto dead; *m.* dead person; *p.p.* died
mujer *f.* woman, lady, wife
mundo *m.* world
museo *m.* museum
mutante *m.* mutant
muy very

nación *f.* nation
nada nothing, anything, not at all
nadaderas *f. pl.* water wings
nadar to swim
naipes *m. pl.* playing cards
naranja *f.* orange
nata *f.* cream
naufragio *m.* shipwreck
Navidad *f.* Christmas
necesitar to need
necio *m.* fool
nervio *m.* nerve
ni . . . ni . . . neither . . . nor
nieve *f.* snow
ningún (ninguno) no, none, nobody
niña *f.* little girl, child
niño *m.* little boy, child; *pl.* children, little boys
nobleza *f.* nobility
noche *f.* night
nombrar to name
nombre *m.* name, noun
noroeste *m.* northwest
norteamericano *m.* North American, American
nota *f.* grade (school); note (music)
novia *f.* fiancée, girl friend
novio *m.* fiancé, boyfriend
nuestro our
nuevo new; **de nuevo** again, anew
número *m.* number
nunca never, ever

o or
obediente obedient
obligatorio obligatory
obra *f.* work
obtener to obtain
ocurrir to occur
oficina *f.* office
oír to hear, to listen
ojo *m.* eye

oler to smell
olor *m.* smell, odor
olla *f.* pot
ómnibus *m.* bus
operación *f.* operation
opinión *f.* opinion
opuesto *m.* opposite
oración *f.* sentence, prayer
orden *f.* order
órgano *m.* organ
oro *m.* gold
otro other, another; **otra vez** again
oveja *f.* lamb
oyente *m.* listener

Pablo Paul
paciente *m. & f.* patient
padre *m.* father; priest; *pl.* parents,
    father and mother
pagar to pay
pájaro *m.* bird
palabra *f.* word
Palestina *f.* Palestine
paleta *f.* paddle
palo *m.* golf club
pan *m.* bread; **pan de centeno** rye
    bread; **pan tostado** toast
panadería *m.* bakery shop
panadero *m.* baker, breadman
panecillo *m.* roll
pañal *m.* diaper
papel *m.* paper
par *m.* pair
para to, for, towards, in order to
parabrisas *m.* windshield
parada *f.* bus stop
parecer to seem
pared *f.* wall
parque *m.* park; **parque zoológico**
    zoo
párroco *m.* pastor, parish priest
parroquia *f.* parish
pasa *f.* raisin
pasajero *m.* passenger
pasar to pass, to spend
pasatiempo *m.* pastime
Pascua Florida *f.* Easter Sunday
pastel *m.* pie, cake
Patricio Patrick
patrulla *f.* patrol
payaso *m.* clown

peatón *m.* pedestrian
pedido *m.* request
pedir to ask for
pegado stuck
peinarse to comb
película *f.* film, movie
pelo *m.* hair
peluca *f.* wig
penitencia *f.* penance
pensar to think
Pepito Joe
pequeño small
perchero *m.* clothes rack
pérdida *f.* loss
perdido *p.p.* lost
perezoso lazy
pero but
perrera *f.* doghouse, kennel
perro *m.* dog; **perro caliente** hot dog
personalmente personally
pesar to weigh
pescadería *f.* fish store
pescado *m.* fish
pescar to fish
peso *m.* weight
petición *f.* petition
pie *m.* foot; **a pie** on foot; **al pie de
    la letra** to the letter
piel *f.* skin
pierna *f.* leg
pintar to paint; **pintar al óleo** to
    paint with oil
piña *f.* pineapple
pipa *f.* pipe
pirámide *f.* pyramid
piso *m.* floor
placer *m.* pleasure
planchadora *f.* press
planchar to iron
planeta *m.* planet
planta *f.* plant
plata *f.* silver, money
platillo *m.* saucer
playa *f.* beach
pleito *m.* dispute, quarrel, lawsuit
pobre poor
pobreza *f.* poverty
poco little, few
poder to be able
poderoso powerful
poesía *f.* poetry

poeta *m.* poet
policía *m. & f.* policeman, police-
    woman
político (-a) *m. & f.* politician
polvo *m.* powder
poner to put, to place; **poner fin** to
    put an end
popa *f.* stern
por by, through, over, in, for, for
    the sake of, on account of, in
    exchange for, in place of
¿por qué? why?
porque because
portaguantes *m.* glove compartment
portilla *f.* porthole
precio *m.* price
precioso precious
predilecto favorite
predominante predominant
preferir to prefer
pregunta *f.* question
preguntar to ask
preocuparse to worry
preparar to prepare
presentar to present; **presentarse** to
    present oneself
préstamo *m.* loan
prevenido forewarned
primavera *f.* spring
primera clase *f.* first class
primer(o) *m.* first
probar to try on
procedimiento *m.* proceeding
procesión *f.* procession
producto *m.* product
profético prophetic
prójimo *m.* fellowman, neighbor
pronunciación *f.* pronunciation
propiedad *f.* property
propina *f.* tip
propio own
prototipo *m.* prototype
provecho *m.* advantage, benefit,
    profit
próximo next
prudente prudent
público *m.* public
pueblo *m.* town
puente *m.* bridge
puerco *m.* pork, pig
puertorriqueño *m.* Puerto Rican

pues then, well, anyhow
pulmón *m.* lung
pulsera *f.* bracelet
pureza *f.* purity

que that, which, who, whom; **¿qué?**
  what?, which?, how?, what a?;
  ¿qué hay de nuevo? what's new?;
  ¿qué tal? Hello, how is every-
  thing?
quedar to remain, to fit; **quedarse**
  bien to fit well
queja *f.* complaint
quejarse to complain
querer to want, to wish; **querer**
  decir to mean
querido *m.* dear, dearie
quien who, whom; **¿quién?** who,
  whom
quilla *f.* keel

rábano *m.* radish
radiante radiant
ranchero *m.* rancher
raqueta *f.* racket
rareza *f.* rarity
raso smooth, flat, plain
rato *m.* while
rayo ultravioleta *m.* ultraviolet ray
razón *f.* reason; **con razón** no
  wonder, of course
reaccionar to react
realidad *f.* reality
recibir to receive
recién recently
recordar to remember
red *f.* net
refrán *m.* proverb, saying
regatear to bargain
regresar to return
reina *f.* queen
relato *m.* story
religiosidad *f.* religiousness
reloj *m.* watch; **reloj de estaciona-**
  miento parking meter
relleno *m.* stuffing, padding
remediar to relieve
remolacha *f.* beet
reparación *f.* repair
representante *m.* representative
reputación *f.* reputation

respirar to breathe
responder to answer, to respond
respuesta *f.* response, answer
resultado *m.* result
reunir to collect
rey *m.* king
rezar to pray
ridículo ridiculous
rifle *m.* rifle
río *m.* river
rodar to roll, to rotate, to move
rojo red
romántico romantic
ropa *f.* clothes
rosa *f.* rose
rosado pink
rosario *m.* rosary
ruina *f.* ruin
ruptura *f.* rupture
ruso Russian

saber to know
sabor *m.* taste
saborear to taste
sacar to take, to take out
sacerdote *m.* priest
Sagrada Escritura *f.* Holy Scripture,
  Bible
sala de recreo *f.* den, recreation room
salir to leave, to turn out
salón de belleza *m.* beauty parlor
saltar to jump
salud *f.* health
saludo *m.* greeting
san (santo) *m.* saint
sangre *f.* blood
sano sane
sarcástico sarcastic
sargento *m.* sergeant
secar to dry
seda *f.* silk
seguida: en seguida at once, right
  away, immediately
según according to, as per, de-
  pending on circumstances
seguridad *f.* security, collateral
seguro certain, sure
sello *m.* stamp
semana *f.* week
senador *m.* senator
sentarse to sit down

sentir to feel, to feel sorry
señal de carretera *f.* road sign
separar to separate
ser to be
serio serious
servicio militar *m.* military service
servilleta *f.* napkin
servir to serve, to help
si if, whether
sí yes
siguiente following, next
silo *m.* silo
silla de cubierta *f.* deck chair
sillón *m.* armchair
sin without
situación *f.* situation
sobre on, on top of, about, con-
  cerning
socorro help
solamente only
soldado *m.* soldier
solito alone
solo alone, only
soltero *m.* bachelor
solución *f.* solution
sombra *f.* shade
soneto *m.* sonnet
sonriente smiling
sopa *f.* soup
sorbete *m.* sherbet
su your, his, her, its, their
subir to rise
suceder to happen
sucio dirty
suegra *f.* mother-in-law
suegro *m.* father-in-law; *pl.*
  mother- and father-in-law
suelo *m.* floor
suerte *f.* luck
suficientemente sufficiently
sufrir to suffer
suicidio *m.* suicide
Suiza *f.* Switzerland
sujeto *m.* subject
supermercado *m.* supermarket
supersónico supersonic

tabaco *m.* cigar, tobacco
tabernero *m.* tavern keeper, bartender
tabla *m.* board
tampoco neither, not either

tan so; **tan solo** only
tanque *m.* tank
tanto so much
tardar to be long, to be late
tarde late
tarjeta *f.* card
taxista *m. & f.* taxicab driver
taza *f.* cup
teatro *m.* theatre
techo *m.* ceiling
tela *m.* fabric
teléfono *m.* telephone
tema *m.* theme, subject
temperatura *f.* temperature
templo *m.* temple
tendero *m.* shopkeeper, storekeeper
tenedor *m.* fork
tener to have; **tener lugar** to take
   place; **tener prisa** to be in a hurry;
   tener razón to be right
Teodoro Theodore
tercero third
terciopelo *m.* velvet
terminar to end, to terminate
tesis *f.* thesis
texto *m.* textbook, text
ti you
tía *f.* aunt
tiempo *m.* time
tienda *f.* store, tent
tímido timid
tintorero *m.* dry cleaner
tío *m.* uncle; *pl.* aunt and uncle
tipo *m.* type
tocar to play
Tomás Thomas
tonto stupid, foolish, fool
toro *m.* bull
tortura *f.* torture

tostadora *f.* toaster
trabajar to work
trabajo *m.* work
traer to bring
traje *m.* suit; **traje de baño** bathing
   suit, swimsuit
trampolín *m.* diving board
tranquilizar to tranquilize
transparencia *f.* slide
tratar to treat, to be about
tripulación *f.* crew
triste sad
trópico *m.* tropics
tu your
tulipán *m.* tulip
túnel *m.* tunnel
turista *m. & f.* tourist

u or
últimamente lately
último last, latest
universidad *f.* university
universitario *adj.* university
universo *m.* universe
uno: uno por uno one by one; *pl.*
   some
usar to use
utilizar to use, to utilize

vaca *f.* cow
vacaciones *f. pl.* vacation
vacío empty
vajilla *f.* tableware
Valentín *m.* Valentine
valla *f.* hurdle
vaquero *m.* cowboy, cowhand
vaso *m.* glass
vecindario *m.* neighborhood
vejez *f.* old age

vencer to conquer
vendedor *m.* seller, peddler
vender to sell
venir to come
venta *f.* sale; **en venta** on sale
ventaja *f.* advantage
ver to see; **a ver** let's see
veras: de veras really, truthfully
verdad *f.* truth
verificar to verify, to check
vestido *m.* suit
vestir to dress
vez *f.* time; **en vez de** instead of;
   otra vez again
viajar to travel
viaje *m.* trip, voyage
víctima *f.* victim
vida *f.* life
viejo old
viento *m.* wind
vigilante vigilant
vino *m.* wine
visita *f.* visit
visitar to visit
viuda *f.* widow
volar to fly
volver to return
voto *m.* vote, vow
voz *f.* voice

y and
ya already, now, finally, at once
yerno *m.* son-in-law
yo I

zanahoria *f.* carrot
zapatero *m.* shoemaker
zapato *m.* shoe

INGLÉS—ESPAÑOL

abrasion abrasión *f.*
absent ausente
accession accesión *f.*
actress actriz *f.*
admission admisión *f.*, entrada *f.*
advise aconsejar
afternoon tarde *f.*; **good afternoon**
   buenas tardes
age edad *f.*

ago (a year ago) hace (hace un año)
air conditioner acondicionador de
   aire *m.*
airplane avión *m.*, aeroplano *m.*
all todo
also también
alter alterar
always siempre
Americanism americanismo *m.*

amuse (oneself) divertir(se)
anatomy anatomía *f.*
Andalusian andaluz *m.*
Angel Ángel
Anna Ana
another otro
answer respuesta *f.*
Anthony Antonio
anybody alguien

apple manzana *f.*; **apple pie** pastel de
   manzana *m.*
approach acercarse
arithmetic aritmética *f.*
Arizona Arizona
arrive llegar
artist artista *m. & f.*
as tan, tanto; **as many as** tan
   (tantos, tantas) . . . como; **as
   soon as** tan pronto como
ascertain averiguar
ask preguntar; **to ask for** pedir
aspirin aspirina *f.*
assignment tarea *f.*
astronaut astronauta *m. & f.*
astronomy astronomía *f.*
Atlantic Atlántico *m.*
aunt tía *f.*; **aunt and uncle** tíos
   m. pl.
avenue avenida *f.*

bacon tocino *m.*
bake cocer al horno
baker panadero *m.*
bankbook libreta de banco *f.*
barium bario *m.*
barracks cuartel *m.*
bartender tabernero *m.*
bathroom baño *m.*, cuarto de
   baño *m.*
bathtub bañera *f.*, bañadera, *f.*
be ser, estar
beach playa *f.*
bean frijol *m.*
beard barba *f.*
beautiful hermoso
bed cama *f.*
bedroom alcoba *f.*, dormitorio *m.*
beer cerveza *f.*
Bernard Bernardo
best el (la) mejor
bigamy bigamia *f.*
billion billón *m.*
biology biología *f.*
bite morder
black negro
blanket manta *f.*, frazada *f.*
blender licuadora *f.*
blessed bendecido
blind ciego
blonde rubio

blue azul
bone hueso *m.*
book libro *m.*
box caja *f.*
boy chico *m.*, niño *m.*, muchacho *m.*
boyfriend novio *m.*
bread pan *m.*
breakfast desayuno *m.*
bridge: **narrow bridge** puente
   angosto *m.*
brilliant brillante
broken roto
brother hermano *m.*
brother-in-law cuñado *m.*
brown castaño
building edificio *m.*
bump chocar
bus ómnibus *m.*, autobús *m.*
butcher carnicero *m.*
butter mantequilla *f.*
buy comprar

café café *m.*
cafeteria cafetería *f.*
calcium calcio *m.*
candle vela *f.*, candela *f.*
capital capital *f.*
captain capitán *m.*
car carro *m.*, coche *m.*, auto *m.*,
   automóvil *m.*
careful cuidado; **to be careful** tener
   cuidado
carnation clavel *m.*
case: **in case (of)** en caso de que
certain cierto
chair silla *f.*
Charles Carlos
chauvinist chauvinista *m. & f.*
cheap barato
check cheque *m.*
cheese queso *m.*
cherry cereza *f.*
child hijo *m.*, niño *m.*
Christina Cristina
church iglesia *f.*
city ciudad *f.*
clarity claridad *f.*
classroom aula *f.* (*article* el), sala de
   clase *f.*
clean limpiar
close cerrar
closed cerrado

cloud nube *f.*
club club *m.*
coffee café *m.*
college universidad *f.*
colored de color, en colores
comb peinarse
come venir
comfortable cómodo
communism comunismo *m.*
competition competición *f.*
concern: **to whom it may concern**
   a quien corresponda
conclude concluir
congregation congregación *f.*
conqueror conquistador *m.*
contract contrato *m.*
convenience conveniencia *f.*
conversation conversación *f.*
convince convencer
cookie pastelito *m.*, galletica *f.*
cordially yours cordialmente
corporal cabo *m.*
correctly correctamente
correspondence correspondencia *f.*
cosmology cosmología *f.*
count contar
country país *m.*, campo *m.*
courteous cortés
courteously cortésmente
cousin primo *m.*, prima *f.*
cow vaca *f.*
cream crema *f.*, nata *f.*
credit card tarjeta de crédito *f.*
criminal criminal *m. & f.*
cry llorar
Cuban cubano *m.*, cubana *f.*
cultivate cultivar
curator curador *m.*
curiosity curiosidad *f.*
customer cliente *m. & f.*
cut cortar

daddy papacito *m.*
dance baile *m.*; **to dance** bailar
dancing el bailar *m.*; bailando
day día *m.*
dead muerto
deaf sordo
Dear Madam Estimada señora
Dear Sir Muy señor mío
decide decidir
dentist dentista *m. & f.*

dessert postre *m.*
deuce diablo *m.*, demonio *m.*
devil diablo *m.*
diamond diamante *m.*
difficult difícil
diligently diligentemente
dine cenar, comer
dirty sucio
discoverer descubridor *m.*
dishwasher lavaplatos *m.*
distance distancia *f.*
divided: divided highway carretera
    dividida *f.*; divided highway ends
    termina carretera dividida
doctor médico *m.*
document documento *m.*
dog perro *m.*
dollar dólar *m.*, peso *m.*
donkey asno *m.*, burro *m.*, borrico *m.*
doubt dudar
dream sueño *m.*
dress vestirse
drink beber
drive manejar
drug droga *f.*
dust polvo *m.*

early temprano
easily fácilmente
eat comer
eating el comer *m.*; comiendo
Edward Eduardo
either . . . or o . . . o
Eleanor Leonor
electric: electric blanket frazada
    eléctrica *f.*; electric shaver afeita-
    dora eléctrica *f.*
Elmer Elmo
employee empleado *m.*
engagement ring anillo de
    compromiso *m.*
England Inglaterra *f.*
English inglés
enjoy gozar, divertirse
enough basta, suficiente
Ernest Ernesto
Eugene Eugenio
Europe Europa *f.*
everybody todo el mundo
exercise ejercicio *m.*
expensive caro
explorer explorador *m.*

explosion explosión *f.*
express expresar

fabric tela *f.*
face cara *f.*
factory fábrica *f.*, factoría *f.*
fall caerse
family familia *f.*
fat gordo
father padre *m.*
father-in-law suegro *m.*
favorite favorito, predilecto
federalist federalista *m.*
fifth quinto
fifty cincuenta
film película *f.*
finish terminar, acabar
first primer(o)
fish pescado *m.*, pez *m.* (alive)
fit caber
Florence Florencia
flower flor *f.*, flower shop florería *f.*
football balompié *m.*
fourth cuarto
Frank Paco
Fred, Frederick Federico
French francés
fried frito
fruit fruta *f.*
fusion fusión *f.*

garden jardín *m.*
gardener jardinero *m.*
gasoline gasolina *f.*; gasoline station
    estación de gasolina *f.*
generous generoso
generously generosamente
geography geografía *f.*
George Jorge
German alemán
get up levantarse
gift regalo *m.*
girl niña *f.*, muchacha *f.*
give dar
given dado
glass vidrio *m.*
glove guante *m.*
go ir; to go away irse
gold de oro, dorado
good bueno; good afternoon buenas
    tardes; good morning buenos días
governor gobernador *m.*

graduation graduación *f.*
granddaughter nieta *f.*
grandfather abuelo *m.*
grandmother abuela *f.*
grandparents abuelos *m. pl.*
grandson nieto *m.*
gravity gravedad *f.*
green verde
ground tierra *f.*
group grupo *m.*
gymnasium gimnasio *m.*

Haiti Haití *m.*
half medio
handsome guapo
happily alegremente
happy alegre, contento
hardware store ferretería *f.*
hat sombrero *m.*
hate odiar
have tener, haber
heard oído, escuchado
heat calentar
heaven cielo *m.*
Helen Elena
helium helio *m.*
help socorro *m.*
Henry Enrique
her su
here aquí
his su
horrible horrible
hose medias *f.pl.*
hospital hospital *m.*
hot caliente
humanism humanismo *m.*
humanist humanista *m.*
hundred cien

I am in receipt of Obra en mi poder
ice cream helado *m.*, ice cream
    parlor heladería *f.*
idealism idealismo *m.*
ideally idealmente
if si
imitation imitación *f.*
important importante
intelligence inteligencia *f.*
intelligent inteligente
interested interesado
introduce presentar

inversion inversión *f.*
Irish irlandés *m.*
iron plancha *f.*
Italian italiano
Italy Italia *f.*

jacket chaqueta *f.*
jai alai jai-alai *m.*
jail cárcel *f.*
James Jaime
Jane Juana
Japanese japonés
jealously celosamente
jeweler joyero *m.*
job trabajo *m.*, puesto *m.*, oficio *m.*
Joe Pepe
John Juan
Joseph José
judge juez *m.*

kill matar
kitchen cocina *f.*
kitten gatito *m.*
knit tejer
know saber, conocer

lady señora *f.*, dama *f.*
lake lago *m.*
lamb chop chuleta de cordero *f.*
language lengua *f.*, idioma *m.*
large grande
late tarde; to be late tardar en
laugh reírse
law ley *f.*
learn aprender
leave dejar
left turn virar a la izquierda
lemonade limonada *f.*
lend prestar
lens lente *m.*
lentil lenteja *f.*
less menos
lesson lección *f.*
license plate chapa de circulación *f.*
lie mentir
life vida *f.*
light luz *f.*
limitation limitación *f.*
lipstick lápiz de labios *m.*
live vivir; long live viva
loan préstamo *m.*

look: to look at mirar; to look for
    buscar
long live viva
lose perder
louder en voz más alta
love amar

madam señora *f.*
made hecho
magnesium magnesio *m.*
magnificent magnífico
mail correo *m.*
make hacer; to make fun of burlarse
    de
malevolence malevolencia *f.*
man hombre *m.*; old man viejo *m.*
mansion mansión *f.*
many muchos; as many as tan
    (tantos, tantas) . . . como
Marxism marxismo *m.*
Mary María
materialism materialismo *m.*
meat carne *f.*
merging traffic confluencia *f.*
mess hall salón comedor *m.*
Mexican mejicano, mexicano
million millón *m.*
mine mío
minus menos
mirror espejo *m.*
Miss señorita *f.*
mission misión *f.*
moment momento *m.*
Monday lunes *m.*
money dinero *m.*
month mes *m.*
more más
morning: good morning buenos días
    m. pl.
mortgage hipoteca *f.*
motel motel *m.*
mountain montaña *f.*
movies cine *m.*
Mr. señor *m.*
Mrs. señora *f.*
music música *f.*
my mi
myself me

name nombre *m.*; to name llamarse
necessary necesario
need necesitar

needed necesitado, se necesita
negligence negligencia *f.*
neighbor vecino *m.*
nervous nervioso
new nuevo
newspaper periódico *m.*
New York Nueva York
next to junto a
nice simpático, amable
Nicholas Nicolás
no no
nobody nadie
none ninguno
not no
novel novela *f.*
novelist novelista *m. & f.*
number número *m.*
nurse enfermera *f.*

often a veces, a menudo
oil aceite *m.*
old viejo, de edad; old man viejo *m.*
onion cebolla *f.*
ontology ontología *f.*
opal ópalo *m.*
open abierto; to open abrir
opera ópera *f.*
operate operar
oppose oponer
orange naranja *f.*, orange juice jugo
    de naranja *m.*
order: in order to para
ouch ay
overcoat abrigo *m.*, sobretodo *m.*
owner dueño *m.*

paella paella *f.*
painting cuadro *m.*
pajamas pijama *m.*
paleontology paleontología *f.*
parents padres *m. pl.*
party fiesta *f.*, reunión *f.*
patient paciente *m. & f.*
Paul Pablo
pay pagar; to pay attention prestar
    atención
payment pago *m.*
peace paz *f.*
person persona *f.*
pharmacy farmacia *f.*
Philip Felipe
philosophy filosofía *f.*

pie pastel *m.*
pillow case funda *f.*
planet planeta *m.*
pleasantly agradablemente
please por favor, hágame el favor de
pleasure gusto *m.*, placer *m.*
plus y
pool piscina *f.*
poor pobre
popular popular
popularly popularmente
pork chop chuleta de puerco *f.*
Portuguese portugués *m.*
postal postal
postman cartero *m.*
potato patata *f.*, papa *f.*
powder polvo *m.*
precision precisión *f.*
prefer preferir
presence presencia *f.*
present regalo *m.*
press planchar
pretty bonito
printed impreso
prisoner prisionero *m.*
probability probabilidad *f.*
probably probablemente
problem problema *m.*
professional profesional
prohibited prohibido, se prohibe
provided that con tal que
prudence prudencia *f.*
psychology psicología *f.*
pupil alumno *m.*
purchase comprar
purpose: my purpose in writing es mi propósito al escribir
pussy gatito *m.*

Quebec Quebec
question pregunta *f.*
quickly rápidamente

rabbi rabino *m.*
radio radio *m. & f.*
radium radio *m.*
rage ira *f.*
rain llover
raincoat impermeable *m.*
rapid rápido
reality realidad *f.*
receptionist recepcionista *m. & f.*

red rojo
refrain dicho *m.*
refrigerator refrigerador *m.*
regret: we regret to inform you mucho nos duele
remain quedar
repair reparar, remontar (zapatos)
repeat repita *com.*; **to repeat** repetir
repent arrepentirse
reply: in reply en contestación
resemble asemejarse, parecerse a
reservation reservación *f.*
residence residencia *f.*
rest: to rest descansar; **the rest (of)** los demás
restaurant restaurante *m.*
return vuelta *f.*; **to return** volver, regresar
rich rico
Richard Ricardo
ride montar
right turn virar a la derecha
river río *m.*
rocking chair mecedora *f.*
Rome Roma *f.*
Rose Rosa
round redondo
ruby rubí *m.*
Rudolph Rodolfo
rum ron *m.*

sad triste
sadly tristemente
said dicho
sale: on sale en venta
salesman dependiente *m.*, vendedor *m.*
saleswoman dependiente *f.*, vendedora *f.*
sandwich emparedado *m.*
Santa Claus Santa Claus, San Nicolás
sauce salsa *f.*
say decir; **say it** dígalo
scarf bufanda *f.*
school crossing zona escolar *f.*
scissors tijeras *f.*
second segundo
see ver
seek buscar
sell vender
seriously seriamente

service: at your service a sus órdenes
sew cocer
shave afeitarse
sheet sábana *f.*
shell concha *f.*
shoe zapato *m.*
short corto
shorten acortar
shrimp camarón *m.*
sick enfermo
sign signo *m.*, señal *f.*, letrero *m.*; **to sign** firmar
signed firmado
silence silencio *m.*
silversmith platero *m.*
sing cantar
sir señor *m.*
sister hermana *f.*
skate patinar
skier esquiador *m.*
skinny delgado
skirt falda *f.*
slacks pantalones *m. pl.*
sleep dormir
sleeve manga *f.*
slow lento
slower más despacio
small pequeño
smoke fumar
sneaker tenis *m.*
snow nevar
so that de manera que, de modo que
soda gaseosa *f.*, soda *f.*
sodium sodio *m.*
sofa sofá *m.*
sold vendido, se vende
some unos, algunos
somebody alguien
son hijo *m.*
soon: as soon as tan pronto como
sow sembrar
space espacio *m.*
Spanish español
spark plug bujía *f.*
spectator espectador *m. & f.*
spinach espinacas *f. pl.*
spite: in spite of a pesar de que
spoken hablado, se habla
stadium estadio *m.*
start empezar, comenzar
state estado *m.*
steak biftec *m.*, bistec *m.*

stenographer estenógrafo (-fa)
   m. & f.
stock acción *f.*
stop quita *com.*; parada *f.*; alto
store tienda *f.*
story cuento *m.*
straw pajita *f.*
street calle *f.*
student estudiante *m. & f.*
study estudio *m.*
suggest sugerir
Sunday domingo *m.*
supper cena *f.*
surprise sorprender
surrealist surrealista
sweater jersey *m.*
sweet dulce; **sweets** dulces *m.pl.*
swim nadar
swimming el nadar

table mesa *f.*
tablecloth mantel *m.*
take tomar
talk hablar
tall alto
tasty sabroso
tea té *m.*
teach enseñar
teacher maestro *m.*, profesor *m.*,
   maestra *f.*, profesora *f.*
telegram telegrama *m.*
television set televisor *m.*
ten diez
test examen *m.*; prueba *f.*
Texas Tejas
than que
that esa, ese, aquel; **so that** de
   manera que, de modo que
these estas, estos
think pensar
third tercero
this este, esta
Thomas Tomás

those esos, esas, aquellas
thousand mil
ticket boleto *m.*, billete *m.*
tie corbata *f.*
time tiempo *m.*; **at times** a veces
times *(multiplication sign)* por
tire goma *f.*, llanta *f.*, neumático *m.*
tired cansado
Tommy Tomasito
toupee tupé *m.*
tranquility tranquilidad *f.*
trap trampa *f.*
trousers pantalones *m. pl.*

ugly feo
uncle tío *m.*
under bajo
understand entender
unicorn unicornio *m.*
United States Estados Unidos *m. pl.*
until hasta
up arriba
upon sobre
us nos
use usar

vacuum cleaner aspiradora *f.*
vanity vanidad *f.*
vegetable legumbre *m.*
Venus Venus *m.*
version versión *f.*
violence violencia *f.*
Virginia Virginia
virginity virginidad *f.*
virtuosity virtuosidad *f.*
visit visitar
vitamin vitamina *f.*
voice voz *f.*

wash lavarse
washing machine lavadora *f.*
watch reloj *m.*
water agua *f.* *(article* el)

week semana *f.*
west oeste *m.*
what: what a! ¡qué!; **what's new?**
   ¿qué hay de nuevo?
wheel alignment ajuste de las ruedas
   m.
when cuando
whether si
white blanco
whole todo
whom: to whom it may concern
   a quien corresponda
wide ancho
widow viuda *f.*
wife esposa *f.*
wig peluca *f.*
wine vino *m.*
witness testigo *m.*
woman señorita *f.*, mujer *f.*
wood leña *f.*
woolen de lana
word palabra *f.*
working el trabajar, trabajando
worst el peor
wounded herido
written escrito
wrong: to be wrong equivocarse

X ray rayo X *m.*, radiografía *f.*

year año *m.*
yellow amarillo
yes sí
yesterday ayer
yet todavía
yield ceda el paso
you usted, ustedes, tú, vosotros
young joven *m. & f.*
your su, sus
yours truly de Ud. atto. S.S.

zero cero *m.*

Índice

The Index includes, in addition to grammatical topics, references to the special word categories in the *Vocabulario* of each unit, the themes of the sections titled *Expresiones útiles,* and the irregular verbs in the *Conjugación del verbo* sections.